教育部高校思想政治工作队伍培训研修中心（中南大学）
湖南省高校思想政治工作队伍培训研修中心（中南大学） 组编

大学生关注的热点问题与解决方案

年度报告

2020

中南大學出版社
www.csupress.com.cn
·长沙·

大学生关注的
热点问题与解决方案年度报告
（2020）

编 委 会

前言

FOREWORD

当前，我国正面临中华民族伟大复兴的战略全局、世界百年未有之大变局"两个大局"和建党一百年、新中国成立一百年的"两个一百年"历史交汇期，机遇和挑战、危机并存。与此同时，大学生面临的社会生存环境日趋复杂，思想困惑、心理冲突随之增多，并且不断面临非主流价值观的侵蚀。

党中央高度重视大学生面临的这些挑战和危机。习近平总书记指出，"青年的理想信念关乎国家未来"。青少年阶段是人生的"拔节孕穗期"，最需要精心引导和栽培。人生的扣子从一开始就要扣好。青年要从现在做起、从自己做起，使社会主义核心价值观成为自己的基本遵循，并身体力行大力将其推广到全社会去。作为高校学生思想政治工作者，我们要聚焦主责主业，善于牵住大学生思想上的"牛鼻子"，科学开展思想教育和价值引领工作，为学生解疑释惑。

为引领辅导员主动聚焦主责主业，强化辅导员回应大学生关注的热点问题的自主自觉意识，为大学生健康成长成才供好货、守好渠，中南大学学生工作部(处)，教育部、湖南省高校思想政治工作队伍培训研修中心(中南大学)组织一批校内辅导员撰写、出版了《大学生关注的热点问题与解决方案年度报告(2020)》。今年首度遴选19个热点问题，涉及人际关系、学业发展、择业就业、青年价值观选择等；对这些问题的回答，既有共性的方案，更有辅导员老师们"原汁原味"的分享，贴近大学生的话语体系，具有较强的针对性。

《大学生关注的热点问题与解决方案年度报告(2020)》的撰写、发布历时近一年，今年是首度尝试，今后将致力于使其成为中南大学大学生思想政治工作的一项常态工作机制，努力为大学生思想教育和价值引领贡献智慧。本报告是中南大学辅导员团队的集体智慧结晶，同时也是如下课题的阶段性成果：2018年度教育部人文社会科学研究专项任务项目（高校思想政治工作）（18JDSZ3030）、2019年度湖南省高校思想政治工作骨干队伍建设——名师工作室建设项目（19GG47）、湖南省高校思想政治工作中青年骨干队伍建设项目（19GG11、20GG001）、湖南省高校思想政治工作优秀团队建设项目（19GG30、20GG021）、2020年度湖南省社会科学成果评审委员会课题“网络安全空间治理模式及其创新研究”（XSP20YBZ126）。本书的出版得到中南大学党委宣传部、中南大学出版社的大力支持，在此一并感谢。

本书编写组

2020年12月

CONTENTS

目录

面对拖延症，大学生何去何从？

肖楚楚 黄 奎 谭 鑫 刘 璐

在《爱情公寓》中，唐悠悠对拖延症下了这样一个定义：“拖延症是当代人一种常见的绝症。”到底有多常见呢？可以说，几乎每个人都患有拖延症。这并不是耸人听闻。在一项调查研究中，超过97%的学生承认自己存在拖延行为，近九成的职场人称自己有拖延症。事实上，这个比例可能更高。

之所以管拖延症叫“绝症”，是因为它总是会反反复复地缠上我们。每次信誓旦旦定下的目标很“丰满”，结局却总是很“骨感”。

拖延是一位“时光杀手”，杀死了很多人的宝贵时光。现今，拖延是大多数人的通病，“明日何其多，不妨再拖拖”是多数拖延者奉行的准则。

一、问题提出

拖延行为在大学生群体中已经普遍存在，有些人并未因此遭受剧烈的心理压力，而有些人却因此产生焦虑、自责、抑郁、自我否定等负面情绪，从而再拖延、更自责，循环往复，痛苦不堪，严重影响了正常的学习和生活。各大网络平台动辄上千人的“战拖”群体“抱团取暖”，书架上各种治疗拖延的“良方秘籍”琳琅满目。可是，为什么拖延始终存在，无法战胜呢？大学生又该如何面对拖延、告别拖延呢？这是一件需要我们认真探索的事情。

A同学：“明天要交作业了，我还没写好，又拖延了，真恨我自己！”

B同学：“明天要期末考试了，我都还没复习完，我这一周都干什么去了啊？我的拖延症已经没救了！”

C同学:“白天忙了一整天,原计划今天要完成的策划,到晚上了都还没动笔,怎么办啊?”

以上场景相信在大学生中经常出现,很多人认为自己有拖延症,甚至自嘲有“拖延癌”,无数次想做出改变,仍无济于事。其实,许多关于大学生拖延行为的研究都发现,拖延行为在大学校园普遍存在。一项调查显示,95%的大学生在开始或完成一项任务时存在刻意的拖延,而70%的学生有习惯性拖延行为。也有调查显示,20%的普通人每天都存在拖延行为。如此推算,全球每天有15亿人存在不同程度的拖延行为,这是一个多么庞大的数字!国内众多高校教育者研究大学生拖延现象的数据也可以说明这一点。

在山西某大学参与调研的1552名学生中,超过75%的人存在不同程度的拖延行为(见图1)。武汉5所高校填写调查问卷的537名学生中,有超过90%的人存在拖延行为(见图2)。广东民办高校的443名大学生中,超过95%的人存在拖延行为(见图3)。

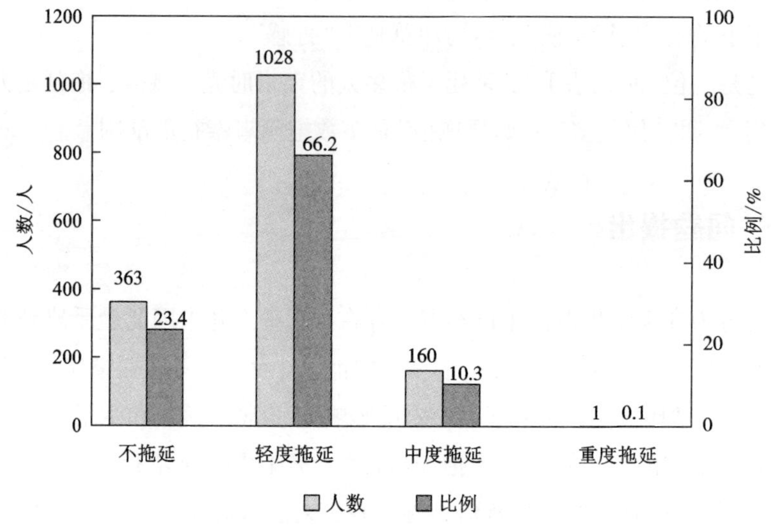

图1 山西某大学大学生拖延程度的比较

拖延自古有之,“明日复明日,明日何其多。我生待明日,万事成蹉跎”。500年前,诗人钱鹤滩写下了脍炙人口的《明日歌》。可见,拖延是一种从古至今都普遍存在的现象。

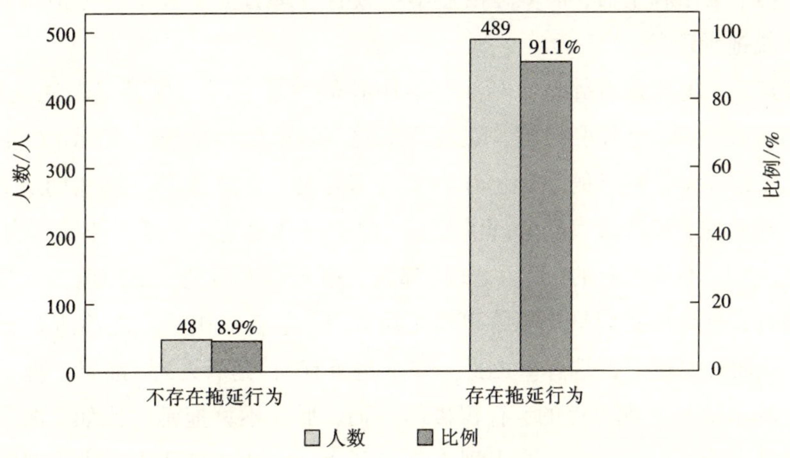

图 2　武汉市 5 所高校大学生拖延现象调查情况

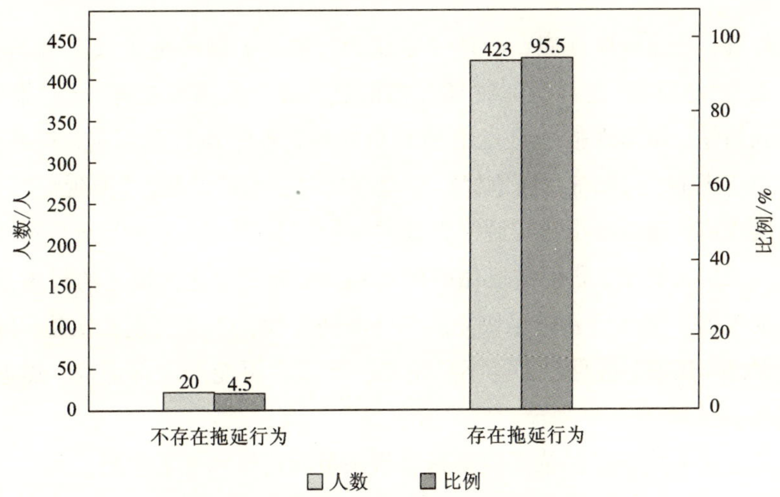

图 3　广东民办高校大学生拖延现象调查情况

对于拖延行为，各类人员存在不同的看法。

观点一：既然普遍存在，那就不必过多纠结于“拯救”。在调查一部分学生的看法时，有人指出，存在即合理。既然拖延现象如此普遍，可见是不可避免的，那就没必要强迫自己改掉。偶尔的拖延，无伤大雅。

观点二：战胜拖延，刻不容缓。大部分人都认为拖延是很不好的习惯，影响了学习、工作和生活，很多高校在学生教育管理方面采取了有力措施，帮助学生摆脱拖延现象。

观点三：拖延症有弊也有利。生活中我们常常会因为拖延习惯感到痛苦，并为之自我批判、惩罚和忏悔，随之而来的是强烈的挫败感。实际上，拖延并非那么十恶不赦，积极的拖延也存在着许多好处：它能激发灵感和创造力，缓解压力和焦虑，带来极大的心理满足感，保护身体免受高强度工作的压力。

观点四：不是所有的“延后处理”都属于拖延。人们经常不知道怎么辨识真正的拖延，有时候我们只是想将事情延后处理，想在做出决定之前进行充分的思考，从而做出更好的选择。因此，并不是所有的“延后处理”都属于拖延！如果延迟的事情是主观可控的，有积极的一面，那就不算拖延。比如：你今天上午需要做一个活动策划，这个策划不是特别急，这时候有另外一件特别紧急的事需要去处理，你先把这件事处理好，下午把策划完成了，这样可控的延后便不算拖延。

观点五：拖延≠拖延症。心理专家认为，单纯的做事拖拉或是懒得去做，只能定义为“拖延”。这只是一种坏习惯而已，每个人都可能有。当“拖延”已经影响到情绪，如出现强烈自责情绪和负罪感，不断地自我否定、自我贬低，并伴生出焦虑症、抑郁症、强迫症等心理疾病时，才可以称为“拖延症”。从心理学角度来讲，拖延症指自我调节失败的一种行为状态，在可以预测到拖延会有严重后果的前提下，仍然将已做好的规划向后推迟，这种拖延的行为是有意识的主动推迟。拖延者希望尽快完成作业和任务而又不会立刻去实施，同时又伴随负罪感、焦虑、自我否定等不良情绪，严重者可能产生抑郁症、焦虑症等心理疾病。①

判断是否有拖延症的依据就是是否带来负面情绪和有害后果。

我们现在所说的拖延症，其实大部分属于拖延行为，虽然不会使人出现强烈的自责情绪和负罪感，但拖延行为和现象同样给我们带来了负面影响。因为拖延，有人没有通过论文，有人没有成功出国，有人错过了重要的机会，有人晚上不爱睡、白天起不来……对于学生来说，这已经算是产生了严重的后果。

拖延现象这么普遍，我们如何有效去减少自己的各种拖延行为呢？知己知彼，才能百战百胜。

---

① 郭政，郑雨露，侯海峰，等. 大学生拖延现象的分析[J]. 医学信息，2019，32(17)：32-34，38.

二、原因分析

在考虑如何有效减少自己的拖延行为之前，让我们思考一下，为什么拖延行为在大学生群体中普遍存在，而让我们产生拖延行为的原因又有哪些呢？

（一）内部因素

1. 完美主义

【实例 1】我们看看刘同学对一天事情的理想设计和现实行动(见图 4)。

➢ 12月10日计划表

上午：复习完高等数学

下午：完成元旦活动策划

晚上：做一套英语四级模拟试卷，核对答案，弄懂所有错题

➢ 实际执行情况

上午：翻到《高等数学》课本第一页，发现好难，上午肯定复习不完，要不算了吧，先玩一把游戏再说

下午：打开电脑写策划，可是，从哪里入手呢？每一个细节都要考虑好，一个下午怎么写得完？刷会抖音吧

晚上：拿出英语四级模拟试卷，题都不会做，一晚上肯定完不成计划，好烦！看看QQ、微信有什么动态吧

图 4　理想的计划表和实际执行情况

“理想很‘丰满’，现实很‘骨感’”就是刘同学的真实写照。此类情况屡见不鲜，这就是完美主义惹的祸啊！完美主义者总是担心事情做不好，所以畏首畏尾，犹豫不决，觉得即使开始了，也一定要花大把的时间和精力去做到十全十美。所以，完美主义者的大脑中总是幻想一幅完美的画面，想要等到万事俱备，才愿意动手去做，往往就把事情拖延了。归根到底，不是拖着不结束，而是拖着不开始。

2. 对未知的恐惧

【实例 2】周同学发现一道题不会做，十分担心自己没有掌握知识点，但是又嫌麻烦不愿意去请教其他同学，于是在心里默默祈祷期末考试不会考这道

题，最后不了了之。

其实我们害怕去做某件事是因为做了某件事后我们有可能会看到不想看到的结果，于是我们便选择像鸵鸟把头埋在沙坑里一样，不去触碰和提起这件事。大多数情况下，我们选择性忽视某些问题，希望它消失，但情况通常只会变得更糟糕。讳疾忌医，只会导致更坏的结果。所以，古语有云，“病向浅中医”，即使是得知一个坏消息，听到得越早，就有越多的机会去避免更糟状况的发生，亡羊补牢，为时不晚。

3. 复杂任务不知从何开始，时间管理规划不好

【实例 3】今天是周五，王同学待完成的任务清单中还有如下任务：

①下周机械设计、材料力学课程期末考试，本周要完成复习；

②下周日学生会部门换届，本周需要提前准备面试竞选 PPT 和讲稿；

③本周六要交主题征文；

④已经答应室友周六一起出去逛街；

⑤周日机械产品测绘与三维设计课程要提交结课作业；

⑥周六要收齐全班同学的学生证，并到教务办办理火车票优惠卡事宜。

现实情况是：王同学周六与室友逛街，周日收齐全班同学学生证，其他任务均未完成。

为什么王同学在六项任务清单中只完成了两项？因为时间有限，其他任务都太复杂了，只有逛街和收学生证最简单！任务的难易和紧急程度会影响拖延行为。面对复杂的、不擅长的、有难度的任务，我们会感到不知所措、无从下手，由于缺乏对成功的控制感，为了避免麻烦，我们就会选择逃避、拖延，就像王同学只完成了任务④和任务⑥一样。

4. 总是“稍后”再做，拖延成习惯

【实例 4】李同学一天之中有很多事情：上课、开会、交材料、洗衣服、写作业、参加节目排练等。他将众多事情按照轻重缓急进行排序，将“洗衣服”和“写作业”安排到了晚上，结果晚上回去实在太累了，这两件事就被拖延了。

一天当中，我们也许有十几件甚至几十件事情要做，有些事情我们总是会想着“稍后”再做。因为在我们的想象中，自己拥有无限的能量，每天能按照计划完成所有事情。然而现实是，“未来的我”已经很疲倦，没有动力，精疲力尽，未必还有精力和时间去完成“稍后”做的事情。另外，在很多同学们的思维模式中还有一种 deadline（DDL）思维方式，觉得自己在 DDL 之前效率倍增，肯定能够按时完成任务，就像考试之前开夜车复习、交作业前一晚写完所有题目，一周的效率总是不及最后时刻的能量大爆发，反正最后都能完成，前期拖拖拉拉就成为惯有模式了。

5. 产生心理阻抗

【实例 5】小 A 和小 B 是室友，某天小 A 向老师倾诉："老师，每次我离开宿舍，小 B 就会让我帮他带零食、取外卖、拿快递……我挺不想做这些事的，所以有时候勉强答应他后有意无意地等超市关门或者快递点下班时间才回到宿舍。"

有时候我们拖延着不去做一件事情，不是因为事情多么复杂、难以完成，也不是因为时间不够、无法兼顾，而是单纯地"不想做"。因为对这件事充满了抵触，但又不想产生正面冲突，于是选择一种被动的攻击方式——阻抗，然后选择拖延。

6. 低能量状态

【实例 6】某一天，肖同学感觉自己身体不适，脑袋昏昏沉沉，面对一大堆的课后作业实在没有精力提笔。于是，他对自己说："我生病了，需要休息，明天再写作业吧。我做点轻松的事情放松一下，玩玩手机吧。"

当我们缺乏能量的时候，意志力就会低下，大脑不能控制自己去做应该要做的事情，很容易败给外界的诱惑，只要"一机在手"，马上就会进入"刷刷刷"的模式。低能量状态和生活习惯息息相关，无论是睡眠不足，还是经常吃没营养的垃圾食品，都会导致我们身体进入低能量状态，就像手机进入了省电模式，性能也会跟着变差。无精打采、浑浑噩噩的状态会增加做事的难度，这样就有了看似正当的理由，"名正言顺"地将该做的事情拖延下去。

一项研究表明，大学生拖延行为的形成往往是多因素造成的，不同个体之间拖延的主要原因有所不同，因此我们要结合多方面因素去分析学生拖延行为的形成原因，只有这样才能对症下药。

（二）外部因素

在此主要分析环境带来的差异。针对大学生群体的特殊性，主要关注以下因素。

1. 不同年级大学生的拖延情况

关于年级差异，我国学者庞维国等与张锦坤等的研究认为，低年级的学生会存在更为强烈的拖延倾向。在不同年级维度中，大四年级学生不拖延的比例最高，为31.72%；大二年级学生不拖延的比例最低，为19.68%。这表明拖延程度最严重的是大二年级学生（见图5）。此种情况存在的原因可能是：大二年级学生逐步适应大学生活，没有很大的学业压力，属于本能地拖延，而大四年级学生面临着毕业的压力，所以拖延程度会相对较低。

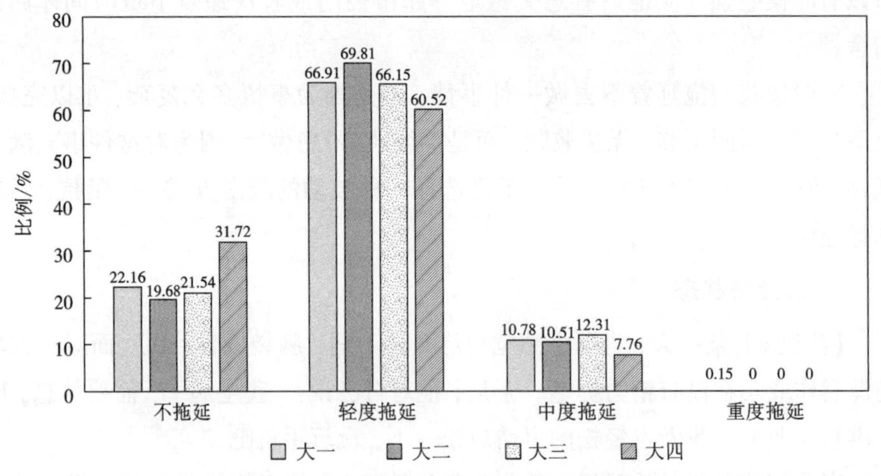

图5 不同年级大学生拖延程度的比较

2. 不同院校、不同专业学生的拖延情况

有调查研究显示，三本院校学生的拖延情况最严重，而一本院校学生的拖延情况没那么严重。主要原因是好一点的院校具有较高的师资水平和良好的学习氛围，同时重点院校对学生要求高，学生出现拖延的情况相对较少。李聪等提出，当学生感知到任务比较复杂或自己不喜欢时则更容易拖延。某校不同学院大学生拖延程度如图6所示，不同专业之间学生拖延情况略有不同，可能与各学院的管理制度或专业特征有关，但分布状态差异不大。

3. 其他人口统计学特征引起的拖延行为差异

其他人口统计学分布如是否独生子女、身体状况、经济状况、家庭居住地在大学生拖延行为上无明显差异。这说明了拖延行为普遍存在于大学生群体

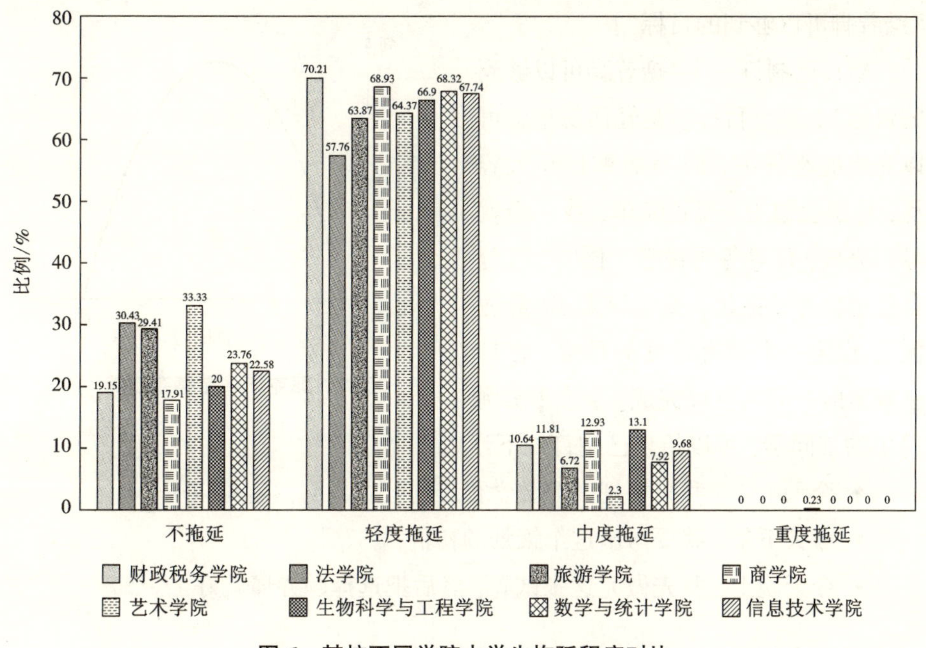

图 6　某校不同学院大学生拖延程度对比

中，同时也证实了个人特质如人格、自尊等内部因素对拖延行为的影响，外部因素可能仅仅是促发因素。

三、解决方案参考

通过以上分析，我们知道，大学生拖延行为是一个很普遍的现象，拖延行为主要受个人特质等内部因素影响，而外部因素也起到一定的作用。关于怎么杜绝拖延行为，大家可以参考以下几个建议并结合自己的实际情况进行梳理和分析，综合选择适合自己的解决方案。

（一）制订“踮着脚可以够到的目标”

心理学上的耶克斯—多德森定律（见图 7）告诉我们：目标和行动力之间不是单纯的正比关系，并不是目标定得越高，就越有动力去完成，它们之间的关系呈倒 U 曲线。在一定的范围内，目标的提高对行动力是有促进作用的，但是当目标过高时，行动力会开始减退，就开始拖延了。倒 U 曲线的顶峰，即为

"踮着脚可以够到的目标"！

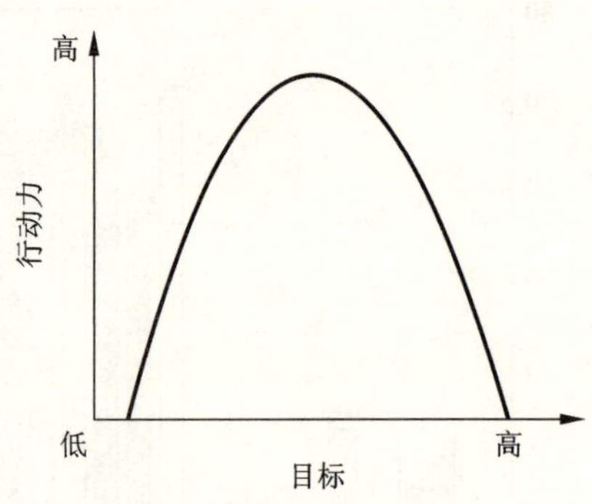

图 7　耶克斯—多德森定律

给自己制订一个"踮着脚可以够到的目标"。这个目标不是轻而易举就可以完成的小任务，因为如果目标太容易，你也会想着：反正简单，我一会就可以完成，那等等再说吧。同时，过分自信也会导致拖延。要尝试走出"舒适区"，设定一个稍有难度的目标，在自己规定的时间内可以完成。例如【实例1】中的刘同学，可以给自己制订如下计划：

- 今天上午，我只要把高等数学很难的公式弄明白就可以了；
- 今天下午，我要写出这个策划的初稿；
- 今天晚上，我先做完这张试卷，然后把选择题弄懂就好了。

（二）合理规划、管理好自己的时间

许多人会陷入一种怪圈式的循环：不停地制订计划，发誓要利用好时间，管控好时间，但每次都无疾而终。其实，我们要关注的不是"效率"，而是"效能"。即在最短的时间内，让自己做出最重要的选择，把最宝贵的时间用于最重要的事情。如图 8 所示的两份计划表呈现了不合理和合理的计划。

不合理的计划表

8:00—8:30 吃早饭
8:30—9:30 写实验报告
9:30—11:30 复习高等数学
11:30—12:00 吃午饭
12:00—14:00 睡午觉
14:00—16:00 写团学会活动策划
16:00—17:30 打篮球
17:30—18:30 吃晚饭
19:00—21:00 参加团学会例会

合理的计划表

本周计划：
1. 完成组织团学会 × × × 活动
2. 复习高等数学1~4章
3. 坚持运动

明日计划：
1. 写完实验报告并上交
2. 完成团学会活动策划
3. 复习高等数学第1章
4. 参加例会
5. 打篮球

图 8　不合理的计划表和合理的计划表

在确定任务的重要性时，可以使用时间管理四象限法则（见图9）。四象限法则是时间管理理论的一个重要观念，指应有重点地把主要精力和时间用于处理那些重要但不紧急的任务上。这样可以做到未雨绸缪，防患于未然。在四象限中优先完成位于第一象限的任务，然后依次完成位于第二象限和第四象限的任务，位于第三象限的任务尽可能不做。

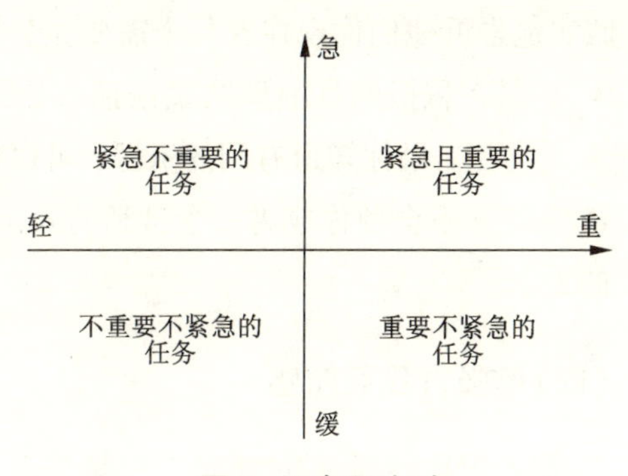

图9 四象限法则

例如在【实例3】中，王同学可以按照四象限法则把自己需要完成的任务分到各象限（仅供参考）。

第一象限（紧急且重要）：周日机械产品测绘与三维设计结课作业；主题征文；收齐学生证。

第二象限（紧急不重要）：和室友逛街。

第三象限（不重要不紧急）：参加班级聚会。

第四象限（重要不紧急）：课程期末考试，学生会换届。

然后按照第一象限、第二象限、第四象限、第三象限的顺序去完成。

（三）学会说“不”

学会说“不”在治愈拖延方面是重要的一环，但是在我们实施的过程中会遇到很多困难。我们难以说“不”的主要原因是不想让任何人失望，从而陷入由于答应别人的要求，而占用自己时间的陷阱。我们都希望被人喜欢，所以即使知道自己没有时间也会答应别人事情。

造成拖延的最大原因往往是被各种事务淹没，当我们觉得每天都有太多的事情要做时，就会很容易拖延有难度的事情，因为没有足够的体力和精力去处理好它们。建议尽可能早地有礼貌地说“不”，这里介绍几种方法。

- 坦然面对他人提出的要求。如果你明确地知道你不能完成一项任务，就应该立刻、坚定地告诉他们。
- 诚实是最好的策略。当你因为手里有其他任务而不能完成别人的要求时，诚实地告诉他们你现在有几个需要充分集中注意力的任务。

- 尽量在积极的氛围里结束谈话。如果你不能提供帮助，可以推荐能帮忙的人。或者如果你知道有用的资源，可以提供一个代替的方案。

说“不”并不会使你成为一个自私的人，而是会让你成为清楚知道什么是最重要的人。

（四）增强自我效能感

有研究表明，自我效能感与拖延呈显著负相关，而且在时间管理能力和拖延行为之间起一定的中介作用。因此，拖延者往往呈现较低的自我效能感。自我效能感高的人认为自己有能力，可以掌控形势，所以往往愿意接受挑战。而自我效能感低的人对自己没有信心，认为自己无法胜任某个角色或完成某项任务，对学习和生活没有积极性，容易产生拖延心理，导致任务回避等行为。这时，辅导员可以扮演引导者的角色，进行团体辅导或者个人辅导，引导学生正视自己，发现自己的价值，增强自信心，从而提高自我效能感，降低拖延程度。

（五）养成良好的习惯

随着网络的发展和智能手机的更新换代，各种各样的外界诱惑无时无刻不在诱惑着我们。例如：我们会不自觉地 10 分钟左右看一看自己的手机，刷一刷抖音和朋友圈，逛一逛微博和淘宝。对于这样的情况，有以下几个建议。

- 关闭微信和 QQ 的新消息提醒功能。
- 打开群消息免打扰功能。
- 降低更新社交平台动态的频率。
- 不要依赖 PDF 类型的电子资源，降低手机使用频率。
- 学习或者工作时开启手机静音模式。

总的来说，为了战胜拖延，大学生首先要认识到导致拖延的真实原因，只有这样才能“对症下药”，找到有效的解决方式；其次要学会向外界求助，借助老师、同学的力量，指导和督促自己改变拖延习惯；再次既要做“思想的巨人”，也要做“行动的强者”，在制订详细的计划后，立刻付诸行动，注重过程、享受过程，有进步就要及时自我肯定和鼓励。“战拖”良药千千万，没有完美的方案，找到适合自己的方法并立即行动，方能有效战胜拖延。

拓展资料

是爱还是束缚？父母是你的“圈外人”吗？

孟尚儒　傅　航　贺林豪

如今，不同年龄的人有着不同的微信朋友圈。你可曾看过这样的画面：在朋友圈里，有人通宵学习、熬夜追剧，有人早睡早起、保温杯里泡枸杞，有人与世无争、做低欲望人群代表，有人调侃自己、苦中作乐……这正是大学生的朋友圈。还有一种朋友圈是这样的：“过年了，中国最全老家规，这就是教养！”“一个人没出息的十大表现”“父母一定要逼孩子养成的 10 个习惯，终身受益！”“深度好文——CCTV 记者探访叛逆孩子逆袭北大背后的故事”……

随着互联网和移动智能手机的不断普及，微信等新媒介正融入家庭成员的日常交流中。特别是微信中老年用户群体的增加，使得微信被纳入家庭这一互动场景，亲子之间“人—人”的直接交流转变为“人—媒介—人”的间接交流，打破了亲子两代人之间的沟通局限，受到众多家庭的欢迎。你是否因为时常融不进父母的微信朋友圈而感到困惑？你是否因为父母在你刚发的朋友圈动态中格格不入的评论而感到懊恼？你是否因此最终不让父母看你的朋友圈，或是从来就没有对其开放过你的朋友圈？微信作为一种交流的渠道，是为了能让用户更好地了解彼此，如今却有众多大学生被朋友圈所困扰，父母本是最亲的家人，最终却被我们排除在朋友圈之外，成为名不副实的“圈外人”。

一、问题提出

《2020 年中国微信市场分析报告》显示，微信已实现对国内移动互联网用户的大面积覆盖。截至 2019 年第三季度，微信及 WeChat 合并月活跃用户数已达 11.51 亿。[①] 微信作为头部社交平台，无论在用户规模还是在商业化能力方面都有着其他社交产品无法匹敌的优势。但是，日益庞大的微信也渐渐显露出弊端，微信的使用和交流慢慢呈现出“社交博弈”的姿态，而不仅仅是一个单纯的网络交流平台，尤其是在两代人之间。如今有众多的年轻人选择在朋友圈中屏蔽父母。在本文中，我们就来聊一聊大家为什么想要父母做自己的“圈外人”、谈一谈大家对在朋友圈中屏蔽父母这一现象的看法以及如何与父母构建和谐的代际关系。

二、原因分析

微信多样化的使用功能与其独特的传播方式不仅对亲子两代人之间的信息传播产生影响，也对两代人之间的交流互动产生了深远影响。微信的出现使得父母与子女之间的交流多了一种有效的途径，一定程度上增进了彼此间的交流。但事实似乎并非如此，现实依然不如理想般丰满。移动互联网的普及带来了交流的便利，但朋友圈中代际隔阂的“高墙”并未因此打破。

（一）新媒体产业的迅猛发展与长辈固有思想间的矛盾

2018 年，《朋友圈年度亲情白皮书》[②]显示，除夕当天发出的 2900 万自拍红包中，少有年轻人与长辈的自拍；52%的受访子女表示曾经或现在关闭父母查看自己朋友圈的权限。曾经有人在街头采访家长对于自己是孩子们的“圈外人”这一现象的看法，大多数家长都表示理解。“我也能理解，毕竟都曾年轻过。”“没什么感受，我感觉很正常，所以他们不用屏蔽我，我也不要去看他们的朋友圈。”“屏蔽我那也没有办法，可能他的东西就是不需要我去看的。”作为重要的交流方式之一，微信对于父母和孩子的意义有些不同。图 1 给出了受访父母对孩子朋友圈的态度，36%的家长表示会仔细看孩子的每条朋友圈。

父母想看孩子们朋友圈的理由很简单，“想了解孩子们最近的生活”是最主

---

① 2020 年中国微信市场分析报告-行业运营现状与未来前景研究[EB/OL].（2020-04-10）. http://baogao.chinabaogao.com/hulianwang/379326379326.html.

② 朋友圈年度亲情白皮书[EB/OL].（2018-01-22）. https://news.qq.com/cross/20180122/3O1P30kB.html.

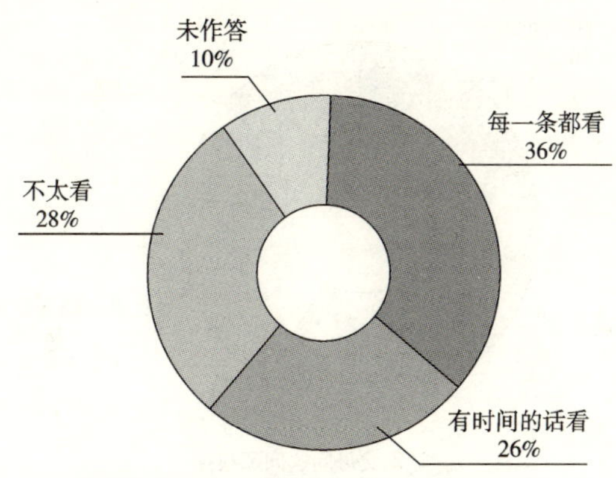

图 1　受访父母对孩子朋友圈的态度

要的原因，其次是“想了解孩子们的心情”（见图 2）。各种理由都指向了解孩子最近的情况，无论是生活、情感方面还是健康状况，都是不含恶意的，他们没有把朋友圈看成娱乐休闲的工具。

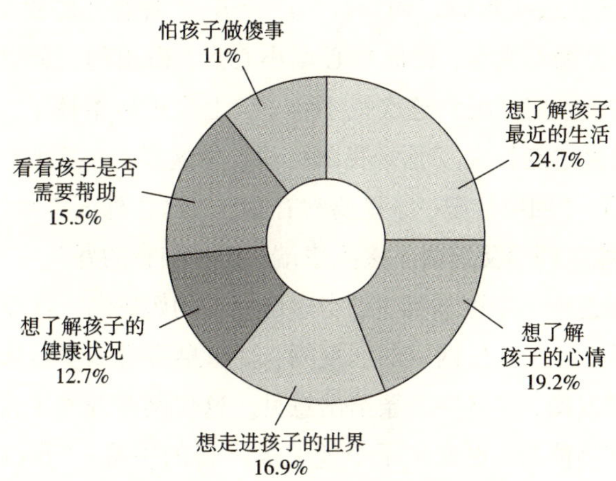

图 2　受访父母看孩子朋友圈的原因

为什么会想让父母做自己的“圈外人呢”？腾讯新闻相关调查结果显示，年轻人在朋友圈屏蔽父母的主要原因有“觉得父母无法理解自己”“觉得父母不会支持自己”“觉得父母问这问那很烦”“怕父母瞎操心”“想有自己的空间”。其中“怕父母瞎操心”是最主要的原因，占比 26%（见图 3）。

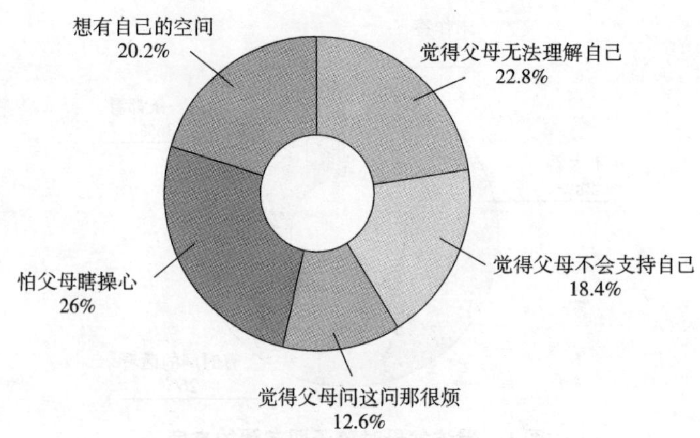

图3　孩子朋友圈屏蔽父母的原因

网络上某“90后”网友曾有过这样的经历：做饭的时候割破了手，鲜血直流。她将如此“血淋淋”的画面拍照分享到了朋友圈，得到了各路微信好友的广泛关注。朋友1：“没钱买肉了？”朋友2：“哎哟就你呀还做饭。”男朋友答复：“你这个白痴，等我去买邦迪。”而妈妈则评论道：“看看你的朋友圈，你怎么又切到手了？你就是粗心大意，让你小心点小心点，做饭的时候就专心做饭，你就是不听，又去看手机了吧？这次把手切了，上次把碗给摔了，之前还把菜烧煳了，你要啥时候才能长大点儿？我跟你讲，你这样……（此处省略了上百个字）”爸爸评论道：“回家住吧，家里要啥有啥，自己在外面有啥好的……”这位网友认为，“有些东西给父母看了多生事端，还是别看的好”。

网络上还有这样一个匿名回答，当这位网友的妈妈第一次学会使用微信之后，第一时间就打开了这位网友的朋友圈，就像皇帝批阅奏折那样从下往上浏览他的每一条朋友圈，并且一条条给出意见。这位网友开通了自己的微信公众号并打开了赞赏功能后，更发生了令他哭笑不得的一幕：“我妈总是第一个点进来给我打钱。我也感觉有点奇怪，后来我就问她，我说那个赞赏是给欣赏我的读者用的，我写的东西好多你都看不懂，为什么老给我打钱？我妈说这就像大马路卖艺，得先自己给碗里扔几个钢镚，别人才愿意往里扔啊！”这位网友无言以对，通过这件事他从妈妈的角度仔细琢磨了“妈妈看我的朋友圈”这件事：“从那一刻起，我意识到，我妈对微信这个东西的理解，跟我出入很大。比如，我很少一小时以上不回微信。但我妈很少能在一小时以内回微信，因为她只是每天早上起来、睡前各看一会儿微信，其他时间就算刷了一万条信息也是挂在通知栏里不管。”从前的自己，总是会嘲笑妈妈爱使用老年表情，比如“全力以赴心中的梦”“为我们的友谊干杯”这种。后面慢慢发现其实是因为没有人给妈妈发年轻人爱用的表情；从前总是觉得妈妈不理解自己，后来感觉很多时候，不是她不理解我，而是她对网络社交的理解和我不同，毕竟智能手机的普及只有约十年光景。更让这位网友印象深刻的是，有一次这位网友问起他妈妈：“当时为什么你一下子评论了我好几条朋友圈？”他妈妈说道：“我当时就你一个好友啊！朋友圈都是你的内容！再说你好像写得很投入的样子，不点赞有点不好意思。”

从以上例子可以发现，同一条朋友圈，孩子与父母的解读很可能是完全不同的。当渴望独立的你，将自己对理想的思考、生活的动态、独特的经历分享在朋友圈当中，希望引起大家的共鸣，博得大家的一笑时，却“招致”长辈的过度解读，确实是一件挺糟心的事情。更令人烦恼的是，有时候在微信朋友圈或者聊天当中的一个表情，都能引起与父母的冲突。

不只是父母，其他长辈也会存在这种情况。

一位知乎用户表示，每次老板通过微信和她聊天总是一句话写完，并在句号之后加上几个“微笑”的表情，这让她觉得有些毛骨悚然。于是问同组的姐姐，姐姐说老板人特别好，只是对电子产品不太感兴趣，而自从开始用微信之后就喜欢这么说话，并且多年以来没人敢更正他，所有的同事们慢慢就习惯了。

广东潮州有一位学生在向老师询问作业时发送了“敲打”的表情，被教师误解为没家教。而“敲打”是微信常用表情，这个表情包含着调皮、活泼、可爱的意味，也是朋友、同事、同伴之间平等与亲近的表达。即使放在具体的语境中，“敲打”对方也并无恶意，不是传统意义上的拳脚相加，而是善意的提醒、警示；在与领导、老师的交流中，若同学们收到“微笑”的表情，往往会心头一颤。因为在学生群体中“微笑”代表着“生气、不想理你、不理不睬”，与原先的“你好、和你聊天很愉快”发生了本意扭转。不少同学表示，自从在微信上加了长辈为好友后，已经失去了聊天和发朋友圈时的“表情自由权”。

（二）两代人的距离感、束缚感、时代感阻隔与年轻人的选择性暴露

孩子在与父母交流的过程中最直观的感受就是距离感。好像两代人在网上

冲浪时的“姿态”和方法都有很大的不同。年轻人把微信朋友圈看作一种线上娱乐场所，一种发泄自我的窗口，无论是在网名还是朋友圈动态上，展示的并非是真实的自我，而可能是自己给自己设定的朋友圈人设。长辈们往往并非如此，从网名中可以看出，如“云淡风轻”、“似水年华”、真实姓名等，都隐含着很多的个人色彩，或是自己的人生态度，或是喜欢的电影和书籍等。在微信的使用上，长辈多在微信朋友圈转发公众号文章，这一比例超过 80%；而年轻人在发朋友圈时更加注重原创性，且内容更多的是即时的心情分享、生活记录。同时，在对微信表情的使用和理解方面，不同代际人群有较大的差异。“70 后”“80 后”“90 后”之间朋友圈内容与网络昵称的差异如图 4 所示。

当“云淡风轻”撞上“不瘦五斤不改头像”，你很难说谁是主流、谁是非主流，面对满屏的格格不入，不如屏蔽了事。

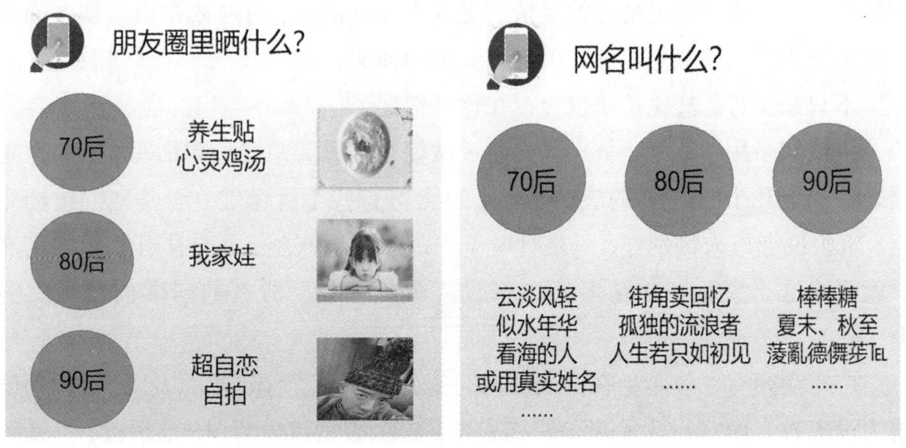

图 4 “70 后”“80 后”“90 后”之间朋友圈内容与网络昵称的差异

同时，还有束缚感。一位自媒体运营者说道：“以爱之名束缚你，以孝顺之名绑架你。”他父亲在小城市长大，工作是体制内的，长期形成的固有思想无法改变，接受不了新鲜事物，却总是对自己的子女严加管教。“我受够了事事被他控制。他管我找什么工作、处什么对象、交什么朋友。你讲事实他只接受自己看到的那套。他的固执持续了半辈子，无法改变。我有自己的思想，我也无法改变。”父母喜欢对孩子们的任何事情表达自己的看法，并且尝试让孩子们接受他们的观点。这种情况在网络观点中多次被提及，说明这种情况在社群中还是比较普遍的。

也有同龄人尝试从另外一个角度去理解父母的心态。20岁左右的大学生是与新媒体技术一起成长起来的，对于QQ、微信、微博、抖音等新媒体平台有着非比寻常的亲近感，可以被称为“数字原生代”。改革开放40多年以来，随着各种物件的更新换代，人们的思想和价值观念总是略微滞后于时代的发展。可以说，相隔两岁，就能产生价值的差异和思想的代沟。而父母更像是“数字移民”，需要不断地适应通信与交流工具的更新。在新媒体的接纳和理解、新媒体的使用频率和程度及认识上，我们都领先于他们。

也可以说，时代不同，圈子不同。

网络上有观点认为，中国过去三十年变化太快，在两代人眼里，世界几乎就是两个世界，这与发达国家不同。发达国家年轻人的父母可能和他们一样喜欢看《星球大战》。而我们并不是这样的，我们的长辈在成长过程中很少接触这些现代化的事物。提及自己的父亲，该用户认为：“他小时候吃不饱，也没读多少书。长大后，他在老家娶了媳妇，有了一辆自行车，一辈子都是靠预算度日。我父亲，他每天给我发的微信，是‘成就伟业的人是怎样的’和‘未来中国经济的十大方向’等。”他的父亲总是借助视频通话问他：“你看过我转发给你的文章了吗？它们都是好文章。我们应该仔细研究。”接着就开始与他讨论起文章的内容，而他并没有仔细看，父亲非常失望。慢慢地，父亲越来越少转发文章给他了。他觉得非常后悔：“父亲五十多岁了，没有什么文化，事业很忙，周围也没有人支持他。”所以他开始读父亲转发给他的文章，试图向父亲解释父亲看不懂的东西或是不懂的新概念，试图驳斥一些错误或不合理的文章，尽管通常都可以猜到父亲下一步要说什么，因为很多所谓的“鸡汤”“成功哲学”，都是相通的。“我们这两代人的成长环境差别较大，有冲突和不理解是正常的，但我们是受过高等教育的人，应该试着用更广阔的视野和胸怀去理解他们。毕竟，我们长大了，他们也老了。”

此外还有一种情况，屏蔽朋友圈也是一种有策略的自我暴露。你肯定经历过这样的事情，出于维护关系和谐与稳定的目的，对他人隐瞒信息，或是有选择性地传递信息，甚至制造“善意的谎言”。对家人亦是如此，常见的做法就是“报喜不报忧”。如上文中的某“90后”网友在外做饭伤到了手，一定不会直接联系父母，在朋友圈发动态的本意也不是让父母知道。正如一位网友所说的那样：“我在朋友圈发出来的负能量的东西，在别人看来大都只是一时的东西，但爸妈看见就会有‘泰山崩于前’之感。我只是发发牢骚，但他们可能会几个晚上睡不着觉，我不应该让他们担心。”其实父母也会有意识地过滤掉负面的信息，传递出“家里一切都好，在外不用担心”的信号。孩子们更多的也是对一些敏感信息的隐瞒，如自己的性取向、情感生活、行为和生活习惯等。如图 5 所示，年轻人在自己的苦恼、感情问题、工作问题、个人梦想等方面，会与父母主动沟通的占比不超过 40%。[①] 知乎话题“孩子上了大学父母还不让谈恋爱”有 14 万浏览量，“如何友好地向爸妈出柜，并将伤害降到最低？”的问题甚至有 150 多万浏览量。这说明孩子在同龄人当中热烈讨论的某些话题，在父母面前都是难以启齿、不便表达的，所以不如将这些信息过滤掉，屏蔽父母，等待时机。

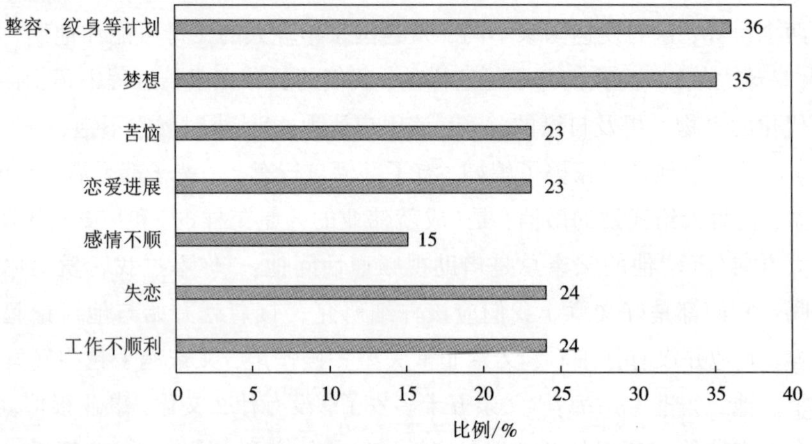

图 5 孩子遇到不同情况与父母沟通的比例

总之，距离感、束缚感、时代感、选择性暴露是执意要让父母成为“圈外人”的主要原因。说到这里，还有一个重要的问题需要讨论——那些从不对父辈屏蔽朋友圈，或是不支持对父母屏蔽朋友圈的人对“圈外人”这件事是怎么看的呢？

情况一：拥有开明的父母。其中一位网友是这样说的：“我从不屏蔽我爸妈，这也是我和他们交流的一种方式。知道爸妈会看我的朋友圈，就像他们在

① 2017 中国家庭亲子陪伴白皮书[EB/OL].（2017-12-27）. http://m.kdnet.net/share-12565270.html?from=groupmessage.

我身边一样，很幸福。当然前提是我爸妈非常开明。”

情况二：希望通过自己的微信朋友圈让父母接触不一样的世界。“开放！我巴不得老太太好好向我学习！教育老人跟上时代步伐是子女的责任啊！可恨的是我所有的正能量、自制鸡汤她都视而不见，还是对那些乱七八糟的养生保健文章乐此不疲！屡教不改！其实我也不年轻了！”

情况三：把父母当成朋友圈集赞的“工具人”。有网友说：“从来不屏蔽父母，还指望着他们给我点赞呢。自从学会了点赞，我爸就成了点赞狂魔，逮谁都赞，人缘迅速暴涨。”

情况四：希望能与父母真诚相待。“他们的点赞，才是真的点赞。”只屏蔽有利益冲突的人，不屏蔽自己的父母，不能辜负父母对自己的关心照顾，自己应该更加主动地接纳父母。

情况五：相互依靠的“亲密伙伴”。创造101女团成员高秋梓在参加辩论节目《奇葩说》谈及和父母的相处方式时说道：“他们很努力地想靠近现在的我们，我们又何必总是躲躲藏藏。让他们融入我们的生活，哪怕某一天我真的跌下来了，我爸妈也能接得住我。”

我们可以发现，那些对父母开放朋友圈的网友主要基于以下几个原因：第一，父母自身比较开明，能够理解孩子们在不同场域下不同的想法，积极学习与接触新鲜事物；第二，孩子们认为，是亲人就应该真诚相待，不应该有所隐瞒；第三，对父母开放朋友圈，有利于让他们增长见识，以防他们在生活中被骗；第四，不想让父母担心自己，胡乱猜想；第五，把父母当成刷点赞、浏览量的“工具人”角色，当然，这也是一种调侃了。

（三）两代人成长环境的差异

当代大学生是在基本实现“富起来”的历史背景下成长起来的。2016年，中国青少年研究中心对全国10个省市的“00后”做了4次调查。结果显示，24.6%的“00后”认为“中国建设强国与自己息息相关”，31%的“00后”表示要“发奋努力，为实现强国目标尽力”，85%的“00后”表态“对国家人民有益的事我会像对自己的事那样去做好”。① 这说明“00后”作为将经历、见证“两个一

① “当代中国少年儿童发展状况”课题组．中国少年儿童发展状况调查报告［J］．中国青年研究，2006(2)：61-68.

百年”奋斗目标以及民族复兴的强国一代，对身负的历史使命有一定的认识。然而，正是由于“00后”一直在优越的环境中成长，所以容易对自己享受的现状“心安理得”，对中国近代的屈辱与国际境遇认识不足。

同时，“00后”面临更多来自综艺、游戏、短视频等网络解压方式的诱惑。这些方式因其少时高效、娱乐性较强、参与度较高、对感官冲击较大的特点深受“00后”的喜爱。

另外，从家庭文化来看，“00后”的父母多为“70后”或“80后”，他们受教育的程度相对较高，思想开明，教育理念先进，重视亲子间的交流，回归家庭的程度更深。这些父母在养育孩子的过程中淡化了传统的“家长权威”，营造出了“民主、平等、自由”的家庭氛围，往往鼓励创新和崇尚自由，注重子女的全面发展。在这样的家庭环境中成长起来的“00后”思想开放、自由、独立，个性比较突出，价值追求偏向于精神领域，注重自身的情感体验与价值实现，更乐于主动表达自己的意见和想法。

三、解决方案参考

朋友圈就像是在同龄人中非常流行的日记本，是一种与世界沟通的方式，同时也是一种相对私密的记录生活的方式。一方面，我们渴望能够融入现实中向往的圈子，在语言和表达方式上都印上属于我们圈子的特色和标记；另一方面，朋友圈也可以是个放飞自我的地方，不用小心翼翼地在乎别人怎么想，是一种自我独立的证明。渴望独立，不希望朋友圈被做成阅读理解是我们的诉求。而父母却把朋友圈作为了解孩子生活的窗口，小心翼翼地品味我们每一条动态甚至每一个标点，这样的分歧似乎是不可调和的。难道真的不能做到彼此信任，敞开心扉吗？其实未必。如何解决两代人之间看似难以调和的代际互斥，解决方案还需要两代人共同努力寻找。

（一）父母层面：留足空间，别让微信朋友圈成为唯一方案

父母、子女在微信的使用上有极大的差异，他们对微信中信息的选择、获取、认知有着很大的不同。这种“不同”往往会使他们之间的关系越发疏远。微信在增进家庭、师生交流的同时，其自身的一些功能可能反而加剧了两者之间的阻隔。一个很明显的现象就是，在微信普及之后，子女和父母间的电话交流

和面对面交流的频次变得更少了，当人们真正坐在同一空间时，会愈发地有局促感和距离感。

一方面，微信朋友圈的“屏蔽”和“分组”功能制造了不平等的信息交换，让年轻人可以更轻易地隐藏自己，对此长辈们往往无能为力甚至根本无法察觉。微信逐渐变成一个封闭的社交环境，将有着同一价值取向的群体汇聚起来，不断强化不同代际各自原有的观念、思维方式。另一方面，长辈们对身份与地位的过度敏感，也是两代人之间交流的障碍。长辈们在微信对话框中发布的信息，往往被看作是一种管理信号，微信发文的过于正式，无形中拉远了两者之间的心理距离。

陪伴时间的缺乏也会带来关系上的疏远以及情感认识上的偏差。父母对子女倾注了心血，想多了解孩子们的近况，希望看到他们是否开心快乐；想了解他们最近的生活、工作情况；想了解他们是不是开心；想看看他们身体是不是健康，有没有不舒服；想时刻关注他们的动态，希望他们别做危险的事情……但是对于子女而言，他们认为屏蔽父母是因为父母不但不能理解自己，还会瞎操心。有些事父母理解不了；有些事父母知道了可能会反对；父母喜欢问这问那，自己没时间回答；怕父母瞎担心；想有自己的空间……

事实上，微信上父母与子女沟通的缺失并不是一个死穴。在《朋友圈年度亲情白皮书》中，调查者让受访者提出自己或他们的子女最近想要完成的一个目标，并给出他们心中父母会支持的可能性，或者是否愿意支持孩子的想法。结果显示，49%的子女认为父母会支持自己完成心愿，而父母中实际愿意支持的比例却高达 78%。父母对子女的理解和支持远超子女预期。

父母与子女之间缺乏有效的沟通交流。《朋友圈年度亲情白皮书》还指出，在子女与父母的交流过程中，越是触及内心的问题，子女越是不愿向父母敞开心扉，而父母往往乐观地认为子女会无话不说。尤其是当生活中遇到不如意的事情，如失业、工作不顺、感情不顺等苦恼时，愿意沟通的子女不超过三成，而父母认为孩子遇到困难时还会像小时候一样向自己倾诉。

沟通在两代人之间扮演着重要的角色，正是父母与子女之间沟通的缺乏，导致两代人之间的认同感降低。《论语》中有这么一段，子贡曰：“有一言而可以终身行之者乎？”子曰：“其恕乎！己所不欲，勿施于人。”意思就是，子贡问他的老师孔子：“有没有一句话可以终身奉行呢？”孔子回答他说：“那大概就是‘饶恕’吧！自己不愿做的事，就不要强加于别人身上。”在今天这个价值观多元的世界，已所欲，亦慎施于人。我们再喜欢的事，别人未必就喜欢，所以有效沟通的前提是不要把自己的观念强加给任何人。我们应给彼此留足空间，进行多渠道多层次的有效沟通。父母对子女的情感使得代与代之间稳定良好的相处关系可以在有效沟通的基础之上建立。

（二）子女层面：学会成长，别让父辈成为你的“圈外人”

子女作为当事人，在与父母的相处中发挥着重要的作用。从子女的层面来干预和引导是避免父母与子女产生隔阂的重要一环。

积极反思，警惕“伪独立”状态。从青春期到成年初显期（通常在 30 岁以前），是子女不断提高自我意识、完成独立的过程。独立不是与父母决裂，与父母情感隔离和回避，也不是刻意要划清与上一代人的界限来展示和突出自己。需要指出的是，个人的独立和上一代人的良好沟通不是非此即彼的。如果子女所认为的独立是与上一代完全割裂，对抗和排斥与父辈或老师等上一代人的交流，这很可能是陷入了“伪独立”的状态，需要及时反思以构建正确的独立观念。

主动联系，试着修复与父母的过去。当子女认为自己受到童年创伤的困扰时，会更容易对父母产生对立的情感。这往往导致子女与父母产生激烈的冲突，也可能导致叛逆的性格，从而在校园内对教师产生抗拒。但在现实中，很多情况是双方并未就此进行充分的沟通，孩子觉得父母对自己有所亏欠，但父母甚至从来都不知道自己过去的行为对孩子造成了什么样的伤害，或者不明确造成伤害的原因。因此，沟通是问题解决的前提，主动联系、积极沟通是化解代际冲突的关键。

抛弃偏见，进行“有能力”预设。先入为主的思想在很多时候会左右着我们对待新事物的看法。子女在与父母相处的过程中，往往本能地认为他们“不能”学习和理解自己的生活。当子女觉得父母一定无法理解自己时，往往也对父母做出了批判。实际上，他们也无法用开放的态度对待父母。在与父母的交流中，应用实际行动去表达一种信任的态度，进行“有能力”预设。在更多的时候，父母往往会给出更多的理解和信任，使得代际关系能够健康发展。

其实，我们应该深思一下。在外地读书的我们，在外地工作生活的我们，是不是很久没有跟父母好好聊聊了？父母有的时候因为在意我们、担心我们，知道我们在忙，所以不愿打扰，便想通过朋友圈去了解我们的近况。父母老了，变得越来越柔软、越来越感性，也许跟不上我们年轻人的思维了，但他们给我们评论和点赞，也许就是他们表达爱的方式之一。

我们与父母朋友圈的内容存在差异，是普遍存在的一种社会现象，有其产生的社会基础与必然原因。而这种代际差异是建立在人性最基本的要素上的，是历史的动力。在处理这种差异的过程中，掌握话语权的一代应充分让渡成长空间，避免成为年轻一代独立的桎梏。年轻一代也应充分认识自我，在对话、沟通与代际和解中逐渐成长，与父母建立良好的关系，从而避免由差异带来的种种摩擦和矛盾。

到底要不要加入学生社团?

张 悦 孙 瀚 易孝慈

有人说“无社团，不大学”，也有人说“无社团，不青春”。无论哪种说法，都表明学生社团与美好青春、大学生活有着十分密切的关系。

学生社团，是学生们根据自己的兴趣爱好，或者想要学习某个方面的知识所自发组织起来的群体，是一群怀揣同样梦想的学生共同奋斗的地方。

很多初入大学的学生会畅想着加入几个感兴趣的学生社团，开阔视野、增长才干、结交朋友……但现实中，社团生活可能不如想象中那般美好。在问答社区“知乎”上以“学生社团”为关键字进行搜索，发现“大学加入学生社团有必要吗?”“大学报什么学生社团比较好，报几个合适?”“为什么现在大学生对参与学生社团活动越来越消极了?”等问题的热度居高不下。据《中国青年报》社会调查中心通过民意中国网和手机腾讯网发起的一项网络调查显示(16256 人参与)，有 54.7%的受访者曾后悔加入高校学生社团；[①]《高校社团官气横生、虚荣跋扈，到底是什么惹的祸?》[②]等文章披露高校学生社团“官威”事件也备受关注与议论。大学生们对学生社团充满了困惑与迷茫，对学生社团的选择充满了纠结与犹豫，“到底要不要加入学生社团?”成为大学生所遇、所困、所惑的普遍问题……

---

① 中国青年报. 为何 54.7%受访者后悔曾经加入高校学生社团[EB/OL].(2014-06-03)[2020-05-20]. http://zqb.cyol.com/html/2014-06/03/nw.D110000zgqnb_20140603_3-07.htm

② 新京报. 高校社团官气横生、虚荣跋扈，到底是什么惹的祸?[EB/OL].(2018-10-09)[2020-05-20]. https://news.sina.cn/sh/2018-10-09/detail-ihkvrhpt3780539.d.html.

一、问题提出

“到底要不要加入学生社团？”对于每一位大学生而言都是一个值得思考与认真对待的问题。站在个人成长与发展的角度来看，学生社团并不是大学生活中的“必需品”，它只是“一味调剂品”“一抹色彩”。学生社团作为大学生活的补充与延伸，往往以个人需求的满足与否来促成其意义。当个人某一满足感被予以实现时，个体赋予社团正向积极评价。而当某一满足感无法或难以达成时，个体往往会呈现出对社团的不同态度。在走访调查长沙三所高校学生对“到底要不要加入学生社团”的看法后，笔者对此问题总结梳理出了三种不同的观点。

（一）对加入社团持积极态度

第一种观点是对加入社团持积极态度。持此类观点的人往往认为社团能够给自己带来正向而积极的作用，使自己在社团中达成某种特定意义的满足。

比如，有的人认为加入社团能够拓展兴趣爱好，是一件非常有意义的事情，毕竟找到自身兴趣所在并不是件容易的事；有的人认为，社团作为一个团体组织，里面充斥着各路“大神”，而自己在与“大神”的接触中会发现自身不足，激励提升自我，而如果一味在宿舍“安逸乡”里打游戏、睡懒觉，则永远无法认识这些优秀的人，也无法鞭策自己成长、进步；还有的人认为，参与社团生活，除了培养兴趣爱好、结识优秀伙伴、收获各类奖励、积累各项资源、获得进步成长外，更重要的是使自己在未来有了更多的可能与选择。

（二）对加入社团持消极态度

与第一种观点截然相反，有不少同学对加入社团持消极态度。社团存在的某些积弊，以及社团与个人生活间不可调和的矛盾是造成这种态度的主要原因。

比如，有的同学认为，社团固然能够锻炼个人在工作业务与人际交往方面的能力，但却过度占用时间，挤压原本属于自己正常学习、享受生活的时间，并且可能会本末倒置，使得本应是作为兴趣爱好、生活调剂的社团生活，摇身一变成为时间的占有者；有的人认为社团作为学生的自治团体，却越来越充斥着“官僚”气息，一些“组长”“部长”等前辈总是以“领导”的气势来指点社团成员，使得并无等级之分的社团瞬间“变味”，而社团生活也成为一种领导与下属之间的场域；还有的人认为，目前社团在学校的地位不如一些官方的学生组织，学校和同学的重视程度都不够，自己许多想法和期望都无法得到实现，因此也不再对社团抱有过多的希望。

（三）对加入社团持辩证态度

在两种观点之间，还有的人则以理性的立场，对加入社团持辩证态度。

持此观点的人往往理性地看待社团的价值与作用，强调参与社团活动过程中的付出与收获之间是否能够实现价值的等量交换，如果价值能够实现等量交换，那么加入社团这一行为即可取的；如果无法实现，那么需再衡量。并且，这一观点是以自我发展为本位的，是在对自我合理评估、全面认清自身所需的基础上得以确认的。

二、原因分析

大家之所以在加入和不加入间徘徊，一方面，出于对学生社团的好奇与期待，希望加入其中大显身手、丰富生活；另一方面，动机不明确，加之社团、学校、社会等方面存在客观影响，让大家迟迟无法下定决心。那么，导致这个问题的原因究竟是什么呢？

（一）社团规模发展

学生社团作为高校中以自愿、爱好为约束自发形成的自下而上的学生团体，其宗旨是服务学生、帮助学生成长。近年来，随着大学生综合素质的提高，高校学生社团的数量也急剧增长。仅以中南大学为例（数据来源于中南大学学生社团联合会），2014 年全校范围内注册学生社团 83 家；2018 年，中南大学已有 142 家学生社团完成注册并进行招新，四年间社团数量增长 71%，平均每年增加近 15 家学生社团。为了推动学生社团“控量提质”，严格学生社团年审与注册工作，中南大学于 2019 年注销了 10 家学生社团，社团总数由 142 个降至 132 个，但每年加入社团的学生人数仍有 8000 余人。中南大学 2020 年“本硕博”新生入学人数为 16000 余人，学生社团拥有广阔的参与人群。

社团规模扩大的同时，高校学生社团的管理日益完善，社团的激励、考核等机制逐步健全。从国家层面来看，2019 年《中国青年报》在全国超过 500 所高校、2000 多个社团中评选发布“全国高校百强学生社团”榜单，对 100 个获奖学生社团和 10 个最佳组织高校进行排名；[①]从高校层面来看，仅以中南大学为例，每年度都会开展学生社团评优活动，评选表彰“十佳社团”“十佳会长”“新锐社团”“新锐会长”“优秀社团团支部”“优秀社团干部”等系列先进。

学生社团快速发展的同时，也有部分人质疑学生社团扩张速度是否过于迅猛。《中国青年报》社会调查中心通过民意中国网和手机腾讯网发起的一项调查显示(16256 人参与)，53.2%的受访者直言当前社团数量过多。[②] 由此导致的学生社团加入“门槛”太低而被很多人诟病。在接受采访时，厦门大学社团联合会主席何令蔚就曾明确表示“社团只要二三十元社费就可以加入，加入 2~3 个社团是很正常的事，等学业压力以及其他工作一多，精力不够，就会退社”[③]。这种“低门槛”也让很多大学生并不“珍惜”学生社团。

社团管理和内部控制也是影响大学生选择是否加入社团的重要原因。为追求社团活动的规模和效果，部分学生社团会以“赞助”等形式寻求资金支持，这就导致“文化倒灌”和“文化寻租”现象屡见不鲜。[④] 因学生社团的过度市场化及对赞助冠名单位合法身份的忽视，致使社团组织呈现的文化价值观参差不齐，文化失控现象频繁出现，极大影响学生加入社团的积极性。

近年来随着高校学习活动自主化和对大学生生活自理要求的提高，大学生的管理方式逐步由“他控”走向“自控”。同时，学生社团规模发展迅速，社团注册审核、评价激励等管理机制也日趋完善；另外，迅速扩张的社团规模也引发了人们关于社团数量盲目增加、“入退”社团自由随意的担忧。

---

① 中国青年报. 全国高校百强学生社团名单公布[EB/OL].(2019-11-06)[2020-05-20]. http://zqb.cyol.com/html/2019-11/06/nw.D110000zgqnb_20191106_5-03.htm.

② 中国青年报. 为何 54.7%受访者后悔曾经加入高校学生社团[EB/OL].(2014-06-03)[2020-05-20]. http://zqb.cyol.com/html/2014-06/03/nw.D110000zgqnb_20140603_3-07.htm.

③ 中国青年报. 为何 54.7%受访者后悔曾经加入高校学生社团[EB/OL].(2014-06-03)[2020-05-20]. http://zqb.cyol.com/html/2014-06/03/nw.D110000zgqnb_20140603_3-07.htm.

④ 王志峰. 大学生社团组织在校园文化建设中的作用研究[D]. 南京：河海大学，2006.

（二）社团加入动机

学生社团如此迅猛发展，离不开广大学子的积极参与。同学们是否曾停下来想过当初为何要加入学生社团？就此问题，笔者采访了一些“社团粉”，让我们看一下大家的观点。

加入社团，I like it。社团作为一种自下而上的自治团体，是由高校中具有某些共同特征、爱好的人相聚而成的互益组织。于是，文学社中满是“古风小姐姐”、拳击社中尽是“肌肉猛男”、天文社中满眼都是眼冒“小星星”的想象达人等，大家因共同的兴趣爱好，从不同的学院、班级聚集到一起。

加入社团，I wish it。除了存在共同兴趣、爱好外，想要培养某方面技能、发展某些爱好也是加入社团的重要原因。我们在社团中经常会发现一幕幕“画风突变”的场景：跆拳道社的角落里有几位“娇小”的小妹妹、篮球社的训练场上总有几位“饮水机管理员”。当我们问及大家加入社团的动机时，大家异口同声地表示“希望未来我能行”。

加入社团，I want friends。大学社团作为学校中的学生组织，麻雀虽小，五脏俱全，一些同学希望在社团之中认识更多志同道合的同学、广交朋友。抱有这种想法的同学将兴趣和爱好放在次要位置，更关注交际圈的拓展和人际交往能力的提升。

加入社团，I want location。对于一些具有管理才干或想要培养管理能力的同学来说，社团是他们实现“管理目标”的第一个小舞台。无论是社团主席还是部长，这种担任组织负责人的经历和过程，可锻炼个人能力，同时还能为简历增加砝码。

加入社团，I am confused。相较于前面四类同学加入社团的动机，第五类同学选择加入社团更“佛系”——没有明确的动机、没有固定的目标，往往临时起意。如入校时学长学姐的推荐、招新当天社团派发的零食和小礼物、社团招新时准备的精美海报……当新鲜感消退，再问这些同学当初为何要加入这个社团时，这些同学很难拿出说服自己的理由。

加入社团，I have to。不论是个人意愿上的能力提升，还是客观存在的爱好相投，无论动机产生时间的长短，至少有一刻，大家主观态度上是希望加入社团的。但不可否认，也存在“不得不加入”或“为了加入而加入”的情况。当周边同学好友聊及最多的是学生社团时，为了找到共同的讨论话题、为了维持朋友圈的存在感，有的人也会选择加入某一个社团，成为社团“陪跑大军”中的一员。

近年来，以广交朋友为目的而加入社团的学生数量持续增长。曾有学者对各年级大学生加入社团的原因进行调查：有26%的大一学生、26.2%的大二学生、50%的大三学生和57.1%的大四学生是为了扩大自己的交际范围才选择加入社团。该研究在对大学生加入社团的原因进行调查时发现，40%左右的学生是为了“提高自己的能力”，约30%的学生是为了“发展自己的兴趣爱好”，同时“寻求归属感”、有“从众心理”和“功利心理”的学生比例各占约10%。①

综合以上社团加入动机，既有因兴趣、爱好积极主动加入的，也有因提升能力等指向性动机而加入的，同时也包含一些“巧合性”加入的存在，不同的动机也将对加入社团这一决策产生影响。

(三)社团经历“红利”

社团经历的“红利”可以被划分为校内和校外两个方面，校内主要体现在综合素质测评和评奖评优环节，校外则更多体现在求职就业环节中。

在综合素质测评和评奖评优中，大多数高校都将社团经历纳入“社会工作类”综合素质测评标准。以湖南省某高校本科生综合素质测评标准为例，“能够积极主动承担工作任务、创造性地完成工作，并因个人业绩突出的原因，受到学校以上级别的表彰”“能够履行工作职责、按质按量完成工作任务，担任学生干部任期超过一学期”等成为综合素质测评加分的重要内容，而可提供综合素质测评加分的工作岗位也包括“学生社团第一负责人”“学社联正副主席”“学生社团其他干部”。社团经历和担任社团各级负责人的履历，可以帮助同学们在综合素质测评和评奖评优环节中获得一定优势。

社团经历的“红利”在大学生求职就业中体现得更加明显。社会竞争愈发激烈，诸多岗位在招聘时明确提出“一年以上学生干部工作经历”或“中共党员及学生干部优先考虑”等要求，符合条件的各级社团负责人势必也将在竞争中占得先机；另外，部分就业岗位对大学生的综合素质有所要求，“具有一定的校内外社会实践经历”也成为不少企业的考量标准，而社团中参与社会调研、实践活动、志愿服务的经历契合企业需求。部分以就业为导向或对未来求职有目

---

① 曾颖. 大学生参与社团的原因分析[D]. 重庆：西南大学，2007.

标的同学在了解到职业招聘标准后，也纷纷“被”加入社团之中。在一项问卷调查中，就不乏有学生将“评奖评优时可加分”和“找工作时多个资本”等作为自己加入社团的原因。①

学生社团的确能给大家带来一些“肉眼可见的帮助”，在评奖评优和求职就业时，社团经历的“红利”吸引更多大学生投身社团之中。但是，当加入社团融入太多功利因素时，也就困扰与复杂了内心的抉择。

（四）社团满意度

针对当前大学生对学生社团的满意度问题，2019 年曾有学者对北京某高校 600 位加入过学生社团的大学生进行问卷调查，其中参加 2~5 个社团的学生的比例分别为 33.7%、36.6%、19.1%和 10.6%，加入并继续留在至少 1 个社团的学生的比例为 57.6%。② 不难发现，多数同学选择加入 2~3 个社团，且留任社团的同学占到一半以上。可见大学生加入社团的热情较高并且继续留任社团的情况相对普遍。

以上调查结果显示，社团的发展能够符合多数学生的预期，即对学生社团持满意态度的学生占多数，但另一项调查数据却不容乐观。

据《中国青年报》社会调查中心通过民意中国网和手机腾讯网发起的一项网络调查显示（16256 人参与），54.7%的受访者直言后悔曾经加入高校学生社团，其中“社团活动缺乏吸引力”（47.3%）、“了解后不感兴趣了”（25.1%）、“社团活动受到学校限制”（23.2%）、“课程多，没有过多时间”（16.1%）、“在社团得不到锻炼机会”（11.1%）等方面因素是导致其后悔的主要原因。③

在同一份调查之中，50.5%的大学生在校期间加入过大学社团但并没有坚持到底，“社团干部官僚化”（59.3%）、“社团活动数量少、质量低”（34.1%）、“活动经费匮乏”（14.3%）、“管理层水平有限”（13.4%）、“学校限制太多”（10.8%）和“社会不重视校园社团”（10.7%）等不满意因素促使他们做出退出

---

① 曾颖. 大学生参与社团的原因分析[D]. 重庆：西南大学，2007.

② 孙海杰，徐华姿. 高校社团学生去留影响因素的研究——基于北京林业大学本科生的问卷调查[J]. 中国林业教育，2019，37(5)：20-25.

③ 中国青年报. 为何 54.7%受访者后悔曾经加入高校学生社团[EB/OL]. (2014-06-03)[2020-05-20]. http://zqb.cyol.com/html/2014-06/03/nw.D110000zgqnb_20140603_3-07.htm.

社团的选择。

综合上述两类调查数据不难发现，当前大家对学生社团持有不同态度。两种声音的存在（对社团较为满意、后悔加入社团）也为大学生加入社团添上了一丝犹豫与疑虑。

三、解决方案参考

由上述分析可知，大家对“到底要不要加入学生社团”这个问题持有不同观点，既有发展兴趣、培养爱好、锻炼能力等正面言论，也有浪费时间、社团无用、毫无收获等负面说辞，但这个问题没有标准答案，无关对错、不分优劣，只关乎个人选择，只看是否适合自己。

1959 年，霍兰德在《如何选择你的职业》一书中提出“人职匹配”理论观点。其认为，个体差异普遍存在，每种职业具有不同职业特性，进行职业抉择时，应根据个人个性特征与需求来选择与之相对应的职业种类（即“人职匹配”）。当个人特征、需求与职业特性相匹配协调时，可激发个人的热情、潜力与积极性，找到理想的职业。

社团选择犹如职业抉择，也反映着不同学生的个性特征与个体差异。而不同学生社团也有着各自的活动宗旨与发展定位，对社团参与者也有不同要求。大家在选择要不要加入社团、加入什么社团、加入几个社团时，可借鉴人职匹配理论。

（一）认识自我

认识自我即深刻剖析自我，对自身的兴趣、需求、能力、特性等有充分的了解和掌握，因人制宜，做出“要不要加入学生社团”的合理选择。

1. 兴趣是前提

学生社团是以兴趣、爱好为基础而组建的学生组织，以发展、培养兴趣爱好为主要宗旨。因兴趣爱好的相似性，参与者间自然具有更多的共性特征与共同话题，融入度、凝聚力与价值感也会更高。在思考“到底要不要加入学生社团”这个问题时要明确自己已经拥有或意向保持或想要培养哪些兴趣爱好，如科研、唱歌、书法、计算机、公益、茶艺、阅读、语言、女红、设计等。加入社团后，也要考虑兴趣爱好是否能够如预期一样得到培养、锻炼或者发展。

2. 能力是基础

学生社团是大学生活锦上添花的部分，而学习是学生的首要任务与重要职责，所以在选择要不要加入学生社团时，要充分考虑自我的学习能力，以及工作与学习的协调能力，确保在加入社团后仍能出色完成学业。学生社团是培养提升学生组织管理、活动策划、人际交往、语言表达等方面能力的重要平台，而社团干事的身份对综合素质能力有一定的要求。所以，在考虑“要不要加入学生社团”时，要明确自身具备哪方面能力，通过加入社团组织又能提升自我哪方面的素养，以及加入社团后以上是否可以得到满足。

3. 需求是动力

需求即加入社团的动机与初衷，反映着个体的价值观，即个体关于什么是有价值的、值得做的一系列信念，可指导个体对人、事、物及行动进行选择与评估。在决定“要不要加入学生社团”时，要想清楚选择加入社团的初衷与需求，如培养兴趣、实现交友、锻炼能力、提升技能、获得荣誉、融入社会等。无论出于何种原因，仅当个人初衷与需求得以满足时，“要不要加入学生社团”这个选择才会被赋予正向价值意义。

4. 规划是核心

大学生活是丰富多彩的，每个人在大学里将面临无数的选择、拥有无限的可能性，但梦想号列车经过何处、驶向何方，取决于个人规划与行动。大学规划对“要不要加入学生社团”这个选择具有重要指导意义，建议先结合自身实际情况、目标定位、毕业去向、职业选择等构思好大学规划，考虑好大学规划对加入学生社团是否有明确指向或具体需求，把握好全部（大学生活）与部分（社团活动）的统一性，理性做出抉择。

（二）了解社团

在“到底要不要加入学生社团”这个问题中，“我”是决策主体。因决策主体存在差异性，所以需要决策主体对自我进行深刻剖析、充分认识。与此同时，“社团”作为决策选择的客体，也需要决策主体全面了解、深度认知。

社团是具有某些共同特征、爱好的人相聚而成的互益组织，是以自愿、爱好为集合自发形成的自下而上的自治团体。由于各自发展方向和目的不同，呈现出百花齐放的景象。全国2000多所高校中，每所学校运营管理着几十上百个学生社团。根据社团活动内容、发展定位，我们将学生社团分为理论研究、学术科技、文艺体育、创业实践、自律互助、志愿公益等六大类。

(1)理论研究类：此类社团以哲学等人文社会科学为基础，以满足大学生知识需要、提升理论研究水平及树立正确理想信念为主要目的而建立。如读书社、文学社、学“习”会、大学生德育研究会等。

(2)学术科技类：此类社团以自然科学为专业支撑，以开阔大学生学术视野、加强学术能力和提升学术创新研究能力为目的而建立。如机器人创新协会、航模协会、计算机协会、数学建模协会等。

(3)文艺体育类：此类社团以大学生文艺、娱乐、体育活动等为主要内容，以培养兴趣爱好、满足精神追求、提高艺术修养、锻炼健康体魄为目的，以表演、竞技形式为主，具有娱乐性、艺术性、趣味性等特点。如排球社、双节棍协会、滑轮协会、曲艺协会、Cosplay协会等。

(4)创业实践类：此类社团以培养学生社会实践与就业创业能力，促进学生与社会充分接触为目的而建立，具有实践性、技能性和职业导向性。如家教社、营销协会、公关协会、职业规划社等。

(5)自律互助类：此类社团以学生自我管理、自我教育、自我服务与朋辈互助为目标而建立，旨在严格约束自我、服务帮助他人。如健身协会、晨读社、考研社、青春健康同伴社、法律援助社、心理健康协会、关爱健康协会等。

(6)志愿公益类：此类社团以投身社会公益事业、为社会提供无偿服务为目标而建立，具有非营利性、公益性等特点。如绿色环保协会、助残协会、爱心社、阳光支教中心、动物保护协会等。

以上，对高校中不同类型学生社团的活动内容、发展定位做了宏观分析。除此之外，大家在思考到底要不要加入某个具体社团时，可有针对性地通过网络搜集、咨询前辈等方式获取社团详细信息，如社团的级别规模、品牌项目、活动频次、组织机构、发展历史及现状等，清晰的社团画像将辅助大家精准选择。

(三)决策选择

1. 加不加——匹配选择

“到底要不要加入学生社团？”我们可从兴趣、能力、需求、规划等角度综合考虑选择。首先，将兴趣、能力、需求和规划与所了解到的高校社团的情况相匹配，即社团能否满足需求、能否发展兴趣；其次，预估社团在日常学习生活中的“生存空间”，学习是大学生的核心任务，在享受社团带来的欢愉的同时，也要思考社团是否会占据课业时间，分散科研精力；最后，必须问问自己，是不是真的做好准备了？面对迎接新的朋友、更多的活动安排、更充实的课余生活等，我真的准备好加入学生社团了吗？

如果通过匹配，发现兴趣、能力、需求和规划能够与学生社团相吻合，在未来的学业规划上也不会因为加入社团而分散精力，并且在确保充足课余时间的同时做好了加入社团的准备，那么我们何不就此启航，开启一段崭新的社团之旅？

2. 如何加——社团选择

明确加入社团的决心后，我们可以结合自身兴趣、能力、需求和规划等要素，利用“决策平衡单”(见表1)决策选择工具，辅以做出“最佳”选择。

表1　学生社团选择的“决策平衡单”模板

兴趣/能力/需求/规划	重要性(1~10分)	学生社团类型/具体学生社团(满足性，1~5分)				
		A(类型)社团	B(类型)社团	C(类型)社团	D(类型)社团	……
1						
2						
3						
4						
5						
总分						

首先，将兴趣(能力/需求/规划)依次填入表1左上角空格中，随后在纵列表格中列举个人的兴趣(已经拥有或意向保持或想要培养的兴趣)、能力(已经拥有或意向锻炼或希望培养的能力)、需求(加入社团的初衷或希望通过加入社团而得以满足的需求)、规划(大学规划的主要目标)，并根据兴趣(能力/需求/

规划）的重要性程度以1~10分赋分（越重要赋分越高）。

其次，将学生社团类型（具体学生社团）放入横向表格中，依次对应为不同社团类型（具体学生社团）在兴趣（能力/需求/规划）上的得分，赋予分值1~5分（越满足赋分越高）。

最后，核算加权总分，选出合适的学生社团类型（具体学生社团）。

在“决策平衡单”中，所列项目的加权得分越高，说明此选择项越符合个人的兴趣（能力/需求/规划），是相对合适的选择。“决策平衡单”工具可以帮助决策，但无法代替决策，仅辅以参考。

3. 加几个——数量选择

“大学生该加入几个社团？”“一个足矣”“1~3个”“10个以内”“多多益善”……“知乎”上的青年网民对该话题观点不一，并用自身参与社团的经历辅以支撑。

但这个问题真的有标准答案吗？其实不然，学校对学生加入社团的数量并无限制，在加入社团时缴纳一定会费即可，选择加入几个社团完全取决于自己。出于对未知的纠结迷茫、对新鲜事物的好奇探索以及对大学生活的雄心壮志，众多同学以社团加入的“数量”来换取自身安全感、满足感与成就感。刚开始，凭着一腔热情，你可以说，“没事的，我能行”。但到后来，过多的社团工作会填满你的时间，社团也就渐渐失去了它本身的意义。人的精力是有限的，敷衍地应对，不如全身心地投入。

众多学者开展的关于社团的调查研究及知乎、百度贴吧等平台上青年的高赞回答显示，加入1~3个学生社团是主流。如：2019年有学者对北京某高校600位加入过社团的学生开展调查，其中参加2~3个社团的学生的比例为70.3%。[①] 考虑到学生精力的有限性与社团活动的相似性，建议可根据个人时间管理能力、大学规划、兴趣爱好、初衷需求等选择1~3个不同类型的学生社团，全身心投入，实现全面发展。

虽然社团管理规定，每一位学生都有选择加入、退出社团的权利，但大学时间是宝贵的、机会成本是高昂的、“试错”也是要付出代价的。如果已坚定选

---

① 孙海杰，徐华姿. 高校社团学生去留影响因素的研究——基于北京林业大学本科生的问卷调查[J]. 中国林业教育，2019，37(5)：20-25.

择，恭喜你，勇敢去尝试、创造吧！如果此时你犹豫了，可以再慎重考虑下，做出负责任的理性选择。

从来没有最好的，向来只有最合适的！对“到底要不要加入学生社团”这个问题，做出选择前一定要考虑好：对社团是否有初步了解；加入社团的动机是什么；自己是否适合加入社团；是否有精力兼顾好日常学习和社团活动；加入社团后要投入什么、能够获得什么以及获得的概率；自己是否做好了可以应对社团中能够想象以及难以想象的困难和挑战的准备……最后，加入或者不加入社团都会是你最好的选择。

“网红”，也可以是大学生的职业选择？

曹　超　石晓琪　陈　晨　任　球

“网络红人”(简称“网红”)，是在网络社交平台上因为个人才艺或是颜值或因某个特定事件受到网民关注而走红的一类人。“网红”现象已成为青年大学生关注的热点话题。作为新生事物，“网红”常常因低俗媚俗、娱乐至上、审美平庸、价值观扭曲等标签显得乱象丛生。但“网红”并非洪水猛兽，在“网红”所衍生的文化、经济现象中，也能找到大学生成长的积极因素和职业发展空间。因此，“网红”的出现对大学生来说既是机遇更是一种挑战。不管人们如何评价，“网红”已经成为一种越来越日常的存在，更是互联网时代的趋势与标识，无论你喜不喜欢、愿不愿意，它都在深刻影响着青年大学生的生活和价值取向。

大学时期是一个人形成价值观和人生观的重要时期，在网络高速发展的现在，每天都有大量的信息冲击着大学生群体。互联网信息参差不齐，如何取其精华去其糟粕就显得尤为重要。“网红”现象或积极或消极地影响着大学生在评价和选择职业时最看重的原则、标准和品质，即职业价值观，这对大学生的就业选择至关重要。

一、问题提出

今天的社会究竟需要什么样的“网红”？我们应如何正确看待“网红”现象？“网红”能否成为青年大学生的职业选择之一？大学生群体应如何在“网红”影响下，树立正确的世界观、人生观和价值观？2020 年 7 月，人社部等三个部门联合向社会发布了包括“互联网营销师”等在内的 9 个新职业，频繁出现在社交网络中的“电商主播”“带货网红”有了官方的职业名称。新华网发布的《“95 后”的谜之就业观，你看懂了吗？》网络调查显示，有超过 54%的“95 后”最向往的新型职业是“网红”。艾瑞咨询与微博联合发布的《中国网红经济发展洞察报告(2018年)》指出：“网红”群体中95%的人接受过高等教育，而且学历水平越来越高，其中14.6%的“网红”具有硕士以上学历。

“网红”的出现促进了大学生自由、平等的职业价值观深化，为实现自我价值提供了更为广阔的就职空间和更多的选择。然而，“网红”现象也是一把“双刃剑”，其趋利、同质与良莠混杂的特征导致部分大学生错误消费观念养成、职业价值观动摇、审美品位下降，甚至带来违背社会公序良俗的结果，这些弊端不容忽视。正处于“成年初显期”的青年大学生，生理发育已经成熟，但心理发育上还不足以实现成年人的独立、承担成年人的责任。他们内心也往往在探索着，希望从职业发展的角度探索“我”是谁、“我”喜欢什么工作、“我”能做什么工作、“我”应该把什么工作作为未来一生的职业①……因此，在“网红”现象热度持续不减、纵深发展的时代，如何帮助正处于职业价值观形成时期的大学生明确这些问题，抵制“网红”现象带来的负面影响，发挥其积极影响，这值得我们深思。

笔者以大学生为第一视角，同时参考主流媒体的观点，发放《“网红”经济下大学生择业观调查问卷》，回收有效问卷435份，搜集整理基于微博、知乎、百度贴吧等社交平台的贴文和评论1000余条，分析大学生对“网红”现象下的职业选择的观点与态度，主要表现在以下几个方面。

（一）“网红”现象对大学生产生的积极影响

1. “网红”为大学生职业选择带来新机遇

正如百度贴吧用户@大洋WL小黄所说，“新型职业来了，意味着多元化的选择，未来也将充满更多的机会”；《中国经济周刊》刊文指出，“网红”正变成一种职业；红网也发文指出，“‘网红’成最向往职业，有何不可?”在问卷调查中，近一半大学生在回答“‘网红’是一个新兴职业，前途光明，您赞同吗?”这一问题时表示赞同。

2. “网红”让部分人找到职业兴趣和信心

知乎网友@黄聪葱葱葱表示，从前一直觉得自己各方面一般般，但接触制

① 何雪冰. 别忽视职业价值观教育[N]. 光明日报，2019-05-30(07).

作网络视频后，发现了自己不同于其他同学之处，也更加自信。@中国青年报刊文指出，"网红"专业的设置也为年轻人提供了一个可能实现梦想的平台。

3. "网红"激励部分人不断提升自我

知乎网友@想成为网红的人表示，"付出足够的时间和精力，在不断的挫折中完善自己和加强学习，才可能让内容更优质，让观众更喜欢"。知乎网友@王晓芳也表示，"成为网红的门槛并不是想象的那么低，成功的光鲜背后也是惊人的努力"。有调查指出，67.8%的职业主播每个月在提升自我上的花销超过1000元。

4. "网红"有利于自由、平等的价值观念形成

主流媒体《中国青年报》等有文章指出，"鼓励青年选择多元化，尊重他们的选择，让他们相信有梦想，有机会，有奋斗，一切美好的东西都能够创造出来"。《人民日报》指出，"互联网的兴起创造了成为公众人物的平等机会，使每个人都可以凭自己独特的才能获取关注度和影响力"。知乎网友@瓦尔登湖表示，"'网红'里面也有很多传播正能量的群体，很多'网红'会利用自己在网络上的影响力为社会弱势群体发声，让更多的公民看到一些社会不公事件，请求相关法律部门出面解决，也有很多'网红'会把一些社会正能量事件融入直播或者作品当中"。

（二）"网红"现象对大学生产生的消极影响

1. "网红"职业周期短造成大学生失业快

知乎网友@维小维认为，"'网红'职业是吃青春饭，看上去一夜暴富，职业发展却没有规律，只是短暂的财富"。能够坚持下来的"网红"需要长期有爆款作品，很难坚持。部分"网红"因为某方面特长在初期或许确实吸引了很多人的眼球，但当新鲜感过去，难免会失去吸引力进而失去行业竞争力。所以很多人认为当"网红"其实是吃青春饭，甚至靠一些博眼球的行为哗众取宠，不仅没有好的发展前途，还会遭到家人和朋友的反对。知乎网友@糯米表示做短视频两年心力交瘁，最终选择了回去考教师编制。《中国经济周刊》也表示"网红"正成一种职业，如何持续"红"成为痛点。

2. "网红"现象扭曲大学生的审美观念

很多大学生通过整容、过度减肥、化妆、修图等手段跻身"网红"队伍，自我

感觉很好。博眼球、博出位的心态造成大学生审美畸形，使审美价值观表面化、低俗化。在“网红”经济的不断冲击下，不少青年大学生深受影响，一味追求外表的完美无缺而忽视综合能力和专业技能的提升，从而脱离专业本身的方向，失去所学专业应有的意义和价值。人民网刊载的《“网红”现象的审美危机》指出，“网红”使得大众审美内容浅表化、审美活动功利化、审美追求平庸化。

3. “网红”现象冲击大学生的价值观

很多“网红”会在自媒体平台上向粉丝分享自己的生活，他们的生活大部分可以用一个词概括，那就是“纸醉金迷”。大多数网友对“网红”所展示的生活都表示出了羡慕和渴望之情，越来越多的受众渴望自己也能拥有这样的生活方式。“网红”输出的这些充斥着拜金主义和享乐主义的价值观，对主流文化造成了一定程度上的冲击。大学生群体如果长期受到这种不健康的价值观的影响，对成长是非常不利的。

4. “网红”现象颠覆大学生的择业观

百度贴吧网友@国培谷阳认为，“‘网红’青年还是渴望‘钱多、事少、离家近’的工作，这是没有时代责任与担当的表现”。@人民网 程振伟认为，“因为‘网红’职业热门，看似赚钱轻松，把‘网红’当作‘最佳职业’，反映了大学生缺乏理性的认知判断”。“网红”现象从表面上看似乎是一种获取经济效益的捷径，但背后或许也潜藏着很多不为人知的套路，使得青年在择业的时候，容易受表面利益的诱惑，因缺乏理性思考和判断的能力而误入歧途。

（三）“网红”现象对大学生产生的影响不确定

1. “网红”有利有弊，不能一概而论

百度贴吧网友@我为成功起航认为：“作为一个在时代技术变革下的新兴事物，认识‘网红’还需要更长时间的探索，不应盲目跟风。”知乎网友@紫禁之巅认为：“网络直播是一个新生事物，青年人对新鲜事物的好奇与追求也值得理解，我们需要包容也要理性。”

2. “网红”是机遇也是挑战

《燕赵晚报》认为，“大学生‘网红’群体的出现是挑战也是机遇，我们要做的不是将这个群体扼杀在摇篮中，而是积极正确地对其进行引导，让大学生

‘网红’成为网络世界中的一股清流”。

“网红”缘何能够受到时下大学生的关注？“网红”这一职业能不能成为大学生的普遍选择？面对“网红”的职业化，当代大学生持何种心态？如何理性看待“网红”职业的利与弊，实现大学生的职业梦想和价值目标？这不仅需要我们对“网红”现象进行深入剖析，更需要我们关注和理解大学生职业价值观的变化原因。

二、原因分析

在“网红”文化的影响下，大学生在思想上(包括价值目标、事物认知)和行为上(消费、模仿、学习)都在与自己向往成为的“网红”接近，进而接受和追捧“网红”职业。现从“网红”现象的本质谈起，深入探究“网红”现象下大学生职业价值观变化的原因。

(一)“网红”群体的特征及影响分析

1. “网红”群体的规模不断扩大

我国“网红”产业规模不断扩大，新领域、新变现形式不断涌现。2018 年，粉丝规模在 10 万人以上的“网红”数量较 2017 年增长 51%，我国“网红”粉丝总人数达到 5.88 亿人，同比增长 25%①。“网红”产业市场规模不断扩大，如图 1 所示：2019 年我国“网红”经济市场规模超过 2500 亿元，预计 2022 年突破 5000 亿元②。在“大众创业、万众创新”的引导下，“网红”的发展在一定程度上带来了大量的就业岗位，提供了更多的运营、策划、销售的就业机会。

2. “网红”群体学历不断走高

与以往相比，高粉丝量的“网红”学历有了明显提高，“网红”作品的价值也不断提升，如@微博-使徒子，清华大学本科毕业、哈佛大学研究生毕业，微博粉丝 889 万人；@微博-小野妹子学吐槽，日本京都大学毕业，微博粉丝 2038 万；@微博-英国报姐，牛津大学博士毕业，微博粉丝 1735 万人；@papi 酱，中央戏剧学院毕业，微博粉丝 3315 万人。这些信息说明“网红”不再是靠颜值、

---

① 艾瑞咨询：《2018 年中国网红经济发展洞察报告》。

② 中商产业研究院：《2020 年中国网红经济市场前景及投资研究报告》。

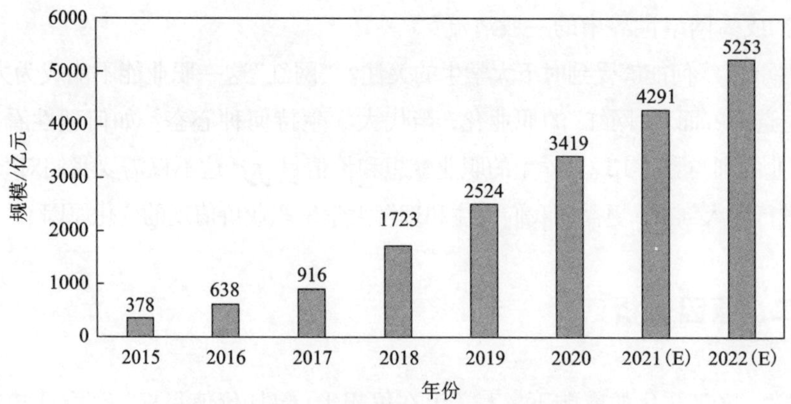

图 1 “网红”市场经济规模及预测

（数据来源：Frost&Sullivan、中商产业研究院整理）

媚俗来吸引粉丝，因此大部分大学生认为“网红”经济发展势头良好，并接受身边的人从事“网红”职业。抖音的两大网红费启鸣（粉丝 1693 万人）和代古拉 K（粉丝 1449 万人）最初都只是普通在校大学生。

“网红”群体呈现高学历、年轻化的趋势。在不少人的刻板印象中，“网红”并不需要太多的真才实学，只要唱唱歌、跳跳舞、卖卖萌就能流量变现。事实上，“网红”不仅需要一定的综合能力和专长，还需要一定的专业基础和学习能力。如图 2 所示，2018 年我国“网红”中本科以上学历的占 77.6%。在高收入主播群体中，拥有高学历者占主要部分，在陌陌平台的一项调查中，月收入过万的主播中，有本科学历的接近 20%，硕士以上学历者达到了 25%左右，其中 16.9%的硕士以上学历主播收入在 5 万元以上①。从这个层面来看，越来越多的高学历者从事“网红”职业。这不仅有助于提升“网红”产品内容的质量，还能带来更加专业化、多样化的“网红”产品，从而净化网络环境，削弱“网红”现象普遍化和随意化带来的负面影响，引导青少年树立正确的价值观念。

3. “网红”影响群体以大学生为主

如图 3 所示，以微博“网红”的粉丝为例，53.9%的粉丝年龄集中在 25 岁以下，年龄分布明显年轻化，意味着“90 后”“00 后”是关注“网红”的主要群体②。

① 陌陌：《2019 年主播职业报告》。

② 艾瑞咨询：《2018 年中国网红经济发展洞察报告》。

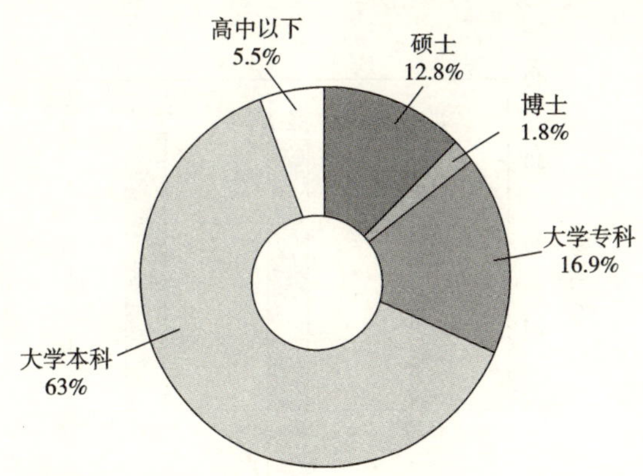

图 2 “网红”学历分布

（数据来源：《2018 年中国网红经济发展洞察报告》）

有数据显示：74.8%的受访者表示，每天观看直播时长在半小时以上，32.1%的用户每天观看直播甚至超过 2 小时[①]。其中，年纪越小的受访者观看直播时间越长。如图 4 所示，33.6%的“95 后”每天看直播 2 小时以上，而“85 后”这一比例只有 31.7%。大学生长时间地关注“网红”，接受“网红”的输出，其价值观和生活方式也潜移默化地受“网红”言语、思想的影响，进而模仿“网红”的行为，使得职业观念和职业选择受影响。

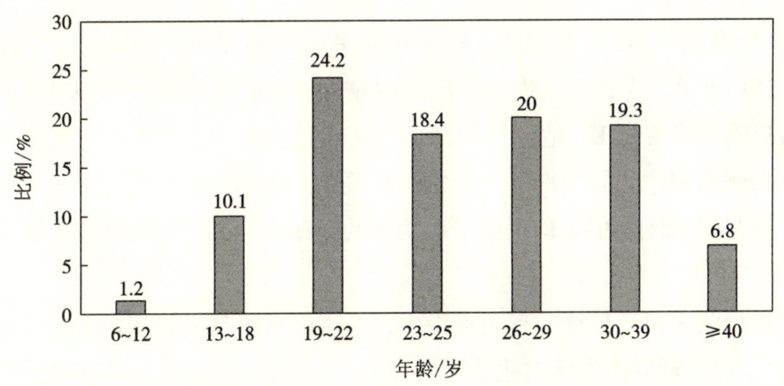

图 3 2018 年中国“网红”粉丝年龄结构

（数据来源：《2018 年中国网红经济发展洞察报告》）

① 陌陌：《2019 年主播职业报告》。

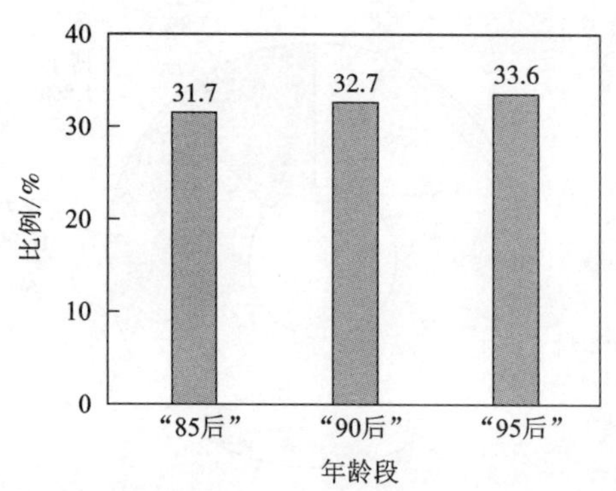

图 4 各年龄段用户每天观看直播 2 小时以上比例

崇尚个性的“95 后”男学生群体成了潮鞋最主要的消费群体，“95 后”和“00 后”女学生成了医美行业最主要的消费群体①。数据显示，2019 年，19 岁至 35 岁区间的用户占据了移动购物总体用户的 70%左右。粉丝关注“网红”也并不只是为了消费，尤其是“90 后”“00 后”用户越来越看重商品背后的人格属性、购物过程中的娱乐性和互动性等，这些便是“网红”能够给年轻用户带来的精神文化联结②。

4.“网红”职业受到学生热捧

在“互联网+”和“大众创业、万众创新”的时代背景下，“网红”成了求职市场中的热门职业，为大学生提供了新的就业机会和创业契机。例如抖音的两大网红费启鸣和代古拉 K，他们最初都是普通在校大学生，因为在抖音平台展示了自己的颜值和才艺而获得了大量粉丝的关注。现如今费启鸣成功出道，正式进入了演艺圈，而代古拉 K 也已经成功签约娱乐公司，成为当下最炙手可热的“网红”。

主播行业为何受热捧？有观点指出，直播正吸纳越来越多的就业人口，其中以“95 后”年轻群体为绝对主力军。他们本身具有年轻的资本和优势，加上“网红”所带来的诱人的经济效益，网络世界的新鲜刺激，以及网络环境下自我价值的实现和自我满足，这些因素都促使年轻群体飞奔向“网红”行业。网络主

---

① Mob 研究院：《2019 年中国颜值经济洞察报告》。

② QuestMobile：《2019 年电商粉丝经济洞察报告》。

播是吸引度最大的“网红”职业。陌陌发布的《2019 年主播职业报告》显示，“95 后”网络主播中近 50%为职业直播。

5. “网红”文化影响主流价值观

来自微博大数据的统计显示，“网红”粉丝最关注文娱类话题。如图 5 所示，娱乐类领域的总体关注度依然处于领先位置，娱乐化及其衍生品已经深刻影响当代青年人的生活，给传统的主流价值观带来不小的冲击。

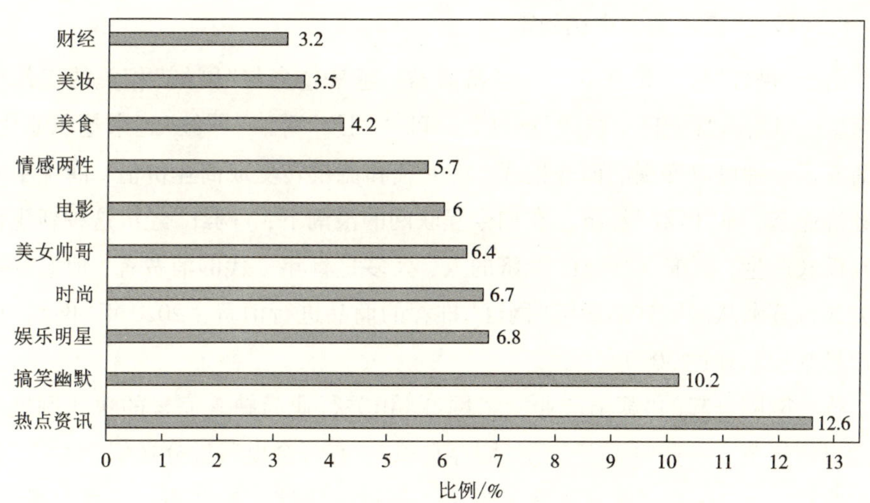

图 5 2018 年微博“网红”粉丝关注的话题分布

（数据来源：《2018 年中国网红经济发展洞察报告》）

QQ 浏览器联合中国人民大学发布的我国首份“95 后”大数据报告显示：服务员、行政文员、公务员是“95 后”最不喜欢的三大职业[①]，职业选择的变化折射出当代大学生职业价值观的变化。不难发现，“网红”这一职业伴随着互联网而逐渐兴起，而当代大学生正是在互联网时代中成长起来的一代，所以受到“网红”文化的影响最深。当前过热的“网红”现象中，“网红”主要还是通过包装炒作和群体狂欢来凸显自身价值，以“吸睛”的手段达到“吸金”的目的。因此，“网红”所输出的内容良莠不齐，往往倾向于拜金主义和享乐主义的价值观。而且各个直播平台入职门槛各不相同，导致主播的综合能力和素质参差不

① QQ 浏览器、中国人民大学：《QQ 浏览器大数据：谁都无法代表“95 后”》。

齐，有些人仅靠嘴皮子和一些雕虫小技来获得粉丝认可和盲目追捧，甚至在公司的包装和所谓的“团队”协助下营造极受欢迎的假象，诱导部分观众盲目消费，甚至通过低俗手段和方式达到营销自己的目的，产生不良的网络风气。“一夜成名”“一夜暴富”成了“网红”的代名词，“网红”们崇尚的“个性自由”常常过犹不及，在一定程度上冲击了中国的传统主流观念。似乎只要是有个性、有颜值的年轻人都能吸引粉丝、赚取流量，其背后的低成本、高回报的现象不断吸引着大学生群体的关注和参与。

6. “网红”经济急需市场规范

由于“网红”经济带来的巨大经济效益，越来越多与“网红”相关的工作应运而生，如电商“网红”、视频“网红”、直播“网红”等。“网红”越来越职业化，逐渐成了一种可以变现的商业模式，将人气和流量转变成商业价值，催生了新的经济业态，即“网红”经济。在如今互联网的浪潮下，“网红”经济这种新生代经营模式产生，而推崇“网红”经济的人，大多是青年一代的消费者，他们的购物方式也逐渐从网购转向跟随“网红”推荐的商品进行消费，2020 年“网红”电商市场规模预计达 3000 亿元①。

作为刚刚升起的“朝阳产业”，“网红”相关行业尚缺乏完善的法律制度和行业自律规范。一些“网红”为了“刷存在感”，有时会出现过分媚俗、庸俗、低俗的表达，对公序良俗造成破坏和冲击。当然，“网红”也并不一定就是低俗、无聊的代名词：倡导读书的罗振宇，通晓财经历史的吴晓波，擅长演讲的罗永浩等“网红”，都能够在一定程度上协调公共价值与商业利益，倡导社会所需的正能量，实现良好的社会效益。

（二）“网红”现象下大学生职业选择的变化

如图 6 所示，2020 届高校毕业人数已经突破 874 万人，同比增加 40 万人，再一次创下了历史新高。进入 21 世纪以来，我国每年的高校应届毕业生数量一直持续增长。

对于职场新力量的“95 后”而言，上班不再是必选项，“慢就业”成为更多人的选择。因为这一代大学生已经很少受限于物质的匮乏与生存的压力，他们

---

① 克劳锐：《2019 年网红电商生态发展白皮书》。

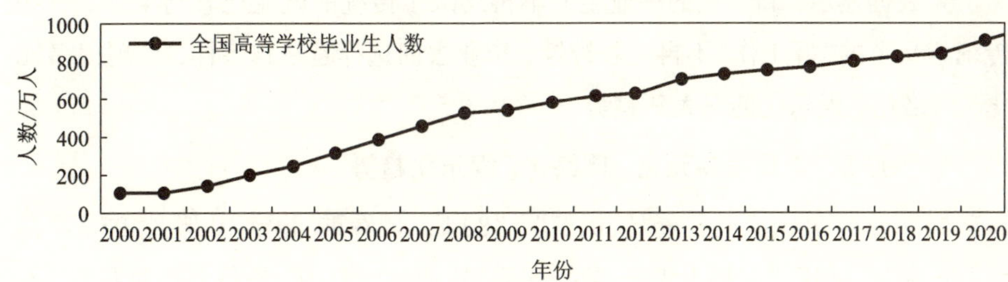

图 6 全国高等学校毕业生人数

（数据来源：中国教育在线）

的需求自然沿着马斯洛需求层次①上升，更在意尊重和自我实现。“95 后”成为最向往新职业的群体，他们认为“网红”是一个低投入、无风险，能够实现名利双收的工作，因此希望成为一名“网红”。这也使得“网红”的基数不断攀升。如图 7 所示，我国网络主播岗位需求激增，曾出现 3 次峰值，2019 年 6—7 月，主播市场需求呈现波动上升趋势，到 2020 年 3 月，主播市场需求持续上升，未达到峰值点②。

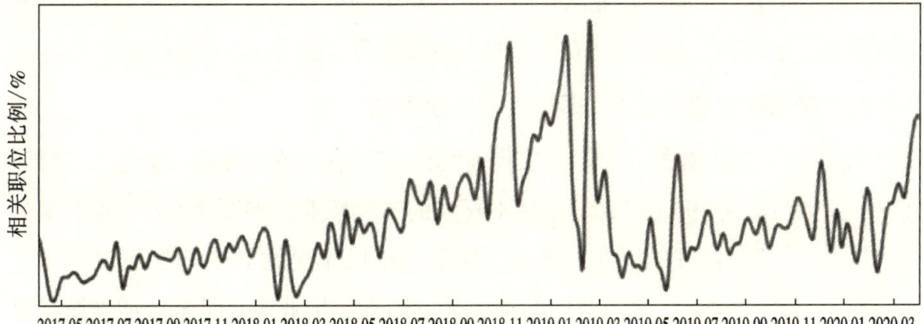

注：曲线越向上说明市场需求量越大，就业情况越好；反之，代表该类职位需求量较小。

图 7 2017 年 4 月 1 日—2020 年 4 月 1 日中国主播招聘需求曲线

（数据来源：艾媒数据中心）

---

① 美国心理学家亚伯拉罕·马斯洛（A. H. Maslow）从人类动机的角度提出需求层次理论，将人的需求分成生理需求、安全需求、归属与爱的需求、尊重需求和自我实现需求五个逐渐上升的层次。

② 艾媒咨询：《2020 年第一季度中国直播电商行业发展现状》。

大数据显示，新一代的毕业生们不再局限于传统的就业观念与渠道，一些传统意义上的“好工作”不再是香饽饽，毕业去向选择越来越多样，呈现出多元化、网络化、娱乐化的三大新趋势。

1. “95 后”选择呈多元化、网络化、娱乐化趋势

如果说，“70 后”最看重“铁饭碗”，“80 后”最看重“稳定”，那么“95 后”在就业选择上，则以“兴趣为先”。在“95 后”毕业生的眼中，条条大路通罗马，不愿意在茫茫的就业人群中争先恐后，更不愿当上班族，认为“不就业”才是一种更好的选择。在“95 后”高校毕业生的毕业去向中，52%的“95 后”选择“找工作”，48%的“95 后”选择了“不就业”①，而在“不就业”的学生群体中，继续学习深造、创业、间隔年、当“网红”主播成为热门选择。

2. 互联网成为“95 后”创业首选行业

“宁做吃土创业者，不当高级打工仔。”在“不就业”的“95 后”中，超过 15%的人希望创业当老板，其中接近 50%的人选择海淘、自媒体等新兴互联网创业项目；越来越多的年轻人开始带着自己学到的先进知识回到家乡，摸索起农业创业、旅游创业等与互联网行业结合的门道。对于刚进入社会、没有经济基础的毕业生来说，互联网行业这种小成本创业是他们现阶段的最佳选择和去向。

3. “95 后”积极尝试互联网催生的新兴职业

《QQ 浏览器大数据：谁都无法代表“95 后”》中的数据显示，服务员、行政文员、公务员成为“95 后”大学生最不喜欢的三大职业。如图 8 所示，互联网创业成了“95 后”最向往的行业。薪水、稳定性早已不是大学生选择职业时最主要的考量点，“有趣”已成为他们的重要衡量因素。毕业生在日常生活中所接触的直播、“网红”、新媒体运营等由于其“有趣”成了备受青睐的职业。新一代年轻人把“玩”变成了可以用来谋生发展的工作，更加注重工作中自我价值的实现和满足。“好玩，又可以认识更多的朋友，能体会到人生意义上的满足，做得好还能得到一定的收入，何乐而不为呢？”有报告指出，主播、“网红”等成为最受青睐的新型职业②，受到广大毕业生的关注。

---

① 新华网：《“95 后”的谜之就业观，你看懂了吗？》。

② 梧桐果：《2019 年毕业生求职意向调查报告》。

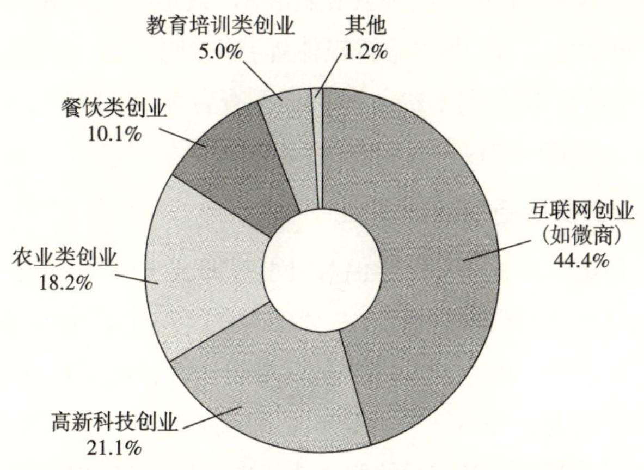

图 8 “95 后”最向往的创业行业

（三）大学生从事“网红”职业接受度分析

1. 更多人选择支持或观望“网红”职业

从供给侧来看，由于就业难度日益增加，且“95 后”“00 后”更加注重工作中的“有趣”和“满足”，使得在流量变现成为互联网商业逻辑的时代，传统的就业方式不再是年轻人的主流选择。如图 9 所示，“网红”等新兴职业开始受到越来越多年轻人的欢迎。问卷数据结果显示：关于“您认为未来‘网红’经济的发展趋势是什么？”的问题，63.91%的被调查者持保留意见，25.06%的被调查者表

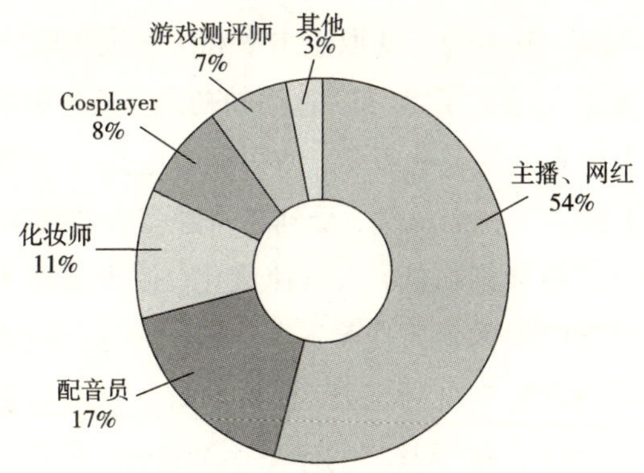

图 9 “95 后”最向往的新型职业

（数据来源：《新华网：“95 后”的谜之就业观，你看懂了吗？》）

示“会越来越好”，仅有 11.03%的被调查者表示“只是昙花一现”。关于“您支持身边的人从事‘网红’（主播、博主、自媒体等）职业吗?”这一问题，63.68%的被调查者表示“不支持也不反对”，27.13%的被调查者表示“支持”，5.06%的被调查者表示“不支持”，4.13%的被调查者表示“非常支持”。

2. 越年轻越容易接受“网红”职业

研究表明：年纪越轻，家人及伴侣对“网红”职业的认可程度越高。“80 后”主播获得家人及伴侣支持的仅为 66.8%，“85 后”这一比例为 70.3%，“90 后”为 72.4%，“95 后”高达 75.9%[①]。“95 后”的父母受教育程度相对较高，对互联网的接受程度也较高。因此，大部分“95 后”家长并没有出现对以“网红”为首的互联网新兴行业的抗拒和抵制，对孩子的职业选择也更加包容和支持。

（四）大学生从事“网红”职业面对的困境

1. “网红”职业的社会认可度不高

一方面，当“网红”的追求不被理解与“网红”群体自身的形象高度相关。长期以来，人们认为“网红”是凭借身材颜值、低俗搞怪的行为一夜成名，而真正依靠能力与才华的屈指可数。社会和家庭也认为当“网红”是通过旁门左道一夜成名，无法接受这种扭曲的价值观。近期备受热议的事件之一是央视点名批评大胃王吃播的过度铺张浪费现象。一些大胃王拿着高额的收入，利用剪辑等手段欺骗观众，在还有很多人面临饥饿难题无法保证温饱的情况下，通过浪费粮食的手段哗众取宠，甚至为了博取点击率和关注度去吃一些奇怪的食物及生物。这一系列现象不仅违背了“网红”直播的初衷，还与中华民族的传统美德背道而驰，错误地引导观众的某些观念，使得网红吃播行业越来越妖魔化和畸形化，在很大程度上败坏了社会风气，受到越来越多人的排斥和谴责。

另一方面，“网红”行业门槛低，入行速成化，使大家陷入做网红轻松、容易的误区。而且，“网红”们的素质良莠不齐，部分“网红”的媒介素养偏低。若大学生缺乏一定的信息理解和批判能力，没有很好地进行自我规范，往往容易出现价值观偏差。虽然社会对“网红”的印象逐渐改观，但在许多人眼里，常常会给“网红”贴上负面标签：整容、不学无术、日进斗金、带偏年轻人的价值观、

---

① 陌陌：《2019 年主播职业报告》。

败坏社会风气等。由于缺乏行业规范，有些“网红”为了吸粉和保持粉丝量，甚至传递负面的能量和信息，做出违反公共道德甚至违反法律的行为。当这些行业乱象成为“刻板化”印象时，大部分人会对“网红”产生反感情绪。

2. “网红”职业的薪酬两极分化严重

大学生“网红”的薪酬一直是备受关注的话题。据调查显示，大学生对“网红”的工资预期普遍偏高，只看到了“网红”行业表面的光鲜亮丽，却没有认识到背后激烈的竞争，“网红”经济逐渐呈“泡沫化”趋势。有关机构调查显示，2020 年第一季度，平均月工资收入在 4501 元至 6000 元之间的网络主播占比是最高的[①]；而月收入在 50001 元以上的主播凤毛麟角（见图 10）。总体来看，极少部分主播收入较高，头部主播占比也相对较少，但是腰尾部主播占比高达 90%，表明绝大多数的主播收入并不高。“网红”日渐增多，网络直播的覆盖率也以一定比例增长，但能从时代浪潮中得名得利的人和团队少之又少。“网红”要提高收入，就需要保持自己的热度和关注度，关键是要留住粉丝，不断在内容和流量上挖掘和拓展，产出优质内容，增强互动性和趣味性。

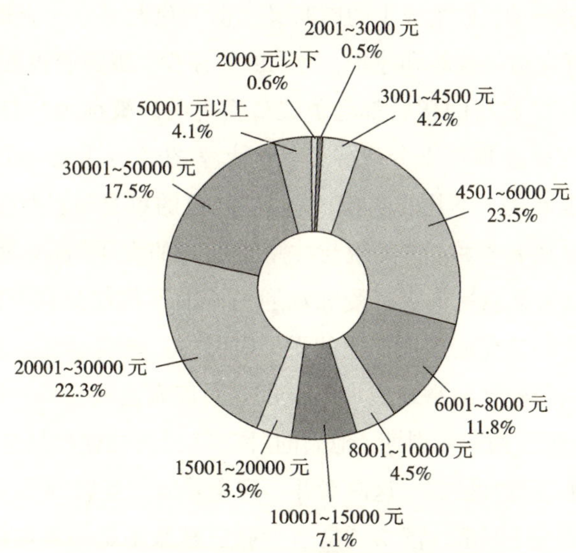

图 10 2020 年第一季度中国网络主播平均月工资

（数据来源：艾媒咨询数据中心）

---

① 艾媒咨询：《2020 年第一季度中国直播电商行业发展现状》

（五）大学生职业价值观的变化内容分析

今天的“95后”“00后”似乎正面临一个新问题：选择好好读书还是选择当“网红”？“网红”文化传播导致青少年价值观发生改变，对年轻人的未来职业发展选择也产生了较大影响。

1. 读书无用论出现

大家都被教育要好好读书，考上好大学才能有好工作。但由于我国经济转型所带来的就业转型，很多人大学毕业工作后发现，自己辛苦工作挣的还没有一些没上过大学的“网红”直播一场的多。特别是随着互联网的兴起，很多低学历的人依靠一技之长实现了阶层跨越，吸引大量流量和关注，让很多人对读书、上大学产生了质疑。事实上，绝大多数的主播收入并不高，月平均收入在10000元以下；而“双一流”高校大学毕业生的平均工资超过了10000元，全国排名前100名的大学毕业生最低薪酬为7002元。从平均水平来看，低学历的“网红”并不比名校毕业生挣得多。我们关注到的往往都是顶级流量的主播，他们是行业中万里挑一的，数量极少的同时又占据了绝大部分的流量资源。而普通的主播，并没有突出的技能和才华，受到的关注少，赚到的钱也不多。

所以知名“网红”成功的背后都是蕴藏着实力的。被称为“口红一哥”的李佳琦大学期间各方面表现都十分优异，重点大学的经历让他有了更开阔的眼界。他在直播间也展现了不凡的谈吐，凭借着自己的毅力和实力在“网红”直播浪潮中脱颖而出。还有号称“集美貌与才华于一身的女子”papi酱的求学经历也告诉我们，她起初就能受观众喜爱和欢迎的原因不仅仅是自身的幽默风趣，更是她身上展现出的文化底蕴所产生的无形吸引力。她表示自己选人任人时会看重学历。没有人能轻而易举地成为“网红”，而仅靠运气获得一时利益的“网红”往往只有十分短暂的职业周期，他们的“网红”经历往往也只是昙花一现。

因此，读书还是当“网红”，这两者并不完全矛盾。互联网给人们提供了更多选择，本质上是一件好事。读书还是当“网红”从来不是一道选择题，现有的“网红”“大牛”，也大多都一直在拓展知识面——更多的新知识可以帮助自身了解大众需求的变化，只有这样才能红得更艳、更久。《2019年主播职业报告》显示：26.9%的职业主播从业时间超过2年，学历越高的“网红”职业生命更长久同时薪酬越高。互联网为人们择业提供了更多选择，而机会也总是留给有准备的人的，只有好好学习、增长才干、提高自身能力，才能在"网红"经济中把握主动权，推动整体行业素养的提升，带动产业发展。

2. 价值选择出现偏差

"网红"在网络世界中呈现出来的表象与实际情况之间往往存在巨大的差异。大部分"网红"成名都是依赖于背后团队的策划与炒作，相关的专业机构也越来越多。"网红"已经成为一种专业化、产业化、体系化的新兴职业，不再是人们认知中的有颜值、有才艺就能够当"网红"了。在网络世界中，这些职业化的"网红"有的大肆展示所谓的上流生活，以炫富拜金、网络暴力、整容色情等作为展示的手段，为了吸引流量毫无底线；有的不遗余力地"展示"自身经过美化加工过的成功经历，过度美化"网红"职业，宣扬不需要学历、不需要努力就能成为"网红"。"网红"营造了浮躁和功利的求职心态，使得青年人将"走红"与"成功"等同起来，认为不通过踏实的奋斗也能"一夜成名""名利双收"，希望成为他人眼中的"成功人士"，陷入迷思幻想中不可自拔。有些"网红"为了引起他人注意，大肆鼓吹个体本位的价值观，奉行"精致的利己主义"，宣扬不正确的三观，导致不良社会心态长期弥漫，甚至被一部分青年奉为主流价值观，出现冷漠消极、自私自利的社会现象。在表象与现实交织形成的巨大价值鸿沟中，青年往往没有办法明辨是非，被这些错误的观念毒害，抛弃社会主流价值观，宣扬功利化、虚荣化、去信仰化的价值观念，营造了不良的社会风气。

三、解决方案参考

"网红"作为互联网时代的新兴产物，对大众所带来的冲击遍布社会生活的方方面面。大众对"网红"的认识也远不及其自身的发展和演进速度。大学生可能还没来得及认清"网红"，就已经先从内心接纳了"网红"，甚至将其作为自己的职业选择。当前的就业环境向着多元化、自由化的方向发展，在"大众创业、万众创新"的时代背景下，鼓励大学生进行尝试，使大学生有了更大的施展空间，大学生实现自身价值的方式正在日趋多样化。

"网红"现象给青年大学生带来的影响既有积极的，也有消极的。"网红"成为人们的职业选择是时代发展的必然结果，但青年大学生不能仅凭着对新生事物的好奇去尝试，更不能以所谓的挑战和探索未知的勇气来蒙蔽自己，而应拿出更为理性、成熟、全局的视野和胸怀去认识“网红”和定位自己。青年大学生如何面对职业选择，如何衡量职业价值，对自身乃至社会都非常重要。大家可以从以下几个方面结合自身实际情况进行客观分析并做出选择。

（一）了解职业需求，寻找适合自身的职业方向

一种新兴职业从出现到发展成熟再到被认同，需要一个较长的过程。大学生在进行职业选择时不仅要充分了解和认识职业，剖析国家和社会发展的需求，也要客观分析自身实际情况，充分了解自己的优势与不足，长远规划职业，放平心态。只有这样，才能够在求职过程中充分发挥个人强项和长处，选择出更适合自己、更符合时代建设和发展需要的职业。

以“网红”职业为例，“网红”通过网络直播等形式展现自己，吸引粉丝与流量，从而获得经济上的利益。不少人只看到“网红”台前备受追捧的一面，往往忽略掉他们背后付出的汗水和努力。从“网红”群体中较为成功、持续热度较高的案例中不难发现，比起良好的外形条件，出众的才华、突出的品位、良好的口碑显得更加重要，仅仅靠高颜值撒撒娇、卖卖萌就想拥有持续的观众热度是不可能的。随着网络媒体的不断发展和观众欣赏品位的提高，对“网红”的自身素质也提出了更高的要求。每一个被人熟知的“网红”所产出的作品普遍具有鲜明的个人特色，这包含“网红”本人的知识水平、综合素养、丰富的人生阅历以及捕捉当下观众心理与社会热点的敏感度，只有通过不断提升自己才能不断产出高水平的网络作品，才能拥有高素质的粉丝群体以获得良好的口碑。

作为大学生，在进行职业选择时应该把目光放长远，“网红”职业“轻松赚大钱”的捷径不可取，应由职业表象挖掘职业的本质与内涵，找准社会需求与个人特点，找寻更适合自己的职业方向。

（二）认清职业门槛，付出才会有回报

任何职业都有准入门槛，就“网红”职业而言，部分学生看着网络上各种“网红”“开挂”的生活时，也幻想自己能够成为其中的一员，做起了发发视频就能实现财富自由的美梦。从网上看到的那些晒日常、晒出游、晒宠物的博主，似乎都不需要付出太多努力，就能快速成名。然而事实是绝大多数的“网红”都是依靠着背后强大的“‘网红’工厂”般的经纪公司，通过精细的包装、策划、营销手段，以网络商品的形式推向市场，推进大众视野。即便是这样，真正能够获得大众喜爱、保持一定的热度与流量的不过百分之一二，被滤镜和美颜撑起的"好看的皮囊"若没有实力傍身，也会使观众快速产生审美疲劳。那些光鲜亮丽的背后，有着无法想象的辛酸。网络上流传的那些画风清新、看似日常的照片，背后经过的是无数次的拍摄与修图。通过出售商品、带货挣钱的"网红"，也需要每日早出晚归地进出货，并绞尽脑汁地对产品进行大力宣传。当"网红"的门槛并没有想象的那么低，将流量与关注度转化为财富并不是一件简单的事，其他职业也是如此。

吃苦耐劳是一个人尤其是青年人应该具备的基本的优良品质之一，大学生应深知"付出才有回报，耕耘才会收获"的道理。想要真正成为行业的领头者，背后的努力与积累一定是数倍于普通人的。在这个社会，无论选择哪种职业，职业危机都会存在，要想获得成功，坚持到底、不轻言放弃的精神是不能缺少的，何种职业的成功都不是一蹴而就的，都需要不断的拼搏与努力，只有拥有这种品质的人，才能在人群中脱颖而出。

（三）恪守职业底线，树立正确的价值观和法律意识

不管从事何种职业，想要成功绝非易事，除了投入大量努力与汗水以外，更需要时刻把握正确的方向，符合社会主流价值观，不违反法律法规，不违背公序良俗，做到求之有道。

例如，从事"网红"相关职业，工作时间灵活，收入可观，但背后也隐藏着不小的风险。新媒体平台因商业自律与法律约束不严、管理混乱等原因造成的个人信息泄漏以及私人照片、视频与信息流出产生不良后果的新闻屡见不鲜；一些"网红"经纪公司为了提高收视率和竞争力，抱着侥幸心理打法律擦边球，鼓励和诱导平台"网红"在镜头前尝试通过过激言行来吸引关注。这些行为都存在着巨大的隐患，很容易演化成违法犯罪行为。因此，大学生选择从事某个职业前，应该详细了解某项工作的具体性质、内容、范围等，坚决守住道德底线，强化自身法律意识，对违法以及不合理的行为坚决拒绝并积极向有关部门举报，维护良好的职业环境。

（四）强化职业技能，配备过硬的职业综合本领

"网红"这一新兴职业的出现，反映了中国经济发展新动能的不断培育与壮大。"网红"等新兴职业与传统职业相比具有全新的就业空间、工作体验以及更

多元化的职业转型机会，这些特点吸引了越来越多的大学生等就业群体的关注，为求职者提供了新的选择。新兴职业对从业人员提出了更高的要求，需要拥有更开阔的视野、多元的文化背景和良好的适应能力。每一份成功的背后都一定存在着与之相当的付出与努力，“网红”也是如此。

部分大学生因为缺乏社会经验，容易被部分人快速拥有名利与财富的表象误导，忽视自身奋斗，荒废学业，盲目追求现实利益，从而沉浸在幻想出的“轻松捞钱”的大梦之中，忘记社会竞争与现实生活的残酷，不思进取，直至某天大梦初醒才发现时间流逝与蹉跎。不要做“一夜成名”的美梦，低成本、低门槛的收益方式往往不能持久，成功没有捷径可走，拜金主义、享乐主义不可取。“欲戴其冠必承其重”，作为职业，一时的激情不足以撑起风光过后生活的压力，唯有树立正确的职业观念，认真钻研与深挖，不断创新与探索，努力奋斗，强化职业技能，配备过硬的职业综合本领，才能够实现自己的人生理想。

（五）注重职业创新，内容为王才能持续“保鲜”

我们都知道，事物发展有其荣衰规律与过程，若想长青不衰，就必须不断注入活力。创新，便是每个职业发展的沃土。时下兴起的“网红”职业若想要借助网络平台形成稳定的自身品牌，实现“长红”，对“网红”的自身素质应提出更高的要求。随着网络媒体的不断发展和观众欣赏品位的提高，“网红”要拥有准确而鲜明的定位、突出的个人特色以及强大、持续的内容输出，才能够拥有稳定的吸引力和影响力，如“网红”本人的知识水平、综合素养、丰富的人生阅历以及捕捉当下观众心理与社会热点的敏感度。而这些，需要长期的知识积累和长远的发展规划、变革创新。例如 2019 年很火的 B 站①科技数码区主播“何同学”，靠着对科技的热爱，对热门数码产品进行了深入的研究评测，制作了一系列选材新颖、富有创意的测评视频，曾收获《人民日报》、新华社撰文点赞，迅速跻身百万大 V 行列。

“网红”与电商平台的融合促进了商业生态的变革，不少大学生通过这类新兴的产业模式，将自身专业与“网红”事业相融合，促进了自身发展，成就了自我。由此可见，创新带来机遇，职业生涯发展离不开创新。当前的社会发展需要创新型人才。互联网时代催生了很多新职业，对大学生职业规划的影响必然

---

① 英文名称：bilibili，简称 B 站，现为中国年轻世代高度聚集的文化社区和视频平台。

存在，当代青年大学生应通过自身的学习培养创新意识，用辩证的眼光看待职业的发展趋势，努力寻求新突破，只有这样，才能具备“应万变”的能力，把握新时代的新机遇。

当代大学生应通过自身的学习，用辩证的眼光看待“网红”职业的利与弊。想要成为一名真正有内涵、高品质的“网红”绝非易事，希望那些已经决意成为“网红”的同学，能够做到不忘初心，守好底线，努力为自己的梦想而奋斗，成为网络世界中的一股“清流”。

拓展资料

“斜杠青年”，名正言顺的“不务正业”？

陶卓敏　马慧敏　张巧丽

2020年6月28日，人民网刊载了《“斜杠青年”，为啥越来越多了？》一文，官宣了“斜杠青年”热，肯定了“斜杠”这一当代青年积极探索人生的群体价值取向。有趣的是，在同一天，《光明日报》刊载了《“斜杠青年热”背后的冷思考》，直言真正要成为受社会认可的“斜杠青年”不容易，切勿把“斜杠”的生存方式神话化。两大顶流官媒隔空对唱，“斜杠青年”是真火了。

“斜杠青年”中的“斜杠”来源于英文“slash”，最早出自《纽约时报》专栏作家麦瑞克·阿尔伯（Marci Alboher）2007年的《一人/多职业》（*One Person/Multipal Careers*），指的是一群不再满足“专一职业”生活方式，而选择拥有多重职业和身份的人群。这些人在自我介绍的时候会用斜杠来区分，例如：张三，记者/演员/摄影师。“斜杠青年”有几个要素，多重职业、多元生活、多收入来源，缺一不可。

“斜杠青年”这一名词诞生不过十余年，但斜杠现象自古有之：西方有达·芬奇（画家/天文学家/解剖学家/音乐家/发明家/建筑工程师）、富兰克林(科学家/发明家/政治家/外交家/出版商/印刷商等)；中国有苏轼(文学家/政治家/书法家/画家/美食家/工程师)、毛泽东(政治家/军事家/战略家/思想家/诗人/书法家等)。

一、问题提出

(一)“斜杠青年”的崛起

2020年，“斜杠青年”受到前所未有的关注。当无数人面临疫情防控下的宅家无聊和经济不景气导致的生存危机时，“斜杠青年”却因丰富的生活、工作方式，多元化的经济来源收获了不少艳羡的眼光。无论是基于经济压力的刚需副业还是源于个人爱好的兴趣型副业，“斜杠青年”的比例都有了较大提升。

2017 年，《中国青年报》社会调查中心联合问卷网对 1988 名 18~35 岁青年进行的一项调查显示，52.3%的受访青年确认身边有“斜杠青年”。清研智库等机构发布的《2019 年两栖青年金融需求调查研究》显示，全国青年群体中有主业的兼职者、创业者这类“两栖”“斜杠青年”已超 8000 万人，以“80 后”至“95 前”人群为主，高学历人群占据“两栖”青年的主流。“斜杠青年”的崛起，代表着一种大学生就业新趋势应运而生。那么对于在校大学生来说，很大一部分人将来可能都要面对“灵魂拷问”——要不要成为“斜杠青年”？怎样成为“斜杠青年”？

（二）“斜杠青年”的得与失

“斜杠青年”所代表的多重职业选择看起来是一种发展趋势。社会生产力迅速发展、社会分工逐渐细化、互联网产业快速崛起，催生了一大批新兴职业，为年轻人发挥自己的兴趣和才华提供了平台。随着信息越来越透明、人工智能等自动化技术逐渐取代人力，职场和创业环境遇到了从未有过的挑战，单一的技能已无法满足社会发展的需要。正所谓“技多不压身”，在空闲时间多学习知识技能，掌握更多的技能，提升自身含金量，增加职业选择“筹码”成为新一代青年适应时代发展的现实需求。

与传统职场中单一、稳定和保守不变的工作框架相比，拥有多个职业、多重身份的“斜杠青年”能够在更多的岗位和空间中挖掘自身潜力，拓展自我能力，多方位实现自己的职业价值，还能从中获得认同感和归属感，达到丰富业余生活、提升自身素质、提高生活质量的目标。同时，收入来源从单一转为多样，保障了财务稳定，提高了生活的抗打击性。

“斜杠青年”的崛起其实质上是“复合型人才”的兴起，在这个日新月异、竞争激烈的时代，社会越来越需要既具有专业知识，又适应社会多方面工作的“复合型人才”。优秀的“斜杠青年”越多，社会就越具有活力和创造力。

万物皆有利弊。一个人的时间和精力毕竟是有限的，“撒胡椒面”的选择和爱好，容易导致浅尝辄止、术业不精。很多自称为“斜杠青年”的人，这个学一下，那个看一下，表面上是在追求多元化的生活，其实是在盲目肤浅地通过急速变现获得成功。字节跳动创始人张一鸣曾说：“我见到以前的朋友，他业余做一些兼职，获取一些收入，那些兼职其实没有什么技术含量，而且对本职工作有影响，既影响他的职业发展，也影响他的精神状态。我问他为什么，他说，‘哎，快点出钱付个首付’。我觉得他看起来是赚了，其实是亏的。”

2017 年，《中国青年报》社会调查中心联合问卷网对 1988 名 18~35 岁青年进行的调查显示，受访青年认为“斜杠青年”也存在缺乏突出技能(45.5%)和增加职业规划迷茫感(40.1%)等问题。

有些年轻人并不知道自己真正要的是什么，借着“斜杠”逃避自己真正要面对的问题。另外“斜杠青年”要协调分配到各个职业上的时间，这样会浪费不少精力，如何有策略地分配时间也是需要思考的问题。也有些人沉醉于“斜杠”下面的一连串虚名光环，不知不觉地成了缺少过硬的职业技能却又好高骛远，缺乏系统的职业规划却又左摇右晃的“半吊子”，不但浪费了宝贵的青春时光，也为自己未来的人生埋下了隐患。

对于当代大学生来说，在有限的修业年限时间内，是进行多职业选择的尝试与探索，还是专心专意提升专业能力成为某一行业、领域内的专家，这是个很大的困扰。鱼和熊掌都想兼得，但鱼和熊掌能否兼得呢？

二、原因分析

（一）真“斜杠青年”之辨

“斜杠青年”火了，似乎人人都是“斜杠青年”。年轻人在朋友圈打打微商广告，公务员下班后开个滴滴，这些人能被称为“斜杠青年”吗？恐怕不能。

“斜杠”的本质是发展兴趣爱好，追求更丰富的人生，达成自我实现，仅仅建立在经济目的上的各类兼职，尤其是无法促进个人提升的重复劳动不能称为“斜杠”，充其量算是临工或兼职。

同时，也要区分“斜杠青年”和多重爱好者，他们之间最大的区别就在于——“斜杠”前后的是职业身份还是兴趣爱好。如果仅仅是个人爱好，无法上升到专业水准，以此获得劳动价值交换，那么充其量只能算多重爱好者，而不能标榜为“斜杠青年”。例如家庭大厨、游戏玩家、摄影爱好者等，只有发展成酒店大厨、电子竞技选手、摄影师，才可以归为“斜杠”职业。只有同时满足精神获得和物质回报，才能称为真正的“斜杠”。

(二)大学生眼中的“斜杠青年”

为了解在校大学生对“斜杠青年”的看法，笔者面向数所“985”高校随机发放“大学生关于‘斜杠青年’认知情况”的问卷，发出问卷 879 份，获得有效问卷 879 份。

如图 1 所示，有 40. 84%的同学听说过“斜杠青年”。经阅读问卷的释义说明，34. 93%的同学觉得未来自己也会成为“斜杠青年”，有 50. 51%的同学不确定自己是否会成为“斜杠青年”，仅有 14. 56%的同学认为自己不会成为“斜杠青年”(见图 2)。

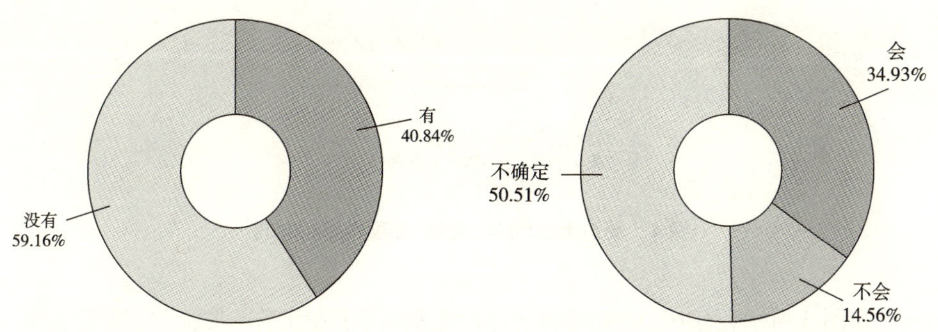

图 1　受访者中听说过“斜杠青年”的比例　　图 2　受访者中有意愿成为“斜杠青年”的比例

54. 04%的同学认为“斜杠青年”是一种良好的生活状态，值得追崇；44. 25%的同学保持中立态度；仅有 1. 71%的同学不认可这一身份状态，认为“斜杠青年”状态不值得借鉴(见图 3)。

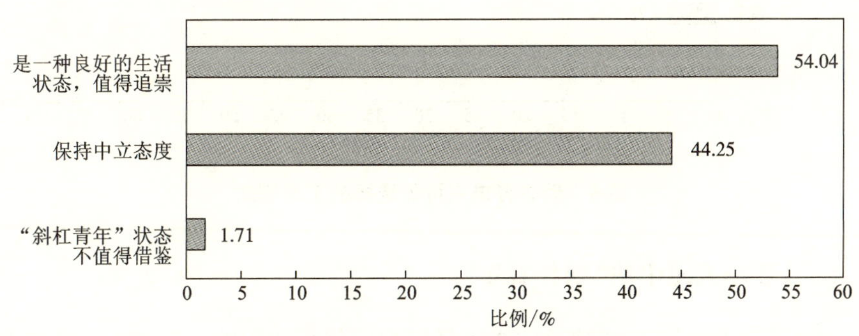

图 3　受访者对“斜杠青年”身份的态度

56.54%的同学认为“斜杠青年”是社会的主要发展趋势，是未来人群进入社会的主要选择；32.88%的同学认为“斜杠青年”只会局限于部分人群(见图4)。

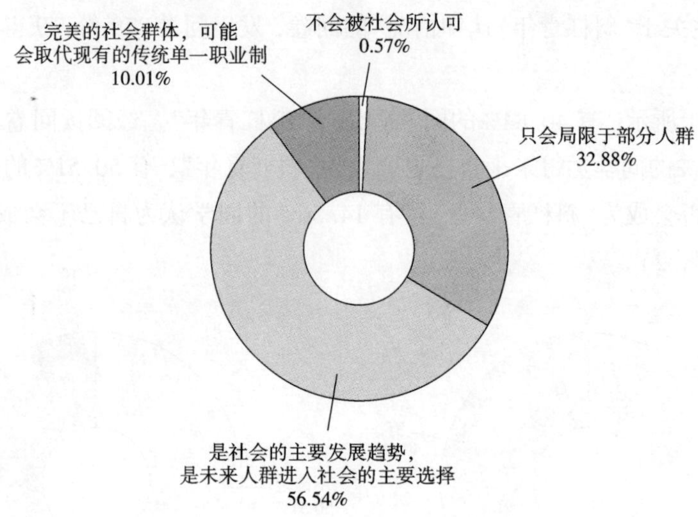

图4 受访者对“斜杠青年”发展前景的态度

如图5所示，有68.83%的同学选择未来以“本职工作+兼职”的模式工作。这些数据可以表明当前大学生对“斜杠青年”基本都持认可的态度，未来也有很大可能成为一名“斜杠青年”。

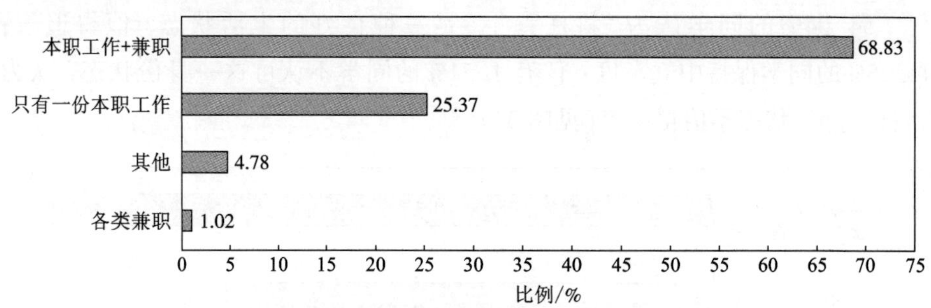

图5 受访者未来可能选择的工作模式

(三)职场人眼中的“斜杠青年”

中兴通讯华中平台招聘总监李济杨根据历年来的招聘情况提出，每年有四成应聘的同学会选择跨专业的岗位或同时应聘多个岗位，这其中不乏非常优秀的多面手，但也有部分同学属于职业定位不清、职业目标不明确，在带着迷茫进行多职业的探索。从 HR 的角度他很理解同学们多职业选择的理念和做法，因为这增加了尝试的机会，能够全方位了解企业；但多重职业之间的关联性很重要，如果跨度太大的话还是建议慎重选择。

字节跳动资深校园招聘 HR 蜗牛老师也支持同学们进行多职业选择，因为多职业选择意味着要具备更多样的能力来匹配不同的职业方向。多面手显然更受职场欢迎，但需要做好两个准备：一是多个职业选择之间最好是有关联的，比如一个行业不同的细分方向，或者同一类别的职位，这样的话尽管职业方向不同，但是有共同的素质可以提取；二是如果打算多职业选择，那就势必要付出额外的时间和精力。所以在做职业选择准备的时候优先做几个职业通用的能力提升，然后再考虑细分不同职业能力，从而实现某一领域的精和专。但无论如何，要保证自己具有基本的专业能力，因为这是学习能力的体现，也是单位在招聘过程中非常看重的一部分，如果想要多职业选择，那么务必建立在专业能力达标的基础上，千万不要顾此失彼。

已经步入职场的学生中的大部分还是赞同以专业为本，或者在某一方面有所建树后，再向其他方向发展。例如日本的胜间和代是一位多领域专家，她的策略就是先在某一领域成为专家，再横向发展，这样拓展的速度明显会增快。就如大前研一所提倡的"T 型"人才的发展策略一样，他们在提升专业能力的同时也发展了多重身份和能力。

（四）你适合成为"斜杠青年"吗？

"斜杠青年"获得了不少认可，也似乎代表了一种趋势，但你是否适合成为斜杠青年呢？我们来看看这样一个故事。

有个女孩在大学期间是中文专业的，毕业后进入国企上班，同时她很喜欢摄影和旅游，经常去国内外旅游并用相机记录下美好的瞬间与回忆，然后放到"蚂蜂窝"App 上分享给爱旅游的小伙伴们。2018 年，她跟朋友说，想要自己开一家摄影工作室，主要做婚纱摄影、蜜月旅行跟拍。显然，她希望利用自己的爱好来进行一次创业。

以前每一次外出游玩，她都只是用相机简单随机记录，图片也无须用专业软件进行处理，通过一些快速处理软件便能高效完成图文的编辑，发布游记；她也不会专门制作旅游路线，而是随性而为。但从开始运营她的摄影工作室起，每一次的拍照，她都要不停地选择合适的角度，调整光度，然后多拍几张，不停地与客户沟通，直到筛选出最合适的那一张。从来没有接触过专业修图软件的她，每天都要在网上寻找相关的教程，并在论坛上不断地请教别人，以保证客户满意修图效果。每一次外出跟拍，更要与客户提前确定好路线，在客户自己都不知道如何安排行程的时候，提供不同的路线方案给客户选择，甚至个性化定制每个人不同的线路。这个琐碎的过程，早已经超出了她爱好摄影和旅游的范畴。每一次跟拍结束后，她还要整理图片和文字，将整个行程编辑成旅行日记，然后放在蚂蜂窝、知乎、豆瓣、微博以及微信等各种平台上进行宣传推广。

历经了重重磨难，她对很多热门旅游景点以及各种不同风格的旅游路线基本上都了如指掌，不用像之前那么费劲地与客户沟通路线和风格；长时间地运用各类专业软件让她熟练掌握了图片处理技巧，修起图来游刃有余；有了固定的粉丝后，网络宣传与推广效果比之前好很多，各个平台的推广也不再像之前那样难。

工作室的生意越来越好，身边的人总会羡慕她工作轻松，在朋友圈经常看到她的身影穿梭于世界各地，还拥有着自己的工作室，却不知道她在将爱好变成职业的痛苦过程中，是如何支撑下来的。

美国职业导师艾米莉 · 瓦普尼克(Emilie Wapnick)提出了“多向分化潜能者”的概念，以此指代“斜杠青年”这类拥有多种爱好和兴趣的群体。她认为，这一群体具有三大能力，即快速学习的能力、整合不同领域资源的能力、较强的适应社会环境的能力，从而能发展所需的角色，以应对各种情况。但是，每个人的个体能力和特质是有差异的，所以“斜杠青年”注定只是人群中的一部分。

央视《对话》栏目聚焦“民企再出发　创新去圆梦”，讲述了东北大学“斜杠青年”的故事：东软集团首席执行官刘积仁，是一名优秀的创业者和企业家，也是中国培养的第一位计算机应用专业博士；33 岁成为东北大学乃至整个中国最年轻的大学教授，成功创办中国第一家软件上市公司，建设了中国第一个软件园，一手打造了极具影响力的软件帝国。他是东软集团董事长兼首席执行官刘积仁博士，也是大家眼中的“斜杠青年”。

从东北大学教授到企业家，从事软件研究，跨界医疗行业，跨界教育事业，从尝试发展软件企业，到遭遇挫折后选择系统集成和软件服务，再到发展软件出口；进入医疗设备领域，研制中国的高端医疗设备；进入教育领域，创办三所大学……他直言，这背后一系列的变革，不是为了让东软有更多“斜杠”，而是因为看到企业发展必须面向未来。他表示，应多思考自己是谁，什么符合自己的选择，别人的梦想不一定是你的梦想。

这些话，对于想成为斜杠青年的大家同样适用，不是为了“斜杠”而“斜杠”，而是发展必须面向未来。别人的梦想不一定是你的梦想，“斜杠”虽好，但毕竟不是每个人都有超强的时间管理能力、自我管理能力和心理调适能力。面对潮流，不盲从、不攀比，坚守自己的初心，才是王道。

(五)“我能成为‘斜杠青年’吗?”

当看到著名的“斜杠青年”每条“斜杠”都“杠上开花，杠得精彩”，甚至堪称全能王时，当发现这些“斜杠青年”都是天赋异禀，外加勤奋自律、艰苦卓绝的后天奋斗时，想要成为“斜杠青年”的你是不是感觉被迎头泼了一盆冷水？

但事实是怎样呢？我们来分析分析，看看“斜杠青年”背后有哪些真相。

真相一：多重职业身份一般是在不同的发展阶段逐渐叠加上去的。例如赵薇最开始只是演员，有了资本的原始积累后便开始做投资，成为商人；再往后“演而优则导”，涉足导演行业。韩寒(作家/赛车手/导演)，从1999年新概念作文大赛崭露头角起，逐渐走上写作道路，出版《三重门》《零下一度》等多部作品。2004年正式加入赛车行业，2009年成为中国职业赛车史上唯一一位场地和拉力的双料年度总冠军。2015年，韩寒成立亭东影业，执导《后会无期》《乘风破浪》等电影。“斜杠青年”的“斜杠”并不是一蹴而就的，而是经过漫长的生活与事业打磨后才显现的。

真相二：多重职业之间有很多相关性。例如吴晓波(财经作家/出版商/自媒体)，新闻专业出身，写过专栏、当过记者，30岁那年走上财经作家的道路，在写作领域出名后，成立了蓝狮子图书出版公司，建立了吴晓波频道。他说众多身份中，自己的本质还是财经作家，他的跨界都是从主业纵向发展的，他的事业都是由主业积累的人脉、资源和经验衍生而来。而赵薇在接受Vogue杂志专访时说，“虽然很‘斜杠’，但都是在一个大的艺术体系里的延伸，而且这种相互的延伸，彼此是能够相互促进的，所有这些身份都是相通的”。当表演获得一些成绩后，转而攻读导演系，成功转型导演后，也担纲监制。即便是看似完全不相关的领域迁移，也经常是以兴趣、圈子、视野为转移的。

人们很容易产生一种错觉——一个人的多重职业身份是同时具备的，以为多重职业是同时开始的，甚至还能同时达到卓越的地步。而事实上“斜杠”是一个结果，而不是一个起点，不是一开始就可以制订一个向“斜杠”发展，并且多方向同时起步的计划。自然的情况是从第一个身份开始，从出色到优秀、卓越，慢慢地，再开始发展第二个、第三个身份；到后来，在多个领域都做得很好的时候，就可以更好地融合多种资源。身份或许是多重的，但是精专的一定不那么多。特别是作为技能，即便曾经很强，疏于训练和使用，也一样会生疏或落后。但这些都不影响多领域融合起来的强大势能。

三、解决方案参考

在劝退了一部分要成为“斜杠青年”的同学之后，仍有一部分执着的同学坚持着“斜杠青年”的梦想，那我们就来探讨下“斜杠青年”的养成。

（一）选择比努力更重要——“斜杠”策略选择

在信息时代，人们每天都要面临无数信息，做无数决策。选择太多，信息过载，有时反而影响了决策，以下提供一些信息以供参考。

1. 模式选择

想要成为“斜杠青年”，那么“斜杠青年”的“斜杠”之间有哪些组成模式呢？在提出“斜杠青年”这个新名词后，阿尔伯收到了大量案例和读者反馈，她把“斜杠青年”总结为五种。

第一种：稳定收入+兴趣爱好的组合。这种模式适合兴趣爱好尚在探索阶段，或兴趣爱好的收入不足以支撑生活的人。

第二种：左脑+右脑的组合。这是一种理性与创造性思维共同发展的模式，比如一位工程师同时也是戏剧导演。理性与艺术是非常好的互补，可以带给人们更开阔的思维。

第三种：大脑+身体的组合。这种模式能够让人在脑力劳动和体力劳动中相互切换，确保身心健康和生活的平衡，比如一位脑力工作者同时也可以是健身教练。

第四种：写作+教学+演讲+顾问的组合。这正是阿尔伯自己的“斜杠”模式：写作让她成为一个领域的意见领袖，演讲邀约也随之而来，累积了足够经验之后又能从事教学和顾问指导工作。这个模式适合知识型人才。

第五种：一项工作多项职能型。所有的CEO都符合这个标准，不过这样的角色在企业中将会越来越多。

2. 目标选择

“斜杠”之前重要的是专注，而专注之前重要的是确定领域。对“斜杠”生活蠢蠢欲动又无从下手的你，可以先从既有模式入手，看看是否有自己的“菜”。“斜杠”千万种，哪种适合你呢？

不少职场人士的建议都是——选择从事和主业相关的副业，这样可以产生1+1>2的效果。即借力打力，特殊情况下你的主业和副业两者还可以切换。假如，你本身是做律师/培训师/医生/数据分析师，那么你开一个自媒体账号，分享你专业里垂类的知识，这样既可以对自己的知识体系进行系统的梳理，又能增加自己的知名度和行业影响力，实现自我增值。

当然，从专业出发是优化职业生涯发展的理性选择。如果仅仅是想让自己的生活更加充实，让自己成为一个有意思的人，那么选择就可以随性一点。以兴趣为主，多项爱好同时进行也没问题，只要有足够的时间。有不少“斜杠青年”从自己的兴趣爱好出发，热爱健身成为健身教练，热爱烘焙经营私家烘焙馆，热爱摄影接拍各类写真。无论哪种目标，在特定领域的精通和专业是“斜杠青年”发展的根基，只有先经营好自己的“一亩三分地”才有不断拓荒的条件。斜杠的本质不仅仅是探索自身的无限可能，一专多能，专是前提。

想把“斜杠”作为一项自我投资来对抗未来的不确定性，但还没有明确目标的，可以选择有“投资价值”的技能进行学习，即使你目前对它还没有任何兴趣。对于选择什么技能来进行投资，可以考虑从现有市场需求着手，例如：

(1)文字输出能力。

如果不知道要发展什么技能，可以考虑选择写作，因为知识已成为知识经济时代的重要生产力，甚至还成了一种“大众消费品”。通过写作进行系统输出，日积月累，你就能成为一个领域的小专家，并且这种形式有助于成为五大经典“斜杠”组合中的“写作+教学+演讲+顾问”型“斜杠青年”。

(2)语言表达能力。

近年来，随着音频节目和音频平台的流行，语言表达能力的重要性被提高到了一个新高度，语言输出与文字输出都能够很好地体现思想。声音作为一种传播载体，在消费市场的比重也会越来越大。训练语言表达能力也是一种重要的自我投资形式。

(3)视觉表达能力。

毋庸置疑，现已迈入审美时代，不管什么类型的公司做什么样的产品，都离不开“美”与“设计”，审美与创造美将是新时代人才一项非常重要的能力。摄影、手绘、平面设计，甚至是 PPT 制作，都是视觉表达能力的呈现方式，可以就自身实际选择自己擅长或者感兴趣的，着重进行培养。

(4)编程能力。

下一个时代必定是人工智能的时代，已有人将未来编程能力的普及比喻为如今的驾驶技术。在可预见的未来，程序员都会比较紧缺，而且掌握编程思维更有利于理解人工智能时代的发展趋势，把握住未来的机会。

3. 数量选择

有人在得到 App 上提问，“我可以两个‘斜杠’一起做吗？还是先做一个，成熟以后再做另一个更好？”

新精英生涯创始人、顶尖个人事业发展顾问古典老师回答道：“不是冲突的问题，而是你没有资源和时间。‘斜杠’不仅仅和时间相关，也和经济实力、人脉资源相关。大部分人很难同时‘斜杠’太多。”

到底是先发展“一个技能”还是同时发展“多个技能”？这个问题，可能困扰着不少想要成为“斜杠青年”的人。除了古典老师的建议，如何取舍也取决于自己是否有足够强的自我掌控能力。多项技能发展本身并不冲突，有时甚至还能互补，比如说文字能力和绘画能力、文字能力和语言表达能力，或者编程能力和设计能力，这都能更进一步提升你的竞争力。不过在自控力和精力还不足的时候，最好还是先专注一个技能，通过这个技能先培养起自律的习惯和一定的成就感。等到能力足够强的时候，再去考虑更多技能。毕竟我们所看到的成功的“斜杠青年”，都是先有了“斜杠”前的第一身份才大放异彩的。也就是说，在第一领域做得成功，形成了自己的优势，而在此后，无论往后叠加多少个“杠”，第一“杠”的核心能力将始终作为“定海神针”，一辈子不会丢失。

(二)比选择更重要的是行动和自律

想都是问题，做才是答案。临渊羡鱼不如退而结网。对于广大准“斜杠青年”来说，面临的首要问题是时间和精力的分配，这直接决定了每天做什么、怎么做。面对比一般人更长的劳动时间和更强的劳动强度，怎样一如既往地坚持“斜杠”理想呢？

1. 时间精力管理

每个人的天赋有差异，但每人每天拥有的时间都是24小时，有人在24小时内可以做好本职工作，平衡家庭，兼职副业，但有些人在24小时内连本职工作都无法完成。这就涉及如何在有效时间内最大化提高效率。对“斜杠青年”来说，一方面要求在策略和目标选择上讲求实际，不要选择时间精力不可调和的“斜杠”目标；另一方面高效能人士的习惯有很大借鉴意义，例如做晨间清单、晚间自省，利用好碎片时间、暗时间，避免被打扰等。此外，人们还常常忽略了一个重要的点，那就是坚持早起。通过培养早睡早起的习惯，建立良好的生物钟，以规律的生活提高每天的效率，保持匀速运动。以每天早起一小时为例，每年就是365小时，能够比别人多出15个全天候时间，可折合成45个8小时工作日。

2. 保持自律

很多时候人们启动自律失败，行动力跟不上思维，这是为何呢？因为被焦虑和迷茫驱使的被动自律是痛苦的，很容易被打回原形，甚至因此怀疑人生。真正的自律，应该是建立在自知、自信、自我成长的需求之上的，要想做到真正的自律，首先，需要弄清自己真正感兴趣的是什么，不因外界刺激而被动自律。心理学家皮亚杰说过：“一切有成效的工作都是以某种兴趣为先决条件的。”其次，做你所擅长的，变擅长的为核心竞争力，建立长久自信机制。因此，如果你多次启动自律失败，那么回过头检查下自己的目标策略是否还需要调整，你所选择的是否是自己感兴趣和擅长的。

针对自律，给大家以下建议：

(1)自律的培养需要循序渐进，做长计划，再把长计划分割为短计划。从一个个简单的小任务做起，不要一开始就挑战自己的极限。

(2)不要一开始就追求完美，因为它会阻止你的行动，要知道“开始做”远比“做好”重要。在实施过程中也要适当给自己一些奖励，让自己对目标的完成更有幸福感和获得感。

(3)坚持长期的匀速自律，比间歇性自律大爆发更具有可持续性。每天坚持背30个单词和间歇性背100个单词相比，前者更容易养成好习惯，最终有所成就。当然，长久自律，需要与自律的人结伴而行。

3. 在试错成本最低的时候多试错

有这样一个案例：A高中学的理科，大学却读了7年文学，毕业后没有当老师，也没有做研究，而是进入互联网公司学编程、做运营。

A的高中、大学、研究生给他带来了怎样的影响呢?

(1)理科思维：在A的脑中建立起了完整又系统的框架，使他在采访技术领域的专家时能更加容易与人攀谈。

(2)文学理论的研究方法：丰富了A的“想象力”，完整了他对世界的认识；帮助他系统并且迅速地学习、梳理新知识，并能有效传达。

(3)A在大学建立起了具有独立精神、自由人文精神、宽容与自由的人脉交际圈。

人生从没有白走的路，尽管大学时代的时间分外宝贵，但对未来几十年的职业生涯来说，这也可能是试错成本最低的时间段，这期间多做了解、探索和尝试会非常有利于进一步明确职业目标。当然，一定不是盲目的尝试，而是经过了解和思考后的必要性尝试。通过参加社会实践、实习来了解职场和社会，通过辅修专业、申请第二学位来拓宽自己的专业知识面，通过考取从业资格证书来获得某项职业的敲门砖，通过加入社团发展自己的兴趣等都可以帮助我们有效试错，明确哪一个才是适合自己。

阿尔伯说：“‘斜杠’人生强调的是人生多面向的平衡，以及个体潜能的探索，它鼓励人们将工作、生活和爱好进行适度结合，最终带来的不只是额外的收入，而是更充足的人生。”无论是否成为“斜杠青年”，希望你都能实现自己的人生价值，拥有丰富充足的人生。

拓展资料

做个佛系青年真的快乐吗？

秘金雷　陈力瑞　叶尔波拉提

步入大学后，诸多选择扑面而来，每个人都有自己的生活方式，有人选择发愤图强做励志青年，有人选择多点开花成为“斜杠青年”，也有人选择“云淡风轻”成为佛系青年……那么，今天我们就来聊一聊佛系青年这个话题。

小瑞今年顺利通过高考，考取了自己一直向往的中南大学，他感觉非常开心，怀揣着满满的梦想，希望大展拳脚，做出一番成绩。然而室友小超的心态却和小瑞不太一样。

进入大学后，同学们都陆陆续续购置了一些生活用品，小超非常节省，平常也省吃俭用，非常注重实际，但是遇到喜欢的歌手来开演唱会时，小超却掏出一大笔钱去听演唱会。好像小超更愿意为兴趣买单。后来在上课的时候，小瑞提醒路上慢慢走路的小超快要迟到了，小超却说：“没关系，迟到一会儿也行。”在参加班级活动的时候，小瑞和室友们想带着小超一起参加，小超却说“你们去吧，我就不参加了，我更愿意宅在寝室看动漫”。

夜深了，寝室熄灯。小瑞寝室的小伙伴们分享辣条，喝着饮料，扯起了天南海北。

小瑞：“小超，我一直想问问你，为什么平常总是这么淡定呢？”

小超：“哈哈，人生在世，别把自己弄得太累，做个佛系青年，开开心心最重要。”

室友们听到这话都来了兴趣，开始你一句我一句聊了起来——做个佛系青年真的快乐吗？

一、问题提出

2017 年，《人民日报》发表了一篇名为《也说“佛系青年”》的文章，该文章表示了对佛系青年消极方面的批评，引起了广大网民的讨论。

广大网民对佛系青年态度可以归纳为三类。

（一）肯定态度

观点一：【佛系具有合理性】

有的网友认为，佛系是一种合理的选择，每个人的天分不同、家境不同、起点不同，这些是自己无法选择的。而选择欣然接受自己的现状，是一个合理的选择。

观点二：【佛系具有积极性】

有的网友认为，佛系心态对于社会压力的减轻有帮助。英国经济学家马尔萨斯认为，生活资料的增加赶不上人口的增长是自然的、永恒的规律，只有通过饥饿、繁重的劳动、限制结婚以及战争等手段来进行弱肉强食，才能削弱这个规律的作用。当今社会，承受巨大压力的“房奴”“车奴”“债奴”越来越多，能够有一些佛系青年来中和调节，社会的氛围会更加和谐、更加从容，这是一个好的事情。“一切随缘”“不争不抢”的佛系青年的心态实际上是对马尔萨斯人口理论的抗争，是一种对压力的选择性规避。这样既解放了自己，也减轻了社会的压力。

（二）否定态度

观点一：【佛系具有逃避性】

有的网友认为，云淡风轻当然好，但必须守住一条：总得有走心的地方。处处不坚持，事事随大流，那只能是淹没于人潮、迷失掉自我。终日碌碌不是美好生活，但光轻轻松松，美好生活肯定也实现不了。

观点二：【佛系具有欺骗性】

有的网友认为，如果真能做到无欲无求这种境界真的是挺好的，也不会在乎别人怎么说怎么看。大部分人其实是在自欺欺人，觉得努力也没用，不如开始就放弃努力。佛系青年看似选择了安逸的生活，实际上却在散漫中失去了很多奋斗的机会，本质上就是对自己的不负责，对生活的不负责。

(三)中立态度

观点一:【佛系实属无奈】

有的网友认为，所谓的“佛系青年”，都是当今资源不均等所逼迫的，同样是“90后”“00后”，有些享受良好教育资源的人已经取得成功，而享受不到好的资源的人，难以和他们在同一平台竞争，只能选择用佛系的心态来安慰自己。

观点二:【佛系是暂时的】

有的网友认为，日本做了一个很好的榜样。日本经历了20世纪90年代泡沫经济，到了21世纪出现了大量的宅男宅女、佛系青年。当日本的阶级壁垒日渐加固的时候，人们就不再幻想小概率的阶级跃升的出现，一部分人屈服于现状，成为所谓的“佛系青年”。他们失去梦想了吗?其实也没有，他们只是缺乏机会。当然还有一部分人开始思考这个壁垒本身产生的原因和解决的办法。前途是光明的，道路是曲折的。

人们对佛系青年的讨论从未停息，各种观点也是众说纷纭，都是各有各的依据。你觉得做个佛系青年真的快乐吗?

二、现象分析

(一)佛系青年的定义

“佛”原是梵文音译，全称“佛陀”。《现代汉语词典》中“佛”的定义中有“修行圆满之人”的含义，还可指代如理智、情感和能力都同时达到圆满境地的人，另有供奉的佛像、佛经等多重意义。佛教思想讲究普度众生、慈悲为怀，其教义核心可分为两大方面:一是倡导善恶因果与修行，二是探索人生苦与乐的真相。佛教是信仰，“佛系”只不过是消费时代被大众媒体生产出的娱乐与消费符号，早已偏离佛学的本意。当前流行的“佛系”究竟是什么?汪行福教授在复旦大学举办的圆桌会议上对“佛系”做了如下概括:①看淡一切，随遇而安，一切随缘的人生观;②不争不抢、不求输赢的得失观;③兴趣第一，做事有自己喜欢的方式和节奏;④做什么无所谓，不揽事、不贪功也不卸责的职业观。

具体到“佛系青年”，从字面上的意思来理解就是指追随“佛系”生活方式的青年人。根据网络搜索，百度百科给出的解释也是这个含义，“指在快节奏的都市生活中，追求平和、淡然的生活方式的青年人”。

（二）佛系青年的表征

小瑞同学发现，近年来一张表情在网络上爆火，受到年轻人的追捧，迅速占领微博、微信朋友圈等网络平台，许多年轻人用这张表情宣称自己就是个不折不扣的“佛系青年”。小瑞内心开始思考：也许这就是佛系青年的一个内心写照，在“看淡一切、得过且过、不太走心”的佛系外衣下，更深处的是青年人无奈的吐槽。一句“我佛了”，是佛系青年内心的呼声。

宣称是“佛系青年”的人越来越多，衍生出的“佛系消费”“佛系社交”“佛系婚恋”等一系列淡然应对生活的方式，被“90 后”认为就是自己生活的真实写照。

1. 佛系消费

“佛系青年”反对虚荣的消费行为，主张购买真正适合自己、自己喜欢的物品，而不是追随潮流、迫于压力，或者被广告裹挟而购买。为了抵制消费主义的侵蚀，“佛系青年”回归极简主义，奉行“断舍离”的生活理念。断即断绝不需要的东西，舍即舍去多余的废物，离即脱离对物品的执着。这种自我省察和生活理念带来的结果就是“佛系青年”的消费全面降级，开始转变为彻底的实用主义者。

与此同时，他们开始关注养生话题。2017 年末，《中国青年报》社会调查中心在针对“90 后”开展的一项调查中发现，近 80%的受访者表示自己在关注养生信息，其中 20. 1%的受访者对此非常关注。此外，在调查中近八成的“90 后”承认自己存在掉发的焦虑和困扰。

央视财经曾报道过，2017 年“双 11”的爆款是防脱洗发水和保温杯。天猫国际直营店的进口防脱洗发水甚至在活动开始的半小时内就被抢购一空。同时，年轻女性购买保温杯的欲望已超过了中年人，红枣、枸杞、保温杯已成为年轻人的标配。

消费降级趋势也表现在日常生活的方方面面。原先热衷于京东和淘宝的年轻人逐渐转向偏低价的拼多多和闲鱼等网购平台。拼多多是专做团购的平台，一年销售额高达2000亿元，售价13.8元10包的抽纸一年的销量是358万件。ZARA、H&M、GU、名创优品等低价快时尚品牌受到年轻人的喜爱，“我不会花太多钱去买很贵的衣服，时尚总是在变化，一些百搭的衣服更实用”。此外，青年人去装潢精致餐厅的次数逐渐减少，他们更倾向在各类外卖App上解决自己的餐饮问题。

这也从另一个侧面体现出了“佛系青年”的消费更加理性。“佛系青年”在进行消费决策时，会将自身的消费能力、商品的性价比、实用性和个人偏好等作为主要考虑因素，不会过于追求奢侈品，不会盲目消费、过度炫耀。同时，“佛系青年”追求个性，具有广泛的兴趣，即使价格更贵、花费更多，他们依旧愿意为自己的兴趣买单。同等条件下，他们也会为自己感兴趣的领域投入更多的时间和金钱。

2. 佛系社交

QQ、微信、微博等社交工具的出现，极大地便利了人们的交往，也拓宽了人们的交往范围。然而，现代生活中，由于人口密集、工作繁忙紧张、生活节奏快，为了满足多方面需要，一个人每天都要接触大量的人和事件，平均每个人一周内所能接触的人可能比封建时代的一个人一年内所接触的人还要多，众多的临时关系、一次性关系的建立使得现代化的交往趋于表面化，很难建立起长期依赖的熟识性的交往。

对此，外向型的“佛系青年”往往愿意付出更多的时间与精力去认识新朋友，他们在社交媒体上保持着极高的活跃度，并主动组织或参加朋友聚会、同城活动，享受人际交往带来的快乐。而占更大比例的内向型“佛系青年”，在工作日往往践行着家、公司（学校）、餐厅“三点一线”式的交往路线，一个人通勤、一个人吃饭、一个人工作学习；在周末及闲暇时间，更喜欢一个人行动，除非是有人约自己出去，否则就会宅在家中，专注于自己的事情，建构着属于自己的个人王国。

这类内向型“佛系青年”一旦发现自己成为交谈的焦点，就会感受到巨大的精神压力和焦虑，从而不愿参与社交活动。由此造成的与他人关系的疏远，虽不是他们的本意，但也让外界为其打上了“内向”“古怪”“不合群”的标签，会进一步加剧社交恐惧的发展。

3. 佛系婚恋

伴随着社会主义市场经济的建立与完善，科技文教事业得到迅速发展，

"以人为中心"的发展观念越来越为人们所接受。传统的以家族为本位的生育认知开始让位于以个人为本位的独立的生育认知。"传宗接代""养儿防老"的观念逐渐淡薄，佛系青年对婚恋的态度显得更加"无所谓"。恋爱中的佛系青年，往往追求一种不秀恩爱、不整天腻在一起，有事联系无事拉倒，不矫情的恋爱方式。一切随缘，无所谓对方怎样，大不了分手。单身的佛系青年就更不会积极主动地寻求恋爱关系，他们更多的是选择被动等待。

在生育问题上，对于是否会养育下一代，"佛系青年"的态度普遍比较慎重，他们更倾向在自己财富积累充足、心理成熟之后再去考虑养育小孩，这是对孩子的尊重和对自己的负责。而且对于个体生命也有了新的理解，在部分"佛系青年"看来，生儿育女不再是生命的必要组成部分。他们为了注重自我的发展和享受生活自由，自愿选择不要小孩，主动成为"丁克"。值得注意的是，"佛系青年"选择消极婚恋、消极生育等方式追求个体的自由，对老龄化日益严重的中国社会也是一种现实的挑战。

通过对"佛系青年"生活方式的全面了解，小瑞逐渐认识到，这一生活态度是一种年轻人在无奈压力下的主动选择。这一生活态度有积极的一面也有消极的一面。恰巧，小瑞正在上社会学这门课，他一下子就把这个现象和社会学理论联系起来了。小瑞整理了思路，在课间和辅导员陈老师展开了讨论。

（三）佛系青年现象产生的原因分析

陈老师以社会学的视角，从符号互动理论、"镜中我"理论、标签理论三个维度为小瑞同学进行了分析。这三个维度是属于一体的，不是分散的理论体系，具有内在的逻辑连贯性。"镜中我"理论属于符号互动理论的一支，标签理论的产生源头是符号互动理论。

1. 佛系青年现象是符号互动的行为结果

符号互动理论由布鲁默开创。符号互动理论认为，社会是一个有意义的系统，人们生活在一个意义构成的世界上，生存在象征环境之中，并通过象征环境来行动，此象征环境即充满被赋予某种意义之符号的环境。佛系的价值观念，本身就是一种社会符号，在这个符号互动过程中，网络对佛系的认知与传播起着巨大的推动作用。"佛系青年"大多是从网上平台如微博、微信、游戏、综艺节目等渠道得知"佛系"的。信息提供了价值与行动信息选择的自由，使青年获得主动进行情感交流和表达自我的机会以及符号性表达的机会，于是“佛系”便成了“佛系青年”的共享性符号，他们对“佛系”做出了反应，进行意识流的经验，得到了自我认同，逐渐形成了自我认同的群体。

2. 佛系青年现象是符号互动的生动体现

库利的“镜中我”理论认为，自我观念是对别人眼里自我形象的想象，并对这一形象判断的想象而产生某种自我感觉。这种自我感觉取决于对想象的他人的意识的态度。“佛系”传播得如此迅速、涉及范围如此广的原因还有网络媒体提供了无数面“镜子”载体，青年群体在“佛系”这一面“镜子”里发现“镜中我”与他者形象的趋同性，并根据这种趋同性改变自己的态度。

3. 佛系青年现象是标签理论的产物

青年，尤其“90 后”的年轻人，通过观察凭感觉给带有“佛系”痕迹的人贴上标签，并结合别人的评价与自身的经验，有倾向性地进行判断、选取并接受了“佛系青年”的角色认同，向“佛系”靠拢。在网上舆论中，“佛系青年”间接地被冠名为“90 后”，“佛系”也间接地被标签为“90 后”具有消极倾向的生活状态。人的感情容易受到影响，只要觉得有趣，就会轻易被那个方向吸引，而且大多数时候，特殊比平常更有吸引力。“佛系”现象具有显著的媒体社会化群像。但实际上，并非所有“90 后”都是佛系青年，并非其他年龄段的人不会拥有佛系心态。

借助社会学理论的分析，小瑞更加清楚了佛系青年现象背后的结构与联系。回到寝室后，小瑞和室友们继续聊起了这个话题，与之前不同的是，这一次小瑞和室友们分享了他学习到的内容，从多方面多角度分析了佛系现象。经过大家的讨论，室友们的观点也逐渐有了转变，上一次“做个佛系青年真的快乐吗？”的疑惑，逐渐变成了“如何能做个斗战胜佛系青年”的思考。小瑞结合室友们的观点，引用了古今中外的名人事迹，为佛系青年话题的讨论做了一个总结。

三、解决方案参考

“少年智则国智，少年富则国富；少年强则国强，少年独立则国独立；少年自由则国自由，少年进步则国进步；少年胜于欧洲则国胜于欧洲，少年雄于地球则国雄于地球……”梁启超的《少年中国说》热切歌颂了少年的朝气蓬勃和拼搏进取精神。毛泽东曾高度称赞青年“好像早晨八九点钟的太阳，希望寄托在你们身上”。习近平总书记十分重视青年工作，提出“青年兴则国家兴，青年强则国家强”①，常常鼓励青年追求梦想、努力奋斗。青年的健康成长，不仅关乎个人命运，更关乎国运。《人民日报》在寄语“佛系青年”时强调：“‘佛系’也行，愿做一个‘斗战胜佛系’青年。西行路上，那悟空会玩耍、敢担当、勇打拼，做下偌大事业，此真有志者言。”②诚如此言，和小瑞一样的广大青年要想实现人生价值，理应从孙悟空西行取经路上经历九九八十一难从而修炼成斗战胜佛的故事中吸取养分，成为一个“四有”青年，即有信心、有理想、有勇气、有胸襟。

（一）认识自己

在古希腊的奥林匹斯山上，有一座德尔斐神殿，神殿里有一块石碑，上面写着“人，认识你自己”。宙斯众神觉得人类没有真正认识自己，就派了怪兽斯芬克斯来到人间，它整天守在行人必经的路上，重复让众人回答一个问题：“什么动物早上用四条腿走路，中午用两条腿走路，晚上用三条腿走路？”如果行人能够答对，她就放其过去，否则就吃掉。这样，一天一天过去，没有人答出来，所以众多行人都成了她的口中之物。终于有一天，一个叫俄狄浦斯的年轻人来到她面前，说出了这个神奇动物的谜底：“人。”斯芬克斯听到这个回答后就跳崖自杀了。

在希腊神话中，斯芬克斯之谜寓意为认识自己。“认识你自己”，这是所有人成长路上必须解决的重大人生课题，但是这并不是一件很容易的事。古希腊著名思想家苏格拉底说：“人只有认识了自己才不会盲目，才可能求助于灵魂内的原则去发现事物的真理，就像通过水面去看太阳就不会坏眼睛一样。”我国也有“知人者智，自知者明”“人贵有自知之明”等格言。人只有认识自己，了解自己，才不至于迷失自己。佛系青年的养成在一定程度上来讲，就是迷失自我的过程。看似“云淡风轻”“不争不抢”，实则是剥离自己的人生目标而自我放逐，逃避现实的压力而自我掩饰，处处不坚持，事事随大流，最终只能淹没于人潮、迷失掉自我。成长路上，青年最重要的事是认识自己，只有这样才能不断发展自我、完善自我、实现自我甚至超越自我，做一个有价值的人。

---

① 党的十九大报告学习辅导百问［M］. 北京：党建读物出版社、学习出版社，2017：55.

② 刘念. 也说“佛系青年”［N］. 人民日报，2017-12-13(13).

认识自己，就要正确看待自己的优劣势。“金无足赤，人无完人。”每个人都有自己的强项，也都有自己的不足，要用全面的眼光、发展的眼光来看待自己，绝不能妄自菲薄，更不能自暴自弃。很多大学生在进入大学后会出现不适应的现象，表现之一就是“心理认知失调”。在进入大学之前，大家都是父母、朋友、老师眼中的优秀学生。进入大学之后，发现“天外有天、人外有人”，自己成为众多大学生中的普通一员。这种巨大的落差会使部分大学生出现“认知失调”，认为自己处处不如别人而产生自卑的情绪，给自己贴上“佛系青年”的标签来掩盖内心的焦虑。这种心理认知陷阱本质上讲是对自我没有一个清晰的认知和准确的定位，因此对大学新生来说，开展适应教育，教育学生正确认识自我至关重要。

认识自己，就要始终保持对自己的信心。人生是一场马拉松，一时的输赢并不能代表什么，真正重要的是坚持到最后，长跑过程中跌倒了不气馁，遇到挫折不放弃，始终保持对自己的信心，才是真英雄。近期一则湖南益阳天才美少女姚婷获华为156万年薪的故事登上网络热搜引发网友关注，面对公众铺天盖地的赞扬，姚婷却十分清醒。她在接受采访谈起自己的励志故事时说：“中考自己只考了2A4B，但是并没有对自己放弃信心，认为这‘不一定就是失败’，‘人生不是在乎一城一池的得失’，而后考入长沙市周南中学，成功逆袭，从中考的2A4B一步步进入周南中学最好的特立班。”

（二）心中有光，才会发光

2020年五四青年节前夕，B站上发布了献给新一代的青年宣言片《后浪》，演讲视频被广泛转发并刷爆网络。国家一级演员何冰在演讲中认可、赞美与寄语年轻一代：“你们有幸遇见这样的时代，但时代更有幸遇见这样的你们。”当代青年“后浪”们不是“一代不如一代”的群体，而是“心里有火，眼里有光”、敢做敢当的“滔天巨浪”。相信每一个观看过该视频的人都会有一个共同的感受：太燃了！燃，就应该是当代青年所拥有的状态和生活方式。“现在，青春是用来奋斗的；将来，青春是用来回忆的。”若是在该奋斗的年纪选择了心如止水、无欲无求、颓废逃避的佛系生活，人生难免会落下悔恨的泪水。就如《钢铁是怎样炼成的》主人公保尔·柯察金所说：“人最宝贵的是生命，生命对于每个人来说仅有一次。人的一生应该这样度过：回首往事，他不会因为虚度年华而悔恨，也不会因为碌碌无为而羞耻。”

奋斗的青春，心中要有目标。心中有光，才会发光。正如一句流行语所说："梦想还是要有的，万一实现了呢？"坚定的人生目标犹如长明的灯塔，能让我们看清人生的方向，始终航行在正确的道路上。没有理想信念，就会导致精神上"缺钙"。《人民日报》在《也说"佛系青年"》评论中针对佛系青年现象强调，"云淡风轻、浑不着意好不好？太好了，但必须守住一条：总得有走心的地方"。总得有走心的地方，说的就是心中要有理想、有目标、有追求，并为之不懈奋斗甚至奉献自我。全国优秀共产党员、时代楷模黄文秀就是这方面的榜样。为人民服务是黄文秀一直以来的初心和追求，在研究生毕业后，她主动放弃大城市的工作机会，毅然回到家乡革命老区百色工作，并报名到条件艰苦的边远贫困山区担任驻村第一书记，在脱贫攻坚一线倾情投入、默默奉献，奋斗至生命最后一刻。黄文秀用生命诠释了新时代青年勇于奋斗、甘于奉献的使命担当，谱写了新时代的青春之歌。

奋斗的青春，脚下要有力量。"道虽迩，不行不至；事虽小，不为不成。"行动是通向成功的唯一途径，再美丽的空想也不如最简单的行动，成功是拼搏出来的。"不积跬步，无以至千里；不积小流，无以成江海。"有了目标，就要付出百般的努力；有了梦想，就要付出无数的汗水。于国家而言，中华民族的伟大复兴不是轻轻松松、敲锣打鼓就能实现的，全党必须准备付出更为艰巨、更为艰苦的努力。同样，于个人而言，目标的实现和心愿的达成也离不开自己锲而不舍、驰而不息的奋斗。"有志者、事竟成，破釜沉舟，百二秦关终属楚；苦心人、天不负，卧薪尝胆，三千越甲可吞吴。"新时代的青年不仅要学会仰望星空，更要脚踏实地，埋头苦干，努力学习，认真工作，从小事做起，从自身做起，从点滴做起，成就属于自己的人生精彩。

（三）艰难困苦，玉汝于成

苦难是人生最好的试金石。每个人总会在人生的某个阶段遭遇种种苦难和压力。面对不幸和苦难，有的人选择了妥协，向困难低头，怨天尤人，自暴自弃，甚至像鸵鸟一样把头埋在沙子里，逃避现实；有的人却迎难而上，正视眼前的困难，不抛弃、不放弃，不让命运扼住自己的咽喉。少数佛系青年在对待压力和竞争时却采取了怠惰、消极的态度，事事无所谓，困难绕着走，"就这样吧，我佛了"，这哪里是"佛系"，明明是"懒系"！这种躲避现实的态度毫无疑问无益于青年的健康成长。"宝剑锋从磨砺出，梅花香自苦寒来。"苦难是人生一笔宝贵的精神财富，面对苦难，应变身为打不死的“小强”，努力抗争，越挫越强，从而战胜困难，抵达成功的彼岸。正如尼采所讲：“任何不能杀死你的，都会使你更强大。”

古往今来成就大事业者，无不经过一番痛彻心扉的苦难。司马迁曾说：“文王拘而演《周易》；仲尼厄而作《春秋》；屈原放逐，乃赋《离骚》；左丘失明，厥有《国语》；孙子膑脚，《兵法》修列；不韦迁蜀，世传《吕览》；韩非囚秦，《说难》、《孤愤》；《诗》三百篇，大抵贤圣发愤之所为作也。”正如孟子所讲，“故天将降大任于斯人也，必先苦其心志，劳其筋骨，饿其体肤，空乏其身，行拂乱其所为，所以动心忍性，曾益其所不能”。人不能选择命运，但可以改变命运。苦难，往往就是改变命运的催化剂。

习近平总书记在青年时期就经历了一番艰苦的磨炼。1969 年 1 月，习近平第一次来到梁家河村插队，梁家河村地处黄土高原，自然环境恶劣，是全国插队知青生存条件最艰苦的地方之一。从大城市到小村庄，习近平刚开始的时候身体上、生活上各方面都很不适应，尤其还要经历“五关”的考验，即跳蚤关、饮食关、生活关、劳动关、思想关。在这样艰苦的环境下，他没有被困难打倒，没有因为苦闷而消沉，而是在真正融入梁家河，贴近土地，贴近农民，下决心扎根农村，苦干实干，带领村民办沼气、打水井、办铁业社、种烤烟、办代销点、拦河打坝……不仅在很短的时间内改变了梁家河的面貌，做出了一番成绩，而且从一个知青成长为党的总书记和国家主席。如果说习近平在 15 岁时带着迷惘和彷徨来到黄土地，22 岁离开的时候，他已经有着坚定的人生目标，充满自信。梁家河的七年知青经历是习近平一生的财富，在谈到这段艰苦的经历时习近平饱含深情地说道：“七年上山下乡的艰苦生活对我的锻炼很大。最大的收获有两点：一是让我懂得了什么叫实际，什么叫实事求是，什么叫群众。这是我获益终生的东西。二是培养了我的自信心。”[①]小小的梁家河，却是个有大学问的地方。

(四) 生活要有诗和远方

人生不如意事十之八九。面对不可改变的结果，是被动地接受，还是积极地应对？是自怨自艾，还是笑对风雨？这是面对逆境时每个人必做的选择题。

---

① 习近平的七年知青岁月[M].北京：中共中央党校出版社，2017：422.

佛系青年在调侃自我的选择时喜欢把“不以物喜、不以己悲”挂在口边，追求一种所谓的“恬淡平静”的平和人生。从表面上看，佛系青年看似不喜不悲，实则无欲无求；看似云淡风轻，实则消极地、颓废地对待生活。众所周知，“不以物喜、不以己悲”的范文忠公并不是毫无追求，而是拥有一份“先天下之忧而忧，后天下之乐而乐”的博大胸怀和高尚情操。佛系青年口中所谓的“恬淡平静”不过是一种消极的、被动的人生态度。相反，青年大学生应该追求豁达乐观的人生态度、热爱生活的恬淡平静，因为这才是真正的“诗和远方”。

在林语堂眼里，苏东坡就是这样一个豁达乐观、热爱生活的乐天派。苏轼年少得志，才华横溢，大文豪欧阳修很赏识苏轼的才华，曾私下对老友夸奖苏轼：“读苏轼书，不觉汗出，快哉！老夫当避路，放他出一头地也。”然而乌台诗案的打击成了苏轼一生的转折点，从北到南，接连贬谪，经历的艰难是常人难以想象的，甚至有几次差一点儿被政敌迫害而死。面对前所未有的人生遭遇，苏轼也曾经迷茫彷徨，“拣尽寒枝不肯栖，寂寞沙洲冷”，如同独来独往的孤鸿一样惊魂未定，心有余悸。然而苏轼很快在黄州找回了真正的自己，创作了一系列无与伦比、流传千古的作品，包括耳熟能详的“三咏赤壁”——前后《赤壁赋》和《念奴娇赤壁怀古》，完成了自己“人生的突围”。苏轼认为黄州时期的经历对自己具有重要的人生意义，“问汝平生功业，黄州惠州澹州”。黄州时期的苏东坡，寄情山水，热爱生活，“惟江上之清风，与山间之明月，耳得之而为声，目遇之而成色，取之无禁，用之不竭，是造物者之无尽藏也”；黄州时期的苏东坡笑傲人生，豁达洒脱，“莫听穿林打叶声，何妨吟啸且徐行。竹杖芒鞋轻胜马，谁怕？一蓑烟雨任平生”；黄州时期的苏东坡旷达乐观，超然脱俗，“何夜无月？何处无竹柏？但少闲人如吾两人者耳”。家喻户晓的称呼“苏东坡”正是在黄州时期出现的。“生活以痛吻我，我却报之以歌”，这正是苏东坡一生的写照。面对苦难和挫折，苏东坡总能以一种乐观的心态去面对一切，跌宕起伏、四海飘零的一生，却被他过得有模有样、有滋有味，足见其对生活的热爱。

大学生应如何理智追星？

孙立明　梁　慧　闵　迪

当代大学生爱好千千万，近年来“追星”一事更是备受青睐。

追星，即粉丝崇拜偶像并追随与其有关的事物。这种行为事实上自古已有之。在我国明代时期，江苏有四位才华横溢的文化人，每当这“四大才子”出门时，就会有支持者前来围观，支持者还会购买“偶像”的作品以表其爱慕和崇拜之心。① 这种朴素的推崇行为可以看作现代社会追星的雏形。随着时代的发展，追星的对象渐趋多样化，由最初的娱乐明星、体育明星进而发展到各行各业的杰出人才。可以说追星这一特定的社会文化现象已经成为人们广泛关注的社会热点。追星的群体多为青少年，其中，时间支配度相对高、接触网络机会大、金钱可支配性强的大学生群体，顺理成章地成为追星的主要群体。那么，人们是怎么看待大学生追星这件事的呢？大学生追星现状如何，有何利弊影响？怎么引导大学生理智追星呢？

一、问题提出

社会上对“大学生究竟是否应该追星”这个问题有着激烈的争辩，支持派、反对派、中立派各持自身的观点，对这个问题有着不同的见解。

（一）对大学生追星持支持态度

在支持者看来，星星有光，追逐光、追逐美好是人与生俱来的天性。

星星那么耀眼，我们有什么理由不支持这些仰望星星的人呢？大学生追

---

① 彭瑞娟，马金. 互联网+时代大学生追星现状及引导研究[J]. 科技资讯，2019，17(26)：172-173.

星，是因为在“星星”身上看到了美好而耀眼的东西，从而产生了追逐的欲望。而这种“追逐”的最根本目的，是一种自我塑造——追光者一路追光是为了成为发光的人。央视节目主持人撒贝宁曾说，“追星其实你是在追你自己，你其实是在为自己设计着一个理想生活的人设状态，是你的目标……你看他，看那个目标，其实最终要投射到自己身上”①。

大学生正处于一生中最朝气蓬勃、最有活力的年华，在这样的日子里去追星，是为自己树立一个榜样，给自己设定一个目标，在追星的过程中获得动力去提升自己，是一个正面且向上的过程。

俗话说得好，近朱者赤，追星就是用美好的东西去影响自己，显然这对大学生的自我塑造有着积极引领作用，有利于大学生树立正确的价值观与人生理想。

(二)对大学生追星持反对态度

反对者则持有截然不同的观点。

大学生的主要身份始终还是学生，学生的主业是学习，一切都应该以学习为重，而追星会耗费大量的时间、精力，进而影响学习。再者，现代社会的追星常常涉及金钱等物质方面的投入，而大多数大学生目前还处于依靠父母提供生活费的状态，用生活费追星的行为将影响大学的生活质量，也不利于培养大学生理性的金钱观念和消费观念。

反对者们认为，相对于“星”来说，大学生们更应该关注自己的现实生活，关心自己的家人、朋友。更有人认为，追星是疯狂、无知的行为。与其为了陌生人花费大量的精力，吹捧陌生人的美好，不如多感受身边人的善意，加强与身边人的交流。

(三)对大学生追星持中立态度

支持者和反对者针锋相对，在这两方阵营中间，还存在着一派中立者。中立者主要有以下观点。

追星是一个爱好，也仅仅只是一个爱好。

就像有的人喜欢看电影，有的人喜欢打球一样，追星的人喜欢追星。

---

① 侃侃身边事. 听撒贝宁讲追星：其实追星就是在追你自己[DB/OL].（2018-11-22）[2020-08-15]. https://mini. eastday. com/a/181122194118476. html.

大学生是成年人，追星是个人行为，无所谓支持或反对。

这些观点都有自己的道理，那么究竟该如何看待这些不同的观点，如何加以引导？还需要进行更加深入的剖析。

二、原因分析

观点的提取离不开现实，不同观点和态度的存在说明在现实生活中，“大学生追星”一事存在着两面性，有积极影响，也有消极影响。为更好地聚焦新时代大学生群体的追星行为特点，我们随机选取了在校学生进行问卷调查，根据问卷调查的现状和大学生理智追星与盲目追星的案例，对大学生追星的现状、存在的问题与原因进行分析。

(一) 大学生追星的现状

根据调查发现，参加调研的男女生占比分别为 25. 3% 和 74. 7%，相比男生，女生对追星问题显示出了更多的热情。其中，超过 50% 的受访大学生表示自己有追的“星”，且绝大多数学生开始追星的年龄集中分布在 10 ~ 20 岁，21 岁后开始追星的学生比例非常小。

大学生所追的“星”的年龄分布如图 1 所示，多数分布在 21 ~ 30 岁，呈现出“星群”低龄化的特征；而在“星”的职业分布上(见图 2)，娱乐明星占绝大多数，学术工作者、企业家和道德模范的占比为 0。

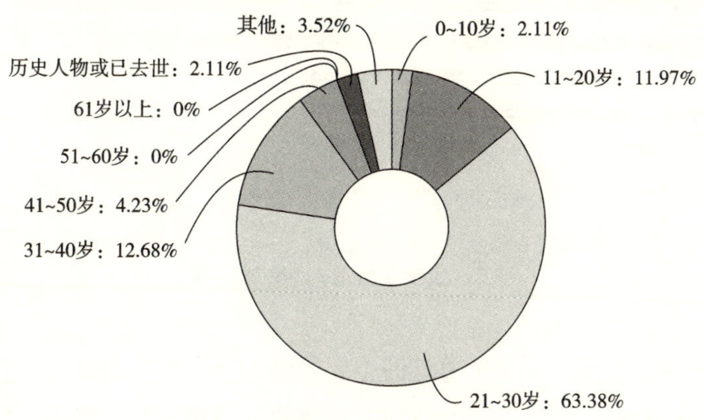

图 1　大学生追星对象的年龄分布

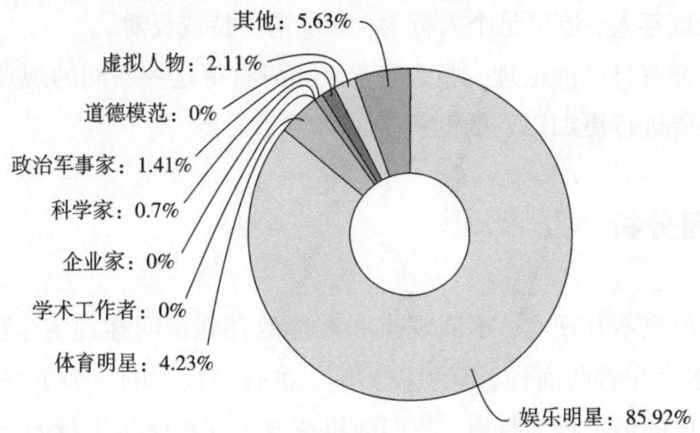

图 2　大学生追星对象的职业分布

在吸引大学生追星的“星”的特质里（见图 3），根据多项选择的结果排序，排名前三的是“很强的人格魅力”“满身的才华”“出众的颜值”和“良好的气质”（后两者并列），重大社会贡献的选项排名倒数第二，远不如颜值的影响力重要。这固然与时代特点和网络渲染有关，但同时也说明作为社会主义接班人的当代大学生，他们的追星观念亟待引导与重塑，否则容易流于表面、自我迷失，甚至引发价值层面的问题。

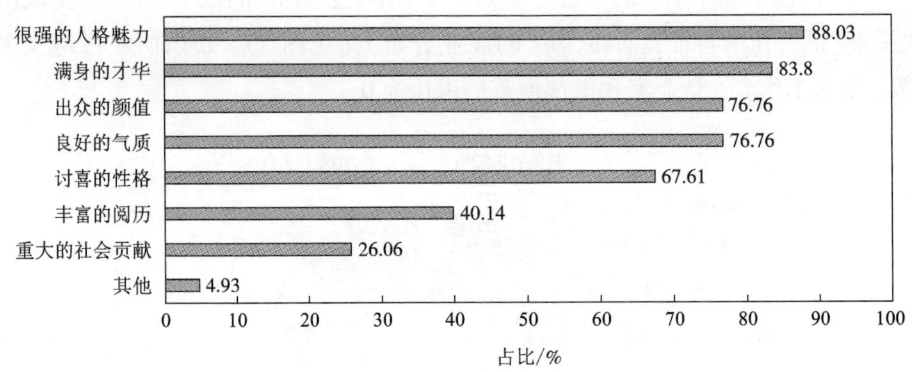

图 3　大学生所追的“星”的特质

如图 4 所示，受访大学生追星的主要原因为个人的兴趣爱好。在追星的主要方式中（见图 5），排名前三的分别是在偶像的精神下努力学习、默默关注和购买周边产品。其中，“在偶像精神影响下努力学习，提高自我”占比最大，

“默默关注偶像而已”次之，然后是“购买偶像的商业周边产品”，占比最低的是“参与偶像的互动”。以上数据说明，参与调查的大学生中，多数人能够较为理智地看待“追星”这件事，并通过“光环效应”，主动学习榜样力量，提升自己。但是“参与偶像的互动(如看直播、写信、接机、送礼物等)”也占一定比例，而这样的“追星”做法不符合多数大学生的经济实力水平，容易造成过度消费。

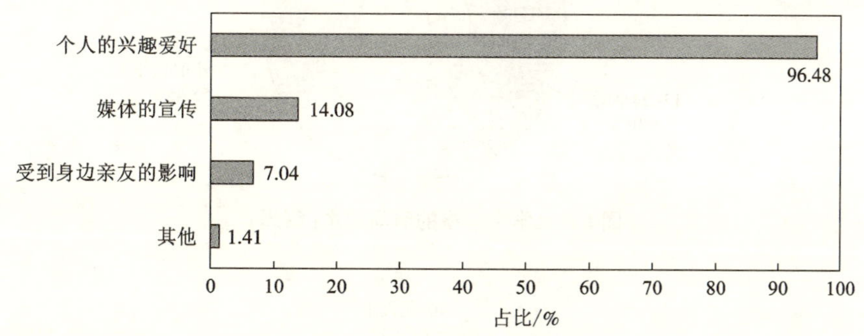

图 4　大学生追星的原因

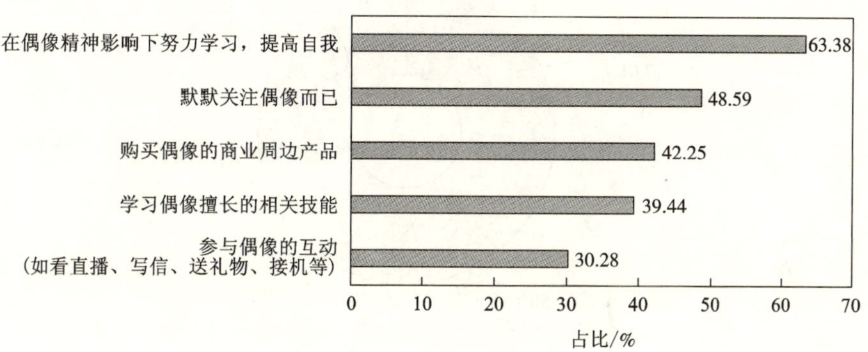

图 5　大学生追星的方式

大学期间，大学生有大把可以独立支配的时间，那么，他们追星的时间成本如何？由图 6 可知，时间成本方面，大部分学生每周追星的时间控制在 12 小时以下，平均每日 2 小时以下。同时也有 12. 68%的学生每周追星时间超过 48 小时，平均每日超过 5 个小时。这表明，接受调查的大学生当中，多数人能够合理安排时间，不把追星作为生活的主要内容；但是有少部分同学存在时间安排不合理的问题，追星似乎成了生活中极为重要的一部分，而每天的时间是有限的，这势必导致学生花在学习和校园社交等方面的时间精力减少。经济成本方面

（见图 7），受调查的大学生每月追星花费支出较少，相对较为合理。

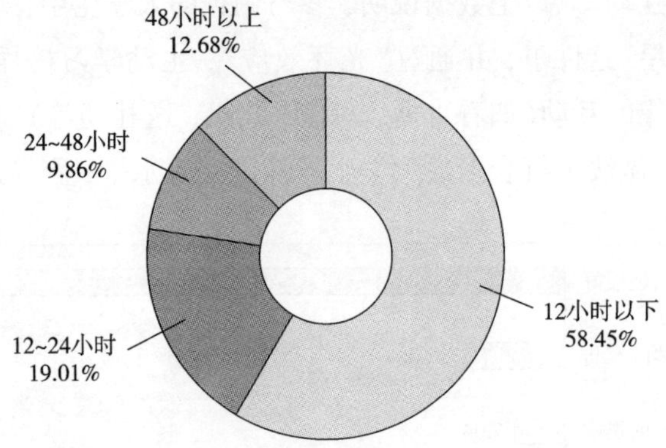

图 6　大学生追星的时间成本（每周）

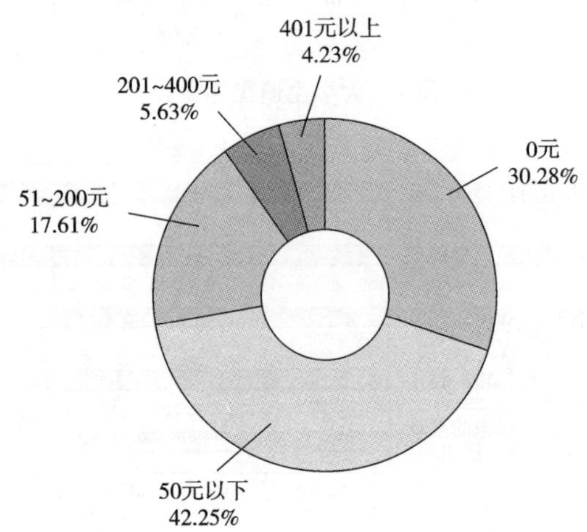

图 7　大学生追星的经济成本（每月）

在对追星观点的认同方面，根据受访者所选选项的排序结果得到相应的选项权重，选项权重平均分从高到低依次为："追星要有原则和边界，国家利益面前无偶像"（4.51 分），"当前大学生的追星行为要进行规范"（3.8 分），"追星让我变成更好的自己"（3.68 分），"追星利大于弊"（3.43 分），"追星是我生活中很重要的部分"（2.68 分），"我很在意别人对我追的星的评价"（2.43 分），"我经常模仿我所追的星"（2.28 分）。总体来看，大学生对于追星有自己的判断与看法，多数人认为追星是一件积极的事情，但也赞同追星应坚守原则、符合一定规范。

大学生对追星的看法与建议，如图8所示。追星应当理智，量力而行，应正确认识大学生的角色和主要职责，合理追星、适度追星、快乐追星，让追星成为一件正能量的事情。

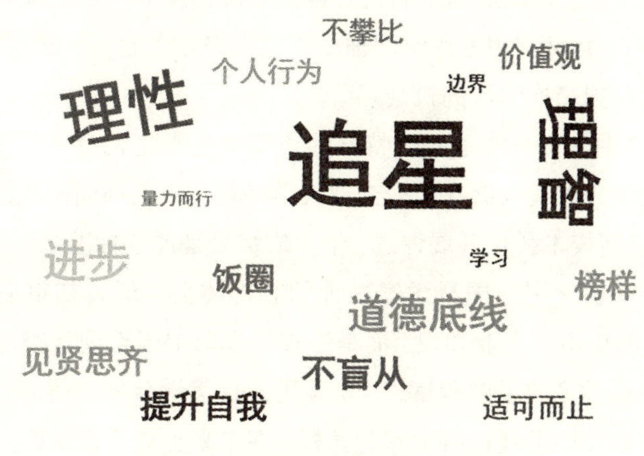

图8 大学生对追星的看法与建议

结合上述问卷调查结果发现，接受调查的多数大学生对追星一事持有较为合理的行为模式，但是也存在一些问题。此外，从既有的研究和媒体的报道中也能了解到许多正能量的大学生追星事迹以及不理智的追星行为。

（二）大学生理智追星的案例

始于颜值，陷于才华，忠于人品，向阳而生。从所追的“星”身上汲取正能量的例子有很多，除了从所追的“星”身上寻求精神支撑，还有更多的人在追“星”的过程中学到很多实用技能。

浙江大学医学院的胡同学，在其发表的第一篇SCI论文中对自己的偶像林俊杰致谢，她写道，“特别感谢林俊杰，在过去的十年里，林俊杰的歌曲给了我强大的精神支撑”。作为一个勤勤恳恳的医学科研人员，以SCI致敬偶像（星）或许算是对“星”的“最高级”表白了。①

---

① 张凌云，张雯，徐青琳. 名校学霸追星记：考得上北大，读得了博士，也追得好明星[DB/OL].（2018-05-07）[2020-08-15]. https://www.jfdaily.com/wx/detail.do? id=84348.

“年轻人都会追星，为追星而选择传媒艺术相关专业，自学摄影、视频剪辑等，这种理性追星的行为值得肯定”，首都医科大学心理学教授杨凤池如是说道。北京某高校韩语专业的大三学生谢同学追的是韩国男星，为了给自己的偶像拍摄和修出更好的图片，她自进入大学开始就加入了学校的新媒体中心，负责摄影和修图工作，在此期间不断提升自己的摄影技术。在熟练掌握摄影技术和 PS 技术之后，她又利用暑假时间辅修了电视编导专业，因成绩优异，今年 9 月她得到了去韩国交换学习的机会。①

2019 年 12 月 8 日上午，一份特殊的奖助学金颁奖大会——感恩中国近现代科学家奖助学金颁奖大会在西安交通大学举行。该奖项面向我国西部地区的 27 所“双一流”高校本科生开展评选，学习成绩只是评选标准之一，学生递交申请时必须撰写一篇学习中国科学家精神的心得体会。通过初审后还要参加笔试，笔试考查的也不是专业知识，而是考查学生对中国近现代杰出科学家和学生所在学校的科学家的了解程度。“今天我们是奖学金的获得者，今日起我们就应时时刻刻以中国近现代科学家为榜样，在未来也成为像他们一样助力科学事业的新型人才”，获奖学生代表张同学在发表感言的时候说道。大学生可以从科学家身上汲取精神养分，让自己的人生过得更有意义。设立这个奖助学金并不是强制要求学生达到多么高的境界，只是希望大学生去多看一点，多想一点，去追科学家这颗最闪亮的“星”。②

（三）大学生盲目追星的案例

盲目追星的例子也不胜枚举，轻则丧失钱财、荒废学业，重则影响身心健康。

大学生小樱是周杰伦的粉丝，在 2019 年 8 月周杰伦 2019 年巡回演唱会杭州站门票秒售空后，她借助微博平台发布购票信息，而后有人在其微博下留言称自己有两张 900 元的票，两人互加微信，小樱得知卖票人姓苏，谈妥后约定通过二手交易平台进行票务交易。而小樱的同学在得知小樱买到了周杰伦的演

---

① 张凌云，张雯，徐青琳. 名校学霸追星记：考得上北大，读得了博士，也追得好明星[DB/OL].（2018-05-07）[2020-08-15]. https://www.jfdaily.com/wx/detail.do?id=84348.

② 张盖伦. 这份奖学金不一般！鼓励大学生去“追星”[DB/OL].（2019-12-09）[2020-08-15]. http://news.cnwest.com/bwyc/a/2019/12/09/18253606.html.

唱会门票之后，纷纷向其询问购票信息，由此又有两名同学通过同样的方式向苏某支付了6000元用于购买6张门票。而苏某却以假运单号称其已发货，实则苏某并没有周杰伦的门票。为追星轻信“黄牛”，小樱等3名“00后”大学生被骗8000元。①

某农业大学英语专业大一学生李同学是刘亦菲的铁杆粉丝，看过刘亦菲出演的全部电视剧，并收藏了200多张她的海报。李同学对文艺极其热爱，为了向偶像看齐还专门学习了古典舞。然而为了使自己的长相更接近刘亦菲，她专门去整形医院，把自己的眼睛整大、鼻子整小，使自己的外貌也更像刘亦菲。②因追星而想要变成更好的自己，这无可厚非，但是把自己的外表也对照“偶像”进行复刻的时候，是否也变成了自我的迷失？

2013年6月20日，中超联赛形象大使贝克汉姆来到同济大学，准备与同济大学校足球队和申鑫青年队互动。由于此次交流没有任何门槛，没有门票也没有限制，直接导致人流量剧增，数千名学生和球迷已经将操场围得水泄不通。由于只有一扇铁门能够进入操场，而铁门后面有个斜坡，加之后面的人群不断推搡、向前冲，安保人员在试图阻拦时几个人被推倒，发生踩踏事件，造成至少5人受伤。③

从以上负面案例可以知道，有些大学生追星，追到了“繁花盛开处”，有些大学生追星，却追到了“万丈深渊里”。

（四）大学生追星存在的问题

综合来看，追星存在的问题主要在以下四个方面。

一是耽误学习。相较于中学而言，大学生活的时间安排具有更强的自主性，上课之外的时间都由学生自行支配。在4G乃至5G网络飞速发展的当下，大学生既会借助社交平台（如微博、微信等）进入偶像粉丝群、关注偶像的行程安排等；通过线下应援如接机、听演唱会等支持偶像。然而，大学时间是有限

---

① 张宇华，杨彦，梁爽．为追星轻信“黄牛”，3名“00后”大学生歌迷被骗8000元［DB/OL］．（2019-12-31）［2020-08-15］．https://new.qq.com/omn/20191230/20191230A0P6T600.html.

② 今日娱乐新闻．19岁女大学生整容成“刘亦菲”，变网红！成梦寐以求的小龙女！［DB/OL］．（2018-02-12）［2020-08-15］．https://www.sohu.com/a/222370894_99893430.

③ 萧君玮．贝克汉姆到访同济引踩踏，亲历者称后悔凑热闹［DB/OL］．（2013-06-20）［2020-08-15］．http://news.sina.com.cn/c/2013-06-20/164127453450.shtml.

的，部分大学生不能较好平衡学习与追星的关系。

二是浪费金钱。根据《长沙晚报》2019 年 9 月报道，湖南大学生每月生活费普遍超过 1000 元。[①] 而对于“追星”的大学生而言，每月需要的生活费将会更高。在互联网快速发展的当下，“追星”大学生通过线上打投、购买数字专辑、购买电子刊、购买代言产品等支持自家偶像。同时花呗的出现也让部分“追星”大学生无限放大自己的欲望，造成一部分“追星”大学生盲目花费自己的生活费，甚至有大学生选择网贷。

三是社交障碍。大学可以说是个小社会，大学生会面临来自家庭、社会、人际交往、就业等各方的压力。在这样的压力下，某些大学生会觉得自己的情感得不到朋友和家人的理解。在自身情感得不到宣泄的情况下，部分大学生通过“追星”来寻求精神支撑和心理慰藉，把追星融入自己的生活，寄情于偶像，因为偶像高兴而高兴，因为偶像难过而难过。因而渐渐不再和身边的朋友和家人沟通，使得自己沉迷于偶像的世界，与世隔绝。

四是迷失自我。大学生追星所崇拜的是偶像出众的颜值、良好的气质、满身的才华等过人之处，这就使得“追星”大学生在日常生活中有意无意地去模仿偶像的行为甚至思想，这种过度追星的大学生逐渐迷失自我，甚至把追星当成自己生活的全部。从杨丽娟追刘德华一事便可见一斑，更遑论互联网飞速发展的当下，“追星”大学生更容易迷失自我，甚至在思想上都会有所迷失。

（五）大学生追星存在问题的原因

大学生存在耽误学习、浪费金钱、社交障碍和迷失自我等问题的主要原因有三个。

首先是追星对象单一化。尽管现在大学生追星的对象已经逐渐多元化，“星”的范围开始拓展到各行各业中，但目前我国大学生追的“星”仍然以娱乐明星为主。从针对我校大学生的问卷调查可以看出，目前大学生所追的“星”中，娱乐明星占据了绝大多数，这是一种印证，也与当前网络媒体宣传的导向有极大关系。当然，并不是说追娱乐明星不好，娱乐明星中也有一些值得当代大学生学习的榜样人物，但是娱乐圈里的一些负面事件，对大学生树立正确三

---

① 陈焕明，李霜. 湖南大学生每月生活费普遍超过 1000 元，三成大学生通过兼职自食其力[DB/OL]. 长沙晚报，(2019-09-19)[2020-08-15]. https://www.icswb.com/h/152/20190919/621280.html.

观带来不利影响。

其次是追星内容表面化。如案例中的李同学追星，花上一二十万元整成刘亦菲的样貌，更注重外表上模仿明星，而忽略了学习刘亦菲对待工作认真的态度，进而认真对待自己的学业。有的人追星钟南山先生，如果模仿他的外在打扮，而没有学习他为民请命、不顾个人安危的奉献精神，那也是缘木求鱼。因此，追星内容的表面、肤浅，让大学生难以从追星中获得理性和成长。

最后是追星方式过度化。因为追星耽误学习，意味着在追星上投入了大量的时间，而没有把握好基本的学习时间。同时，在追星内容表面化的影响下，大学生花费大量金钱，甚至不惜走上网贷借钱追星的路，表明大学生在追星上没有把握好金钱的度，耗费钱财。大学生无法处理好追星与现实生活、社会交往的先后顺序，在追星过程中迷失自我，说明了大学生过度沉迷追星，逐渐影响正常生活。

三、解决方案参考

通过以上分析可知，追星终究是兴趣爱好，能从“星”身上获得正能量，寻求精神支撑，学到很多实用技能，但也需要付出时间、经济成本，有的人甚至陷入网贷或迷失自我。比起“大学生该不该追星”，“大学生应如何理智追星”这个问题更有现实意义。追星应当理智，应正确认识大学生的角色和职责，量力而行，避免出现盲目追星的情况。那么，大学生究竟怎么做，才算是理智追星呢？接下来从追星的对象、追星的内容、追星的方式三个方面来讨论。

（一）追星的对象：百花齐放

追星要追谁？追的应该是让自己变得更好的那个人，或者是从“星”的身上看到自己想实现的状态或人生目标。因此，追星首先要追对人。当20世纪七八十年代的孩子被问起“以后想成为什么样的人”这个问题时，最常见的回答是“我要当科学家”“我要做军人保家卫国”，到现在却变成了“我要做明星”“我要当‘网红’”。这与时代发展和社会进步有一定的关系。大学生追星，要适当关注除娱乐以外的行业，多看看科学家、医生等诸多对国家有重要贡献的群体。在追星对象的选择上要实现多元化，应该更多地关注追星对象的内在，而非外在，要选择能给自己带来积极影响、值得自己学习的偶像作为榜样，这才是追星的终极意义。这次新冠肺炎疫情，让我们记住了两位老人：钟南山院士，张伯礼院士。他们为了国家和人民的需要，不顾个人安危，毅然前往疫情暴发区，贡献自己的力量。以他们为代表的科学家、医护人员，不正是中华民族的脊梁吗？实际上，在调查中我们也发现了一个令人欣慰的结果，在被问到哪些类型的人应该成为大学生所追的星时，大学生选的最多的不是娱乐明星，而是学术工作者、科学家、道德模范、军人、政治家等。可见，大学生们可选择的追星的对象，不再只是千篇一律的偶像明星，也有学者、科学家、军人等推动社会发展、保家卫国的人群。就像天空中繁星闪烁，追星对象也应百花齐放，姹紫嫣红。

（二）追星的内容：择其善者

大学生正确追星，除了追星对象要多元化之外，还要弄明白追星的内容，即追星追什么？大学生追星，最理想的状态应该是：追星者在追星的过程中成为更好的人。那应该学习偶像的什么方面使自身变得更加优秀呢？在这个问题上，要有清醒的头脑和判断力，对偶像内在与外在的抉择，就显得非常重要了。不少大学生忙着购入明星同款、打扮标榜自己的外在，却忘了自己最初喜欢的只是明星的敬业、谦虚等优秀品质。理智追星，是选择偶像身上值得学习的地方来充实自己，去学习一些专业技能来丰富自己。比如：有的大学生喜欢林俊杰，选择用他的歌声激励自己撰写学术论文；有的大学生因为追星，学会了PS、PR等各项专业技能，既服务了所追的星，又提高了自身的审美和能力，不是一举多得吗？每一个追星的大学生都可以试想一下，假如你是被追的“星”，那么，你是愿意有一个整天叫嚣着爱你却碌碌无为的粉丝，还是愿意有一个受你影响而认真生活、提升自己，日益变得优秀的粉丝呢？肯定是后者，因为你有着影响他人从而让世界变得更好的能力。在被调查的大学生中，大多数人都认可这句话“喜欢一个人，学习更多技能，成为更好的自己，是追星的最高境界”（得分4.29分，满分为5分）。实际上，追星是对自己的一种投射，那么一定不要忘了汲取“星星”身上的正能量，把“星光”投射到自己身上，最终提升自己、实现自我。

追星要汲取“星”的正能量，同时，也要意识到“星”也是凡人，也有缺点。有许多粉丝追起星来毫无底线与原则，在他们眼中，偶像什么都是好的，没礼貌成了真性情，出轨劈腿也通通可以忽视。这不禁令人怀疑追星的意义在哪里。是什么样的滤镜使得他们眼睛里只有“星”的好，而看不见一点坏？有一些明星的缺点还是浅层的，假如更进一步，明星做出了违背国家利益、违背社会利益的事情，粉丝又应该如何对待这些“星”呢？有的观点认为，喜欢一个人也要清晰地分辨他的优缺点，不能盲目。的确，世界上没有人是十全十美的，任何人都有缺点，对待自己喜欢、崇拜的明星的缺点，更应该理性。令人高兴的是，在此次调查中，大学生都认为“追星要有原则和边界，国家利益面前无偶像”(得分4.51分，满分为5分)。希望所有追星的大学生在面临明星侵犯国家利益时，都能毫不犹豫地选择捍卫国家利益，理智抽身，不再眷恋。毕竟，追星是让自己变得更好“择其善者而从之，其不善者而改之”。每一个追星人都应该拥有清醒的判断力以及自我思考的能力，正确认识自己所追的“星”，避免盲目崇拜，做到有原则、有底线。

（三）追星的方式：持之有“度”

水满则溢，过犹不及，任何事情都应该有一个度，追星也不例外。用什么样的方式追星，才是持之有“度”呢？大家可以对照以下三个度，结合实际情况综合考量自己是否做到了理智追星。

1. 追星的时间度

在时间、精力的花费上，大学生追星应有“度”。对于大学生而言，学习无疑是目前人生阶段中最重要的事情，大学阶段是我们一生中最适合积累学术知识、积淀人生厚度的时期。在大学阶段，合理时间限度内的追星是减轻学习压力、提供成长动力的事情，一旦超过这个合理的限度，就会酿成不良后果。目前大学生追星的主要问题之一是无法平衡好学习与追星之间的关系。出现这个问题的原因就是大学生没有把握好追星的时间度。不做作业、逃课去追星，忽略学业、盲目追星是不可取的，正确的追星态度应该是优先安排好学习时间，规划好自己的学业与课余生活，让追星成为学业进步的动力。就像浙大胡同学一样，视偶像为自己的精神支撑，在艰苦的学业路上只要一想到偶像也在努力，就能够奋发向上。

2. 追星的金钱度

在时间、精力分配之外，追星大学生在金钱消费方面也应有度。在生活费有限的情况下，有的学生为追星盲目投入金钱，认为一定要不遗余力地用金钱支持偶像才是真正地爱偶像，才是一名合格的粉丝。结果钱全花在追星上了，吃饭就吃馒头和咸菜，出行就靠步行。为了追星，降低生活质量，还不算可怕。更可怕的是，有些大学生因为追星，落入网贷的深渊之中，毁了自己的人生和大好前程。大多数大学生处于无经济收入、依靠父母提供生活费的状态，在这种经济状态下，大学生应从实际出发，不要让追星严重影响了生活质量。如果实在很想支持偶像，可以发挥聪明才智，合法赚钱，合理用钱，适当理财。在保证大学学习生活正常支出的同时，实现支持偶像的愿望。

3. 追星与生活的度

追星要把握的最后一个度是合理处理追星与生活之间的关系。追星是一项兴趣爱好，假如生活是一幅油画，追星应该是油画中的一抹色彩，可以丰富油画，但绝非油画的重点。在前述调查中，“大学生认为追星是生活中很重要的部分”这一观点的得分只有2.68分(满分为5分)。可见，大部分大学生认为追星是生活的一部分，但不是主要部分，不能成为生活的重心，不会因追星而影响了自己的人生目标和社交关系。当代追星的大学生中，有多少人追着偶像的动态跑，在日复一日中丢失了自己的人生理想，迷失了自己的奋斗方向。曾经鲜活的自我在盲目追星中渐渐迷失，人生的目标被灰尘覆盖，在最鲜活的日子里选择了盲目，在最应该努力的年纪里选择了浑浑噩噩，这是多可悲的事情啊！应理智追星，确保有自己的人生目标。此外，不少大学生曾遇到父母、朋友等关系亲密的人反对自己追星的情况，一些同学在面对这些问题时选择了抗拒。的确，追星是一种爱好，我们有权利选择是否追星。但是也要提醒自己，它仅仅是一种爱好，我们可以采取更温和、更加理解亲朋善意的方式来表达。追星没有错，但不要因为追星而忽略了身边人的善意。这世界上有一些善意，因为与生俱来、长期稳定而被我们认为理所当然、不加珍惜。杨丽娟追星刘德华就是一个惨痛的例子，失去父亲是她盲目追星的代价，这代价太过沉重，而且无法挽回。因此，理智追星，不要影响自己正常的社会关系。追星是生活的“调味料”，添上一两味可口；如果追星严重影响了自己的社交关系，甚至伤害亲朋，那就是一味悲剧的毒药了。

在追星文化蔚然成风的今天，希望所有追星的大学生都能够理智追星，选择多样化的追星对象；在追星途中保持清醒头脑和是非判断力，把握好追星三个“度”，实现合理追星、适度追星、快乐追星。这样，每一位追星者，终将成为那颗最亮的“星”。

拓展资料

第二学位制度：是“鸡肋”抑或是“机遇”？

谢 琰 李亚萍 向 鑫 吴 华

对于受新冠肺炎疫情影响、即将毕业的大学生来说，除了就业、报考研究生，他们又迎来了一个新选择：报考第二学士学位。2020 年 5 月 29 日，教育部办公厅发布相关文件指出，第二学士学位教育作为大学本科后教育，是培养复合型人才的重要渠道。第二学士学位制度（以下简称“第二学位制度”）自 2019 年被宣布废止后，再次“起死回生”。

第二学位制度的再次施行不仅为高校毕业生创造了更多再学习的机会，也有利于培养更多复合型人才。那么，第二学位的要求很高吗？“双一流”院校的第二学位是不是特别难考？该制度一经推出便引发热议，但显而易见的是，第二学位不同于本科第一学位，其在报考方式、培养方式乃至学制上都存在明显区别。重新复出归来的第二学位制度，是否将在长远发展过程中对我国现有学历制度的结构造成影响？文章结合现实情况对该制度进行综合分析，寄希望于从第二学位制度出发，开辟更加契合当代中国高等教育现状的现实可行的发展路径。

一、问题提出

2020 年，受到新冠肺炎疫情影响，教育部办公厅继考研、专升本扩招之后，再放大招，明确表示“为贯彻落实《国务院办公厅关于应对新冠肺炎疫情影响强化稳就业举措的实施意见》（国办发〔2020〕6 号）精神，进一步优化人才培养结构，为高校毕业生创造更多再学习机会，增强学生就业创业能力，经研究，决定在普通高校继续开展第二学士学位教育”①。2020 年 7 月，教育部办公厅公布 2020 年普通高等学校第二学士学位专业备案结果。名单显示，全国各地高校共 3426 个专业可招收第二学士学位学生。② 第二学位制度的重新提出，不仅伴随着我国教育在改革中不断发展的历程，也伴随着关于这一制度的相关争议。

那么，第二学位制度到底是什么，它与“双学位”“辅修学位”制度有何区别？本科第二学位值得进修吗，它适合什么样的人进修，又有哪些限制条件？此次重启的第二学位制度究竟是某种“机遇”，还是只是一块应时“鸡肋”？本文针对疫情防控常态化大环境下“重启”的第二学位制度的模式进行探讨，剖析其中原因并找出深层次问题所在，相信对帮助同学们进行第二学位问题相关的答疑解惑，以及进一步促进我国高等教育在未来道路上的革新与发展具有重要的作用。

二、现状分析

学位制度是现代大学制度的有机组成部分。我国现行学位制度实行的是学士、硕士、博士三级学位体系，学士学位在学位体系中处于基础性地位。本科第二学位制度可追溯至 1987 年由原国家教委等部门联合下发的《高等学校培养第二学士学位生的试行办法》，它指的是本科毕业生(包括应届本科毕业生)在本科毕业并获得某一学科的学士学位之后，通过其他本科专业继续学习而获得的另一学科学士学位。它与“双学位”或“辅修学位”最大的区别在于，双学位及辅修学位是为“本科正在学习中”的学生设计的，而“第二学士学位”则面向“本科毕业后”的在职人士设计。针对本科第二学位制度的恢复这一热点，在某个以社会热点探讨作为特色的知识类网络平台上以“第二学位”为关键词进行话题搜索，便索引出 6524 个讨论，其超高关注度可见一斑。

---

① 中华人民共和国教育部. 教育部办公厅关于在普通高校继续开展第二学士学位教育的通知[EB/OL]. (2020-05-28)[2020-08-20]. http://www.moe.gov.cn/srcsite/A08/moe_1034/s3883/202005/t20200529_460339.html.

② 中新网. 教育部公布第二学士学位专业备案结果共 3426 个专业[EB/OL]. (2020-07-10)[2020-08-20]. http://www.chinanews.com/gn/2020/07-10/9235305.shtml.

（一）恢复第二学位制度，是顺应时代发展且能缓解就业困难的举措

目前，我国各行各业复工复产虽已取得一定进展，但大量中小微企业仍然处于运营“恢复期”，应届毕业生就业压力普遍较大，就业情况不容乐观。作为国际通行的学位概念，第二学士学位教育已经在历史教育的实践中证明了其价值。在当前情况下恢复第二学位制度，不仅顺应时代背景与发展，也能够在现实层面缓解当前我国就业形势所面临的困难。在此背景下，第二学位制度不仅为大学毕业生提供了另一种升学渠道，更是“终身学习”理念下高校参与学习型社会建设、促进学习者终身发展的有效途径。也正是基于这一积极意义，2020年5月29日，《教育部办公厅关于在普通高校继续开展第二学士学位教育的通知》指出，第二学士学位教育“是培养复合型人才的重要渠道”。

（二）对申报第二学位的看法

1. 第二学位制度能在一定程度上弥补第一学位专业的缺憾

在第二学位制度重新推行实施后，笔者收集了当代大学生对第二学位的不同看法，很大一部分人认为第二学位制度能够在一定程度上弥补第一学位专业的缺憾。基于高考分数的选择机会，很多学子无法自由选择自己感兴趣的专业，而现有教育教学政策又决定了在校大学生转专业的比例相对较低。大学生转专业的难度较大，很多高校要么对成绩有要求，要么对转专业人数有限制，对于很多大学生来说的确是失去了改变的机会。

有观点表示，第二学位制度能够让学生在对现学专业不满意的情况下，得到去心仪的学校学习自己真正喜欢的专业的机会。

> 今年的第二学位专业备案有很多名校的顶尖专业招生，其中不乏“一流”学科，这对于我们这些面临毕业的大学生来说真是一个巨大的好消息！文科生都想去北大看看，理科生心里都有着一个清华梦，你也不例外吧？虽然说梦想变成现实存在一定难度，但是除了清北之外，“双一流”高校还是很多的！各位小伙伴们，冲呀！

有观点也同样认为：

> 有些同学因为高考分数不够，没能被录取到心仪的大学，或者没

能被录取到自己感兴趣的专业。而第二学位有机会改变这一现状，尤其是对本科专业不满意的大学生，不用跨专业考研或者艰辛地学习其他学科的专业知识；也不用像考研那样还要经过初试、复试、笔试、面试去和好多其他优秀的同学竞争，直接去读第二学位就能改变未来的职业发展方向。一些在本科阶段选择了理工科专业的同学，其第二学位可以选读法学类或者经济管理类专业，毕业后想考公务员或者进入公检法系统就有更多机会可供选择。

那么，如何申报第二学士学位呢？对此，有观点指出：

拿××××大学举例，继续报第二学位的前提条件是有本科的毕业证和学位证，毕业院校还得是 34 所“985”高校以及一些特殊的院校，不能是普通“211”高校。如果你是校外的学生，来了还要进行一次入学测试……具体报名条件要求报名考生须在本科阶段在校表现良好，且是全日制的应届本科毕业生；在篮球、排球、足球、藤球、乒乓球、羽毛球、田径方面具有突出特长，符合体育运动发展需要的体育院校普通高等教育的应届毕业生也可报名；本科阶段参加国内或国际重大比赛获得突出成绩，为学校争得荣誉的；等等。各所学校的要求不尽相同，有些学校的招考条件当中，就没有本科学校要求“211”以上这一说。

2. 第二学位制度能在一定程度上促进学生对跨专业知识的掌握与应用

曾经有一项调查显示，约有 44.5%的学生入学前很少了解或根本不了解自己所学的专业，有 55.5%的学生认为所在高校目前选专业的方式并不合理①，但基于管理制度原因很多学生不得不在自己并不喜欢的专业学习中熬过大学四年。这种缺憾以及尝试其他学科的意愿为第二学位制度的发展留下了空间。与此同时，当下应届毕业生就业遇到专业限制时，想要跨专业并获得学位，除了重新高考、考研，并没有第三条路可走，但跨专业考研在现实层面具备一定难度。在这种情况下，第二学位制度无疑为他们提供了一个重新系统性学习其他学科或者专业的机会。从结果导向进行分析，第二学位制度确实能够在一定程

① 李志民. 为“第二学士学位”重新归来叫好[J]. 中国科学报，2020(5)：1-2.

度上促进学生对跨专业知识的掌握与应用。有观点对此进行了如下阐述：

除了少数要为国奉献、为学术献身的科研人才，现在的学生无论读哪一个专业，基本只有一个目的，那就是就业，毕业后想办法找个好工作进而为自己争取一个好生活和好未来……有的同学因为不喜欢原本的专业，干脆放弃了自己的本专业，直接用第二学位的专业去就业，比如××××大学的金融专业毕业的学生进了国泰君安证券公司，任职产品经理，就因为他拿到了两个学校的两个专业的四个文凭，而且学得认真、思维转得快……说句良心话，任何知识或者专业，不管是本科同时读的辅修学位还是双学位，还是现在的第二学位，哪怕就是大量的课外阅读，只要你认真学了就必定有用！

有观点对此表示赞同：

作为曾经北京某校第二学位学生，我觉得第二学士学位除了又读了两年本科有点浪费时间之外，还算是不错的选择。如果想凭借第二学位进行转行还是没问题的，因为同班同学基本上都利用这个第二学位专业找到了相关的工作……现在就业压力这么大，即便是名校毕业的硕士想要找到很理想的工作，也颇具难度……但是当时我们班同学找的工作还是比同学院本科班同学找的工作要好一些，毕竟念过两个专业，而且当时很多课程都是单独开的小班，所以学习体验很好，算是复合背景。我还是很感谢第二学位的学习经历，也感谢学校对我知识结构和价值观的塑造。我们学校当时发的第二学位的毕业证、学位证和第一学位本科生的完全一样，所以就当自己重新读了一个专业吧，毕竟这个专业一定是自己感兴趣的。

3. 第二学位的“含金量”到底有多高？

就第二学位的“含金量”即广泛认可度而言，有观点表示：

第二学位的认可度可以自行参考《中华人民共和国高等教育法》和《高等教育考试暂行条例》。法律上是等同于全日制的文凭的，但在实际的应用过程中，第二专业学得怎么样就要看自己的努力和付出了……也就是说，拿着第二学位的毕业证书和学位证书去考研、考公、出国，都不存在任何问题。

也有观点对第二学位的价值表示认可：

第二学历(学位)在国外的认可度要高于在国内，例如美国和日本都比较注重学生在课业、学业之外的收获。目前中国所有文凭的官方查询渠道都只有一个，那就是教育部的学信网。如果你拿到的毕业证、学位证在学信网有备案信息的话就是真的，如果把证书相应的编号输进去查不到备案信息，就是假的……第二学历(学位)的毕业证、学位证，都可以在学信网查询，有相应的备案信息。

热议中也出现了不同的声音，认为想依靠第二学位“改变出身”是不切实际的。有观点认为：

本人的第二学位是在南京某大学读的知识产权专业，2020年应届毕业，第二学位学习期间通过了法律职业资格考试，并且今年考研成功被××大学国际法学专业录取。第二学位仍属普通全日制，学信网可查，是介于本科和硕士研究生之间的一种类型。但想要仅仅依靠就读第二学位改变出身显然是不切实际的，还是需要有点别的东西做支撑。我个人认为，没有考研需求，盲目去读第二学位是有风险的，这点确实是不言自明的。而且就算是考上了第二学位也还是要努力，不努力却指望找到一份好工作，就好像不读书却希望期末考试得高分一样，你觉得怎么可能呢？人生没有什么是一蹴而就的，坦白讲就算是很不错的学校毕业的硕士，就业也相当困难。第二学位本来的定位就是一个过渡，类似于适应当前环境的一种“缓冲”，从学历上来讲又低于硕士学位，如果手上既没有证又没有实力，怎么可能会有好工作？

4. 第二学位制度施行的必然及其独特优势

第二学位制度不仅满足就业方面对复合型人才的需求，也符合当前“‘一流’学科建设”目标指导下学科交叉的趋势，是对当前我国人才战略的一种“专业/文凭补充”，同时也是深化高等教育改革的必然。结合当前严峻的就业形势进行分析，除兴趣和爱好之外，专业学成后的就业前景是学习者学习的根本动力，大学培养人才的终极目标也是为了满足社会需求。随着社会分工复杂程度的提升和人力资源市场的活跃，工作岗位变动成了“家常便饭”，很多人甚至会选择与所学专业以及之前工作完全不同的岗位。这种颠覆性的改变需要对其他学科或者专业进行系统性的学习，也是第二学位制度存在的必要性。相比硕士学位，本科第二学位的劣势也显而易见。有部分网友将本科第二学位称为“学士后”，并就第二学位要求本科毕业后方可继续进修这一点，与硕士学位进行了比较。有观点指出：

> 近年的博士、硕士都大幅扩招，今年又继续增加这个“学士后”，这么扩招下去，马上就面临着学历贬值时代的来临，之前毕业的博士、硕士的含金量也将被稀释。而第二学位综合来看等于6年时间拿了同一个层次的学位，继续往上走还有硕士的3年、博士的3~5年，学习时间太长了。第二学位在经济好的时候认可度都不高，现在经济大环境下连硕士都难找工作，第二学位不仅浪费2年时间还对就业帮助不大，性价比不高。而且所谓的第二学位不等同于硕士学位，很多单位都不认可，这种宣传终究落不了地。所以如果你有决心，还是建议一步到位去考研，要不然就直接想办法就业，别眼高手低，尽早在社会中努力增强实践经验。因为无论是第二学位还是硕士学位，你都不可能读一辈子书，校园生活固然美好，可是最终都会无可避免地走出校园、进入社会。

与硕士学位进行对比分析，从宏观层面看，本科第二学位制度的独特优势在于学科融合，这样的复合型人才正是社会所需的。从微观层面针对本科第二学位的定位进行分析，可综合网友的建议，在今后第二学位制度发展改革的过程中，尝试将本科第二学位“学士后”转型为“前硕士”的教育定位，作为培养复合型高级人才的基础，而这也需要为本科第二学位毕业生的读研深造提供相关政策便利。

三、解决方案参考

对于现阶段正在就读大学本科的同学们而言，究竟要不要在毕业后选择继续进修第二学位呢？

首先，综合第二学位制度的跨专业优势指向进行考量。如果大学生本人对现学专业或原本专业已感到满意，可选择不继续进修。根据《教育部办公厅关于在普通高校继续开展第二学士学位教育的通知》(教高厅函〔2020〕9号)第七条“学生可报考与原本科专业分属不同学科门类的第二学士学位专业；或与原本科专业属于同一学科门类、但不属于同一本科专业类的第二学士学位专业”并结合实际情况进行分析，应届毕业生就读第二学位与第一学位专业相同或相似的概率极小、现实必要性不大。由于本科第二学位与本科生的第一专业方向各异，有的是工科专业，有的是理科或文科专业，这就使得第二学位学生理论基础不一。尤其是文科学生的工科知识基础较弱，在进行毕业设计时将可预见地吃力。同时，结合第八条“第二学士学位学制为两年，全日制学习，纳入高校学籍管理系统”可见，第二学位学生在校时间短、任务重，在不具备部分专业基础知识的基础上学习专业知识，将会出现对跨专业知识的理解不够透彻、掌握不够扎实的情况。而毕业设计过程是对专业知识的综合应用和巩固，进修第二学位要求在短短两年时间内，不仅学习完全不同学科的专业知识，而且完成毕业设计拿到学位的难度还是相当大的。因此，在选择是否继续进修第二学位时，可视自身条件不同进行不同选择，且建议在学校选择、专业选择方面一定要慎重考虑，结合自己的兴趣、家庭经济条件和个人的未来规划进行综合考虑；在选择学校、专业时要提前做好调查，包括备选学校专业人数、报录比、专业课考试难度、毕业要求等，再结合自己的学习能力选择成功率最高的学校和专业。

其次，对于想要借由进修第二学位“改变出身”的同学而言，不仅要参考就业前景，更应结合自身兴趣与优势所在，抓住第二学位制度给予的“第二次机会”，正确规划、精准努力。爱因斯坦曾说，“兴趣是最好的老师”。人们对职业或某些科研领域的兴趣并不一定在上学期间出现，而很有可能出现在经过工作的积淀和人生的历练之后。

> 量子力学的奠基人之一路易·维克多·德布罗意从小就显示出文学才华，18 岁在巴黎索邦大学学习历史，获得文学学士学位。1911 年，当他不经意间从他哥哥那里看到第一届索尔维会议关于光、辐射、量子性质等问题的讨论文件后，激起了他对物理学的强烈兴趣。特别是他读了庞加莱的《科学的价值》等书后，转向研究理论物理学。1913 年，他获得理学学士学位，这为他在量子力学方面的成就以及 1929 年荣获诺贝尔物理学奖奠定了基础。
>
> 类似地，2003 年诺贝尔物理学奖获得者之一的莱格特教授最先感

兴趣的是古典文学。他在本科学习过程中，并无意从事物理——这个会给其一生带来最高荣誉的学科。他曾说：“在我很小的时候和青年时代，我脑子里最不愿想的事就是物理。”因此这位出生在英国的科学家于1959年从牛津大学获得的第一个学士学位的专业是古典文学。大学快结束时，苏联卫星上天，这使他“忽然”对物理产生了兴趣。于是他又开始在母校牛津大学 Merton 学院学习物理学，并于两年后——1961年获得了第二个学士学位——物理学，并从此走上了物理学研究道路。牛津大学灵活地为莱格特提供的第二学士学位学习机会，对莱格特的成才非常关键。

由此可见，经由时间与机缘发现自己的真实兴趣所在之后，如果有机会能够通过本科第二学位制度获得与自己兴趣相关的学位，并由此更改专业方向、逐步按照兴趣指引投身于自己真正热爱的事业当中，即本科第二学位制度的意义之一。但无论是否进修本科第二学位，现实面临的机遇与挑战总是相伴相生的。寄希望于继续学习来获取本科第二学位以弥补第一学位专业上的缺憾虽好，但也需要考虑时间成本、精力成本与机会成本，以及所能收获到的现实产出及真实成效。

最后，也有同学会产生疑问：本科毕业后方可继续深造，我何不直接考研？先来看一组数据：教育部数据显示，自2018年考研人数突破238万后，2019年人数达到290万，创考研人数历史最高，同比增长21.8%。① 研究生报考人数除了在2008年、2014年、2015年受经济以及就业等因素的影响，出现下滑之外，整体趋势是不断上升的，并且在经历了2016年的回升之后，更是在2017年突破了200万，在2018年达到238万。从2005—2016年的全国研究生招生人数增长趋势可以看出，虽然高校招生人数也在增加，但相比于报考人数的急剧增加来说，招生人数的增长趋势明显平缓很多，也就是所谓的“供大于求”，考研“竞争”压力颇大。与此同时，通过对2016年教育部直属各大高校公布的毕业生就业质量年度报告进行总结分析可知②，近56%的高校中选择考研继续

① 中国教育在线.历年考研报录比查询(全国部分院校)[EB/OL].[2020-04-08].http://www.eol.cn/e_ky/zt/common/blb/.

② 中国教育在线.全国研究生招生数据调查报告[EB/OL].(2019-06-01)[2020-04-03].https://www.eol.cn/html/ky/2018report/.

深造的学生人数超过30%，近90%的高校中有超过20%的学生选择考研。而在研究生报名人数构成中，应届生和往届生的报名人数均逐年增加。从教育部公布的数据来看，2010—2016年全国各大高校招生人数中应届生人数占比基本上是70%，往届生为30%左右。图1、图2分别是2010—2016年研究生招生人数中应届生和往届生人数增幅。

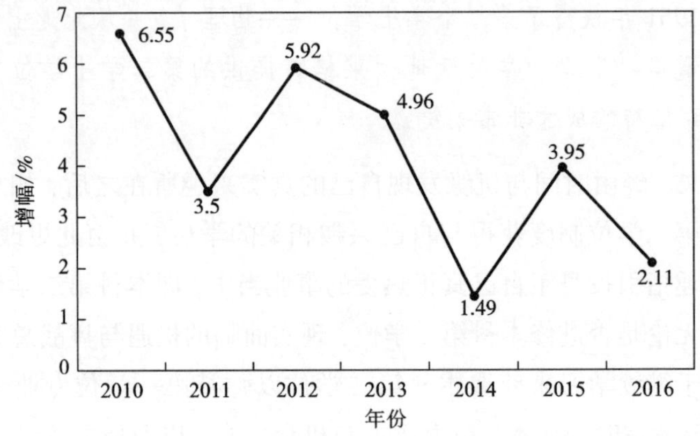

图1　2010—2016年研究生招生应届生人数增幅

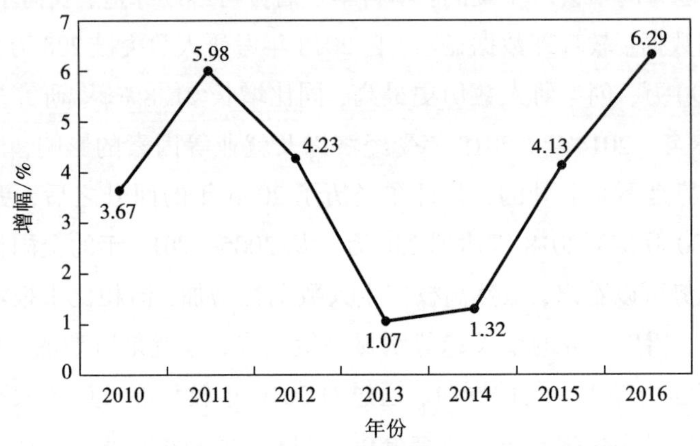

图2　2010—2016年研究生招生往届生人数增幅

从图1、图2可以看出，自2014年以来，往届生人数持续增加，而应届生人数增幅则呈下降趋势。也就是说有越来越多的往届生参加研究生考试，且往届生大都是想通过提高学历增加就业优势。但每年考上研究生的人数占比基本呈现持平趋势，变化不大。面对考研竞争压力过大、考研“二战”、“考不上”等

偕多粥少的现实困难，本科毕业生选择继续进修第二学位不失为另一个好的出口。值得一提的是，借由第二学位获得职业成就的名家大咖也不在少数。

我国首位获得诺贝尔科学奖项的中国本土科学家屠呦呦先生是拔尖创新人才，但其被国内普遍承认是拔尖创新人才已经是 2015 年 10 月以后的事情了，这时屠呦呦已是 85 岁高龄。屠呦呦一生中有两个关键"瞬间"，其中第二个大约在 1971—1972 年间。这个瞬间已经由张大庆教授和多位医学史研究者深入挖掘展开，成为一个百听不厌、具有传奇色彩而且颇为激动人心的故事。第一个关键瞬间则为第二个瞬间进行了准备，这就是屠呦呦成才的秘密。1951 年，屠呦呦进入北京大学医学院药学系学习，1955 年毕业。工作几年之后，屠呦呦参加了北京西苑医院举办的"全国西医离职学习中医研究班(西学中班)"培训，是第三届学员。中医西医虽然同是治病救人，但对病因的看法不同，范式也不同，因此算是两个学科。在两段学习之后，屠呦呦的知识结构已经兼具中医和西医，成为跨学科知识复合型人才。"西学中班"脱产学习两年半，从教育制度角度看是典型的"第二学士学位"教育，因此从实际学习过程分析，屠呦呦就是第二学士学位毕业生，是经由第二学士学位教育培养出来的跨学科创造性人才。

北京大学还有一位院士的成才秘密也与"第二学士学位"的跨学科知识背景相关。1980—1987 年，程和平先生就读于北京大学力学系。1986 年 9 月 8 日，他在攻读力学系生物力学硕士期间，专门给生物系写了报告，要求系统学习生理学专业的系列课程，以获得生理学本科学士学位。这份报告当时获得了生物学系主任和生理教研室主任的同意，也得到了学校教务部门的支持。北京大学档案馆迄今保存着这份弥足珍贵的报告。程和平之后按时完成学习，在硕士期间又获得了一个学士学位证书——标号为"87001"号的双学位证书，专业是生理学。程和平本科和硕士都毕业于北京大学力学系，但 2012 年他却成为中国科学院生命科学与医学学部的院士。他是最典型的跨学科知识复合型人才，是北京大学力学系和生物学系两个系的双重校友和共同的骄傲。程和平在硕士期间学习的课程并非单独为他开设的，他只是选修本科课程而已。因为是本科毕业后学习而非本科同时学习，从严格意义上来说，程和平也是“第二学士学位”毕业生。

可见，第二学位制度不仅造福了过去的学习者，而且也给了现在面临毕业抉择的在校大学生一次“重生”的机会。一名毕业生表示：“从新闻里看到第二学位又开始招生的信息让我特别高兴，对我父母来说也是一个重大的好消息！今年我的出国申请受阻，又因为准备出国错过考研等机会，现在突然又有了新选择，感觉拥有了第二次机会！”这名应届本科毕业生道出了很多毕业生的心里话。

在新一轮科技革命的驱动下，协同创新已经成为推动科技进步、产业发展的重要形式，跨界、跨领域复合型人才的需求不断增加。这就要求高校重构人才培养体系，跨学科、跨专业、跨组织培养高素质人才，而第二学位制度正是高校重组人才培养模式的一种方式。第二学位制度的重新归来无疑为当前的教育制度增添了另一个高效且温馨的通道，为同学们打开了更多学业发展与职业规划之门。

希望同学们在面临第二学位制度时，能够基于个人兴趣与人生规划，综合考量、理性抉择，将其作为在终生学习和终生发展时代个人的一种学习方式、生活方式，契合创新型人才培养新局面，化“鸡肋”为“机遇”，成就自身更加精彩的未来。

拓展资料

体制内和体制外的工作该如何选择？

王梓懿　张金学

小张是某高校一名大四准毕业生，上大学后与同社团小李相识并确定了恋爱关系。毕业前夕，小李父母到学校看望小李并和小张一起吃饭。席间，小李的母亲谈到希望小张毕业后进体制内工作，并罗列了诸多好处，说这样才能放心地把女儿交给他。巧合的是，小张父母与小李母亲的想法一致，希望小张参加公务员考试，进入体制内工作。该听从父母和准丈母娘的建议参加公务员考试，还是坚持自己的想法，到企业里打拼闯出一片天？本想到企业工作的小张陷入了纠结。体制内和体制外的工作该如何选择？

一、问题提出

近年来，“考公热”“选调热”成了社会普遍关注的一大话题，而“中科院博士集体出走”“自贡公务员自杀留遗书”等事件也引发了广泛的社会讨论。在关于体制内工作还是体制外工作的“话题博弈”影响下，像小张这样陷入工作选择纠结的毕业生其实不在少数。“知乎”上关于毕业后去体制内还是体制外工作的讨论话题数有近5000条，微博热搜也经常出现体制内外的工作选择的热点话题。体制内和体制外的工作该如何选择，网友有几种立场。

（一）体制内工作派

有网友认为，编制就是准婚证。相比体制外月薪15000元的打工族，很多丈母娘更喜欢体制内月薪5000元的小伙；有网友认为，体制内和体制外工作的好坏不能单纯从薪资水平判断，有时候五千抵万金，体制内的工作稳定，体制外的工作有风险；体制内月薪5000元的人看起来要比体制外月薪10000元的人过得好。还有网友认为，体制内外的工作到底哪个好要看工作稳定不稳定，尤其是新冠肺炎疫情期间，因一纸体制内合同免受疫情经济之苦，每个月工资按时到账，才是真实的“王道”；网络上还流行一种说法，很多父母，尤其是出生于20世纪六七十年代的父母特别喜欢自己的孩子进入体制内工作，认为那是第一选择，甚至在相亲市场上，体制内工作的人都是父母的第一选择。

根据各高校官方发布的2018年高校毕业生就业数据，以三所“双一流”高校2018年毕业生就业质量报告为例，清华大学7243名毕业生中选择到党政机关、事业单位和国企工作的比例为62.4%，北京大学7548名毕业生中选择到党政机关、事业单位和国企工作的比例为71.9%，中南大学8868名毕业生中选择到党政机关、事业单位和国企工作的比例为54.94%，“双一流”高校毕业生去体制内单位就业的比例较大。

（二）体制外工作派

有网友表示体制内的工作千篇一律，重人际高过重能力，薪资水平不高，很难扩展好友列表，与其在体制内“混”倒不如到体制外“拼”；有网友表示体制内的工作入职即触职业天花板，任凭自己再努力，职业生涯基本可以“盖棺定论”了；有网友表示虽然体制外的工作不像体制内的工作那么悠闲，但可以给人带来工作激情，如自己的一个想法通过努力实现了价值；还有网友表示公务员考试是“千军万马过独木桥”，与其削尖了脑袋往里挤，倒不如自由一些凭本事吃饭，靠努力生活。

根据麦可思《2019年中国大学生就业报告》（蓝皮书）数据，2014—2018届本科毕业生在民营企业就业的比例从50%上升到54%，在国有企业就业的比例从23%下降到19%（见图1）；2014—2018届高职高专毕业生在民营企业就业的

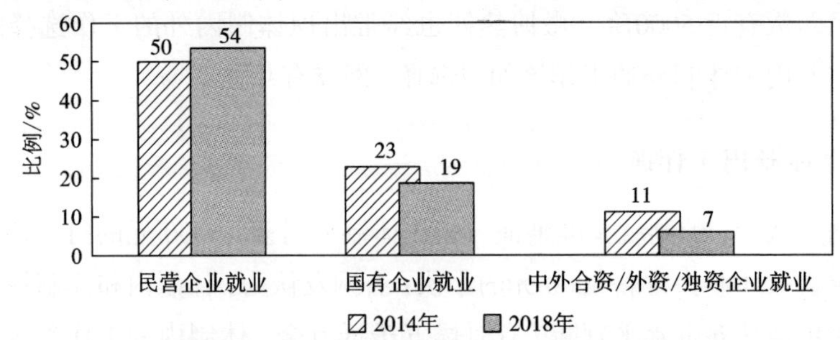

图1　2014—2018届本科毕业生企业去向变化

比例从 65%上升到 68%，而在国有企业就业的比例从 18%下降到 15%，毕业生流向民营企业趋向明显。

（三）工作中立派

还有很多网友站在天平的中间，辩证地看待体制内、体制外工作该如何选择的问题。有人认为哪种工作好看个人。没有清闲的单位，只有清闲的人，任何单位都有它的责任、任务和指标。有人认为哪个好看策略，无论在哪，无论是求稳求静还是求进，都是要争先争优的。毕竟稳字中还有个“急”。“静”字中还有个“争”。在稳定中求进，在奋进中求稳，才是正确的工作之道。有人认为，哪个好是相对的。体制内工作平时看似轻松，十分有保障，福利待遇好，但这个“饭碗”也有不“铁”的时候，那就是在违法乱纪之时。同样，在大灾大难、大是大非的时候，私企员工不需要承担更多的社会责任，而公务员就必须担起肩上的使命，有时候，这个使命的代价甚至是生命。还有人认为，社会上对体制内外工作的好坏其实是有误解的，在哪都可以“混”，在哪也都可以“拼”。或许体制内工作的性质带来了相对稳定，按部就班被理所当然地当作“混”，而体制外的不确定性和竞争压力，被自然而然地当作了“拼”。

到底是体制内的工作好还是体制外的工作好，是近年来社会上热烈讨论的话题，也是困扰着毕业生就业选择的难题。

二、原因分析

体制是国家机关、国有企事业单位等组织制度，最初的体制内和体制外两个概念，是 20 世纪 80 年代由于价格双轨制，导致经济体系被分为计划的部分和市场的部分。体制内是计划的部分，体制外便是市场的部分。随着时间的推移，其内涵已演变成了“财政供养体系”与“自谋生路体系”两大部分。近年来，国家改革逐步深入，从严格意义上说，已经很难清楚地界定体制内和体制外。借用网络上比较流行的一段话描述：人生就像一场旅行，体制内就是跟团游，一切听从指挥，人生就是一场打卡；体制外则是自由行，可随时调整路线和时间，人生就是一场游戏。这也或许就是小张和准丈母娘的“分歧”之处。

社会上对于体制内和体制外工作存在较大争论的原因在于体制内与体制外的工作在工作内容、工作性质和工作方式上存在一定差距，进而带来了两者

“工作体验”上的差异。①两者的工作稳定性不同。体制内的工作更稳定，失业的风险较小，试错空间较大；体制外的工作受外部环境影响较大，失业风险略大，试错空间更小。②两者的工作自由度不同。体制内的工作时间较为固定集中，俗称“早八晚五”或“早九晚六”，上班时间的自由空间较小；体制外的工作时间较为杂乱分散，“临时加班”是家常便饭，但上班的自由空间较大。③两者的薪资波动水平不同。体制内工作薪资波动水平较小，工资收入较长一段时间内的变化不大，往往被认为“旱涝保收”；体制外工作薪资波动水平以及薪资层级差距比体制内的大，且受外部环境和个人付出影响，往往被认为“多劳多得”。

据中智咨询发布的《2018—2019 年中国人力资源市场最新动向》，2018 年企业员工平均主动离职率为 17%。根据国家公务员局的统计数据，2018 年全国公务员平均离职率不足 0.065%，两者在离职率上相差 260 倍；体制内工作五险一金齐全，补贴福利较多，工作强度小，而体制外能够足额缴纳五险一金的企业凤毛麟角，而且工作强度更大；体制内工作的起步工资较低，但会随着年限的增加稳步持续上升，而体制外的工作在 35 岁后则可能面临收入的下降。

有一档名为《纪实 72 小时》的节目，节目组通过走访全国不同城市的特定地点，在 72 小时内以邂逅的方式走近路人，发现熟悉的角落，讲述普通人的故事。其中一期的邂逅话题为“如果再给你一次机会，你会选择体制内还是体制外”。节目组来到合肥闹市区的付费自习室，下午四点多，自习室里只有一位顾客，这位顾客是准备第二天参加公务员考试而在复习冲刺的“90 后”小伙小王。据他说，自习室里的大部分人因为第二天的考试已经提前去考场踩点，因此人很少。节目组在问及他为何没去踩点、准备得如何时，小王显得比较自信。原来在上一年的安徽省公务员考试中，小王就已经考上了，但他没有听从父母的建议做一名公务员，而是选择入职深圳的一家互联网公司。入职后他发现，公司一个月的待遇虽有 10000 元出头，但在深圳租房却要 3000 多元，除去自己的开销，几乎剩不下什么钱。而且这份曾经向往的职业，需要频繁出差，加班也成了工作常态。据小王回忆，在深圳的那份工作比“996”还可怕，晚上有时候只能睡三四个小时，一连七天，当时自己就觉得彻底失望了。在外工作半年后，他选择了辞职回到家乡再次准备安徽省公务员考试。小王说：“年轻人一般是不会排斥工作或者排斥努力的行为的，还是希望能够实现一点价值、做出一点事情的，我只是接受不了那种特别压榨式的工作。我觉得公务员算是一个更好的选择。”在自习馆准备了两个月后，他即将给自己交上一份答卷。

在“知乎”的高赞回复中，还有这样一则故事。小伟硕士毕业于国内某知名大学经济学系，毕业后入职国内四大会计师事务所之一的会计师事务所，起初受到很多人的羡慕，成了学弟学妹们心中的榜样。但随之而来的工作强度令他有些吃不消，工作来得急，连续几天都得睡在办公室。工资收入不低，但因缺乏足够的时间陪伴家人，夫妻感情变得越来越差。面对竞争，他也常常感觉力不从心，想要回归家庭多陪陪老婆孩子却又没有机会。2018 年，他放弃高薪工作，应聘到一家事业单位从事会计工作，有了更多的时间陪伴家人，自己的身体和心情也变好了很多。辞职后的小伟说：“以前都羡慕那些游走在写字楼和咖啡馆的城市精英，觉得他们很酷，在大学时也很憧憬，但真正走进去之后才发现，自己的性格比较柔和，又特别重视家庭，这种快节奏的企业生活很不适合我。现在的工作虽然工资不高，但可以让我有更多的时间陪伴家人，做自己喜欢的事，我一点也不后悔辞职。”

由此看来，体制内的工作虽然没有高薪，但是福利好，工作强度不大，可以有更多的时间陪伴家人。但体制内的工作就真的更好吗？

有这样一组数据，2014—2020 年公务员国考报名人数平均为 145.8 万人，招录人数平均为 23408 人，平均录取率为 1.602%(见表 1)。除 2019 年国考因国家机构改革造成数据波动较大外，其余年份报考人数、招录人数和招录比均较为稳定，录取比例维持在 1%至 2%之间，可谓“百里挑一”，也足见公务员考试录取的难度。公务员考试的复习周期为半年到一年时间，公考培训班也层出不穷、费用不菲。花费大量的时间成本、人力成本和经济成本参加竞争激烈的考试，成功率不高，不能算是“性价比高”的选择。而选调考试等特殊的进入公务员队伍的方式需要选调生在入职初期到边远地区、艰苦地区支援国家建设，远离家乡或繁华的城市进行历练，这又是横亘在一部分“90 后”“00 后”面前的“大山”。这样的工作方式或许可能改变一个人的短期生涯规划甚至一生的命运，但同样需要足够的勇气。

表 1　2017—2020 年公务员国考报考招录比

年份	报考人数/万人	招录人数/人	录取率/%
2014	152	19538	1.285
2015	140.9	22249	1.579

续表

年份	报考人数/万人	招录人数/人	录取率/%
2016	139.46	27817	1.994
2017	148.63	27061	1.821
2018	165.97	28533	1.719
2019	133.87	14537	1.085
2020	139.58	24123	1.728

数据来源：国家公务员局网站。

网络上还有这样一种讨论，新冠肺炎疫情就像是一面镜子，照出了人间冷暖，也照出了世间百态。在"知乎"上同时打出"疫情"和"体制内"两个关键词，搜索出的大部分是以"体制内有多好，疫情期间看得到""疫情期间彰显了体制内工作的优越性"为话题的讨论。但同样需要看到的是，疫情期间体制内工作人员多冲在了抗击疫情的第一线，甚至付出了生命的代价。从"吹哨人"李文亮到武昌医院院长刘明智，从大年初一就奋战在抗"疫"一线的国家卫健委人员到夜以继日走在社区抗"疫"一线的社区工作人员，从"从天而降"的人民军队到"一方有难，八方支援"的各省医疗支援队，这些体制内的工作人员无一不走在了战斗的第一线，以自己的专业和工作责任守卫着人民群众的生命安全，没有任何怨言。体制内的工作或许没有别人看到的那么轻松，它就像"一堵高墙"里的世界，墙外的人只听到了墙内的欢声笑语，只想到墙内可以遮风避雨的屋檐，却并不知道墙内的人在时时刻刻准备着战斗并为抵御更强大的风雨、种出更多的果实惠及墙外的人付出难以想象的努力。

2011 年 3 月 23 日，中共中央、国务院出台了《关于分类推进事业单位改革的指导意见》(以下简称《意见》)，拉开了事业单位改革的大幕。《意见》指出，2020 年要建立起功能明确、治理完善、运行高效、监管有力的事业单位管理体制和运行机制，形成基本服务优先、供给水平适度、布局结构合理、服务公平公正的中国特色公益服务体系，一部分事业单位将转型或取消，而原有的事业编制人员也将失去事业编制。如 2018 年，黑龙江出台的《黑龙江省深化事业单位机构改革实施意见》显示，截至 2019 年 10 月底，黑龙江省省直涉改事业单位合计精简机构 573 个、占比 51%，精简事业编制近 2 万个、占比 29%，精简内部机构1402个、占比28%，市县事业机构和编制精简均超10%。这意味着体制内的工作并不如想象的那样稳定。根据国家发展战略的调整和发展格局的需要，今后将没有稳定的“铁饭碗”，而真正的“铁饭碗”是自己的“本事”。

单从离职率看，体制内工作和体制外工作在离职率上似乎存在天壤之别，但也需要辩证看待。首先，很多离职率的计算方式存在一定的错误，即使用“离职率=某时期内的离职人数÷当前在岗人数×100%”的公式。这种计算方式忽略了时间变化等因素。体制外单位每个时间点的在岗人数是不同的，而且常常差异会很大；体制内单位因编制原因在岗人数基本处于不变的状态，导致计算出来的体制外工作离职率数值可能会偏高，甚至会超过100%，结果未必准确。其次，离职不代表失业，离职率也不能等同于失业率，离职后的去向可以是岗位的调整、行业的改变甚至是职位的晋升和薪资的升级，恰恰反映了社会流动的整体状态和个人成长进步的真实经历。另外，体制外单位中也有一些岗位是相对稳定的，如研发岗、技术岗等对专业性要求比较高的岗位，呈现成果需要相对较长的准备时间，离职率也相对较低。离职率的差别只能总体上反映体制外的工作不如体制内的工作稳定，但不能代表体制外的工作不稳定。其实，体制外的工作也有体制内的工作没有的优势，如工作空间广，可以发挥更大的主观能动性，工作有更强的价值感，能通过自己的努力获得高薪、见到世界更多的美好等。而且也有很多在体制外工作甚至是从体制内到体制外工作通过努力而获得成功的经典案例。

被称为“铁娘子”的格力集团董事长董明珠其实是销售人员出身。1990年她毅然辞去工作，南下打工。当时已经36岁的她到格力集团需要从一名基层销售员做起，不知营销为何物的董明珠凭借着坚毅，40天追讨回42万元债款，书写了营销界的经典励志故事。1995年，董明珠成为格力集团的销售经理，别人对她的印象都是“不按常理出牌”，她的“牌理”只有一个，即“自己认为是对的，就努力去做”。就这样，近30年里，董明珠从一名基层业务员成长为一家世界500强企业的董事长。在媒体采访时，她说：“在职场要做的就是尽职尽力，在自己的岗位上做到最好，这就是目标。很多人说以后要当总经理，这不是目标，而是一种私人的目的。我在岗位上要比别人做得好，这才是目标，做得比别人好就能受到别人的尊重，由于尊重，你的职务就会发生变化。不是为了职业目的去实现人生价值，只有这样才能成功。”

被称为“电池大王”的王传福在大学期间学习的是冶金物理化学专业，毕业后进入北京有色金属研究总院攻读硕士，硕士毕业后他留校工作5年。在此期间，26岁的他成了全国最年轻的处长。看似稳定的体制内工作并没有持续多久，1995年，他辞去工作，和表哥合伙在深圳创立了比亚迪，做起了电池生意，一做就是20年。2000年，王传福投入大量资金开始锂电池研发工作，很快就有了属于自己的核心技术，并成为摩托罗拉(中国)第一个锂电池供应商。2003年，王传福正式加入汽车行业，比亚迪成了继吉利之后国内第二家民营轿车生产企业。在2009年胡润中国百富榜上，王传福以350亿元身家成为中国内地首富。现如今，比亚迪公司俨然成了世界上顶尖的电池生产商，其电池已经逐步取代了日本在我国的垄断地位。一路走来，王传福都在不断尝试、不断挑战、不断冒险，他真的做到了。正是这种冒险精神才让比亚迪拥有如此瞩目的成绩，也正是他的创新科技和工匠精神，撑起了中国制造的脊梁。

还有这样一组数字来源于2018年11月习近平总书记在民营企业座谈会上的讲话，截至2017年年底，我国民营企业数量超过2700万家，个体工商户超过6500万户，注册资本超过165万亿元。民营经济贡献了50%以上的税收、60%以上的国内生产总值、70%以上的技术创新成果、80%以上的城镇劳动就业和90%以上的企业数量。这就是著名的“民营企业56789”特征。体制内工作发挥着前哨保底的作用，而体制外工作则在铆足干劲为国家的发展做出巨大贡献。

此时再来分析准丈母娘和小张的“分歧”原因。准丈母娘经历了毕业后工作包分配的历史时期，避开了激烈的社会竞争，人生起起落落，深知稳定能够带来生活的规律、家庭的美好，希望自己的子女也能够过上这样的生活。而小张满腔热血，有冲劲有干劲，想要通过努力证明自己，实现自己的人生价值。两种想法没有对错之分，只是立场、经历、家庭情况、背景等主客观环境不同。体制内外的工作并无好坏之分，因此，如何选择需要与自己对话。

三、解决方案参考

(一)实事求是的自我判断

选择体制内工作还是体制外工作前，首先需要实事求是地分析自身情况和已有基础。

①成长背景。成长在体制内工作家庭的毕业生可能对公务员或事业单位的工作更感兴趣，从小受到父母一辈潜移默化的影响，在思维方式和行事作风上更沉稳也可能更趋向于稳定的生活；成长在体制外工作家庭的毕业生则可能对企业就业更感兴趣，在长辈的影响下会慢慢地形成经商意识、创新意识，在发挥主观能动性和适应能力上具有相对的优势；家庭经济条件不够好的同学则可能对薪资需求更强烈，短期内改善生活质量的需求在服务业或互联网行业等新兴行业更容易得到满足。

②校园经历。学生进入校园后就开始了各式各样的校园生活。不同的学生组织氛围和培养方式同样可能对毕业生的职业发展产生影响。有学生会等学生组织工作经历的毕业生在经历了较为系统化的历练后，在工作程序和工作方式上有一定的经验。这一技能在稳定的国企或事业单位可以有较大的用武之地，体制内的单位也十分青睐有类似工作经验的毕业生，类似经历或许可以被当作“敲门砖”。社团干部和活跃分子在大学追求自己的兴趣爱好，专注于兴趣进行发展，充满激情，愿意为喜欢的事情付出努力，且与一群志同道合的人共同合作把爱好转化成价值，便是体制外单位相对青睐的特质，而这种特质似乎也与体制外的气场“更合”。党员和入党积极分子具有较强的政治素养和家国情怀，在大学接受充分的党性教育和政治理论学习，考公和选调可能是实现满腔抱负和爱国力行的合适途径。

③性格因素。性格沉稳、勤奋专注、热情担当、善于交往但不喜欢高强度工作的毕业生可以考虑进入体制内工作，在工作中充分发挥自身的专长，为单位做出贡献；家庭意识较强，喜欢家人时常陪伴，个人时间规划清晰规律的毕业生也可以考虑到体制内工作，体制内工作的性质能为愿望的实现提供更大的帮助。创新意识强，外向热血，抗压能力强，热衷改变且充满活力的毕业生可以考虑到体制外工作，在工作中通过自身的努力得到改变，创造价值；追求生活的多样性，喜欢给自己多种可能，独立自主性较强的毕业生可以考虑到体制外工作，体制外的工作会给生活增添未知性和神秘的色彩。

（二）基于需求的理性分析

在初步了解了自身的实际情况后，需要进行深层次的思考，结合自身规划和需求取向，趋利避害，与自己对话，做出选择。

岗位“饭碗”和技能“饭碗”。想要寻求稳定，需要思考清楚稳定的“饭碗”

来源于岗位还是技能，来源于外部还是内部。随着国家的发展、机构的改革、国企的改制、民营企业的壮大，岗位上的“铁饭碗”实际上已经不复存在，任何岗位均有被取代的可能，任何工作也有被人工智能替代的一天。比如银行的工作往往被认为福利好、待遇好，随着智能和信息化时代的到来，越来越多的业务将被智能系统取代，人工需求就会越来越少。可见，“铁饭碗”也不一定是一辈子的“饭碗”。而技能“饭碗”，却可以变成一辈子的“铁饭碗”。俗话说“一招鲜吃遍天”，技能是区别于他人的独特能力。把自己的技能提升到炉火纯青的程度，走到行业前列，这个“饭碗”才有可能成为一辈子的“饭碗”。技能“饭碗”狭义上指的是一门技术，广义上也可以指区别于他人的独特能力。

生存命题和发展命题。想要找到合理的发展方向，需要清楚自己寻求的是生存还是发展。生存命题在解决温饱和生活的问题，小到柴米油盐酱醋茶，大到亲人家庭和自我，是小我的问题。发展命题则是更为宏观的问题，寻求自我价值的实现和快速地成长。发展命题可能不是短时间内可以解答的问题，需要实践的检验，历经艰难，披荆斩棘，最后实现自我满足。这种发展也可能是终生一直在路上。往往此类命题还会延伸到大城市与小城市、大企业与小企业的扎根问题。命题解答的前提是清晰自己寻求的到底是什么。

成就需求和稳定需求。了解自己一定建立在了解需求的基础上，寻求就业的努力目标，要清楚自己的需求到底是什么。家庭型的人往往会更重视稳定需求，而自我实现型的人则往往会更重视成就需求。成就的实现往往夹带着风险，需要面对更多的挑战，战胜更多的困难，存在不稳定因素。稳定的工作虽可能有足够的安全感，但大部分情况下薪资水平提升的空间有限。辩证地思考自己的目标，在成就和稳定中找寻一条适合自己的实现价值之路，分析需求，做出最合理的选择，在就业前、就业中不断调整和思考，在努力的方向上勇敢地迈出尝试的一步。

（三）有的放矢的优化选择

当然，选择并不是“拍脑袋”决定的，会受到来自各方面的影响，此时需要排除外界干扰和杂念，找到适合自己的工作选择和职业生涯。

别人说的好不一定好。长辈一代因所处年代不同，与如今的“90后”“00后”存在一定的思维差异，也就是常说的“代际差异”。随着社会的进步和发展、社会结构的改变，并没有真正稳定的工作，也没有一定成功的道路。学长学姐的标杆同样会因个人特质的不同而存在差异，想要成为“别人家的孩子”并不是按照别人家孩子的生活方式模仿着成长，而是找到适合自己的发展之路，取得与别人不同的成就，从而获得别人的尊重，成为“别人家的孩子”。别人说的好不一定好，适合自己的就是最好的。

留给自己试错的余地。选择没有对错之分，也并没有在条条框框下得出的标准。任何人都不能预测自身未来的发展，只能给自己设定一个目标后朝着目标努力。成长背景、校园经历、性格因素和专业技能不能成为决定毕业就业选择的量化指标，但可以提供重要的指引；深层次的需求思考不能成为决定往哪走的“指示牌”，但可以提供前进的方向参考。成功从不是一蹴而就的，规划也绝不是一条路走到黑，在个人成长的道路上常常反思，经常调整，使每一阶段的决定都适合自己的实际，留给自己试错的余地，也是成功的必经之路。

在满足“小我”中升华“大我”。作为新时代的青年，我们同样肩负着建设国家、实现中华民族伟大复兴的重任。在满足“小我”的过程中升华“大我”，在实现生活提质的过程中创造价值，在需要的过程中被需要，是获得物质满足和精神满足的有效方式。体制内的工作和体制外的工作从根本意义上说都是为国家做贡献，为国家建设发展添砖加瓦，为创造更好的生活贡献力量。在工作选择中，我们不妨发扬工匠精神，秉持“我是国家一块砖，哪里需要哪里搬”的信念，发挥所长，尽己所能，创造价值。

其实，每个选择都是人生路上不同的风景，不管是体制内还是体制外的工作，都有相对应的优势和不足，但“是金子，到哪都会发光”，真正有才能的人总会脱颖而出。时代不断变化，学如逆水行舟、不进则退，跟不上时代的变化迟早会被淘汰。所以，通过学习充实自己，与时俱进，提升能力，才能在时代中站稳脚跟。

或许你也和小张一样，正面临着同样的纠结，面临着来自父母等长辈的压力、来自同学朋友的影响、来自社会舆论的干扰，思考着体制内工作是不是真的更好。现在，你是否已经有了答案？

消费信贷是把双刃剑，怎样对待才算理性？

袁世平　任安霁　黎　梦

2019 年 2 月，多家媒体报道的合肥市一所高校的女大学生赵某因个人信用卡有 4000 余元无法按时还款，被信用卡中心告上法庭的新闻引发了社会各界热议。

中国人民银行的《中国普惠金融指标分析报告》显示，自 2015 年以来，消费金融渗透率迅速上升，规模迅速扩张。截至 2018 年末，全国成年人在银行之外的机构、平台获得过借款的比例为 22. 85%。截至 2019 年末，全国消费贷款余额(不含房贷、经营贷)为 13. 91 万亿元，较 2015 年提升了约 135%(见图 1)。

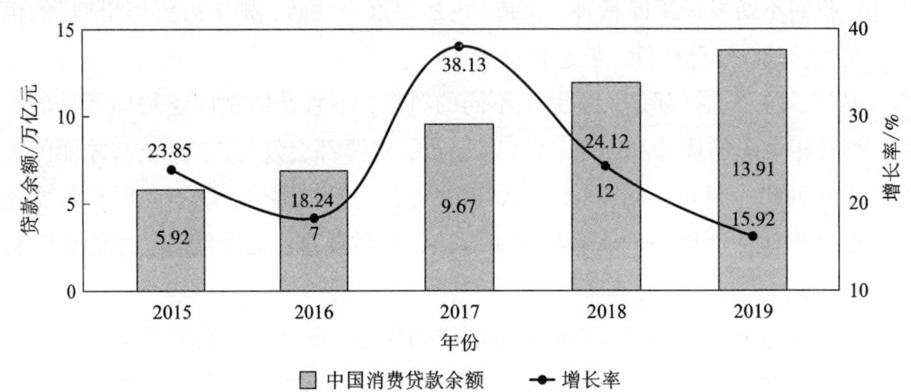

图 1　2015—2019 年中国消费贷款余额(不含房贷、经营贷)统计及增长情况

资料来源：中国人民银行、前瞻产业研究院整理。

当代大学生对信用卡、花呗、借呗、京东白条等消费信贷产品并不陌生，但消费信贷是把双刃剑，大学生怎样对待才算合理？不同的人站在不同的立场，观点各不相同。

一、问题提出

消费信贷作为一个新兴事物，一直以来都饱受争议。拥护者有之，反对者有之；沉迷者有之，望而却步者有之。研究数据显示，大学生对“消费信贷”的认识，大致有以下三种观点。

（一）顺应潮流，好处多多

社会在不断地进步和发展，消费信贷在当今社会已经相当普遍，大学生为什么不能用？花明天的钱圆今天的梦，遇到想买的产品或有其他用钱需求，通过分期贷款就可以很快实现愿望，然后每个月偿还一部分本金和利息即可。况且消费信贷可以激发自己的斗志，还有很多好处。在“知乎”关于“支付宝里的花呗到底有什么好处？它就只是有消费额度的信用卡吗？”的话题讨论中，有网友认为：其一，从使用功能上看，花呗和信用卡类似，根据消费水平提供初始的消费额度，享有一定的免息期，可以做到“这个月买，下个月还”；也可以跟信用卡一样，对消费额进行分期。其二，基于阿里生态圈，花呗可以额外享有一些福利或积分。如用花呗消费可以积分且积分可以换购指定商家的美食、在境外用花呗可以返现、用花呗分期买车险有优惠等。中国新经济研究院联合支付宝发布的《“90后”攒钱报告》显示：90%的“90后”用花呗是为了省钱，他们表示自己会理智消费，不会买不需要的东西。年轻一代正在用消费特定产品与服务的形式，彰显自己的处世哲学，构建属于自己的精神领域，表达他们所认同的观念、态度、品位与格调。

（二）“寅吃卯粮”，后患无穷

消费信贷的本质仍是借钱消费，借的钱都是要还的。对于家庭经济条件好、有能力还款的大学生来说，虽然不必担心钱的问题，但是长此以往也会养成花钱大手大脚等不良习惯。而对于家庭经济条件较差的大学生来说，这种消费就更不可取，因为他们根本没有经济基础，无法按时还钱的风险很大，后患无穷。近年来大学生深陷“不良网贷”而发生的一起起恶性事件就是有力的证明。因此，无论是有条件的还是没条件的，借钱消费都不是一个好习惯。它所涉及的不仅仅是“钱”的问题，还折射出畸形的消费观且有违勤俭节约的中华传统美德。

有人认为，一方面，一些网贷平台的费率标示不清，在手续费、逾期费、违约金等表述上存在一定的隐蔽性，一旦还款发生逾期，大学生很可能难以承受资金损失从而造成超前消费的信用危机；另一方面，由于网上贷款分期消费门槛很低，为大学生提供了一个超前消费甚至是奢侈消费的平台，于是有不少大学生由于冲动消费，导致负债累累，给正常学习带来困扰。

（三）各取所需，无须多管

大学生作为成年人有自己的自由和选择权。使用信贷产品与否是个人的自由，用有用的好处，不用有不用的好处，大学生可以根据自己的实际经济情况与当下用钱需求具体情况具体分析。这属于成年人在法律和公序良俗范围内的正常社会生活行为，无须别人多管。

有网友表示，消费信贷的开放就是用来鼓励消费的，对大学生而言可以购买生活必需品，降低开支压力，但是不能过分依赖。如果自制力不强，把钱用在游戏、奢侈品上，那还是不要用。校园巨额欠贷，都是一步一步滑下去的。

也有网友在微博指出，借贷工具本身无对错，只是具有某种中性的属性。但随着该工具使用起来越来越简便、快速，会让很多不懂得使用的人在消费中用错了工具，也让不法平台有机可乘。

二、原因分析

（一）大学生“消费信贷”风气渐长

当直播带货一次次吸引眼球、让人疯狂种草，当一个个“吃土少女”一边吐槽自己囊中羞涩只能去“吃土”一边继续买买买，当蚂蚁花呗和京东白条让人轻轻松松将本来买不起的“宝贝”收入囊中……消费信贷不知不觉间在大学生群体中流行起来。图2反映出了大学生使用花呗的去向。

《中国青年报》一项覆盖2000名大学生的调查显示，77.8%的受访大学生认为身边的信贷消费现象很普遍，“月光族”在校园中十分常见；近九成学生使用过分期付款，主要用于购物、饮食和娱乐。①

① 周易．77.8%受访大学生称身边透支消费普遍[EB/OL]．（2016-10-11）[2020-10-08]．http://zqb.cyol.com/html/2016-10/11/nw.D110000zgqnb_20161011_2-07.htm.

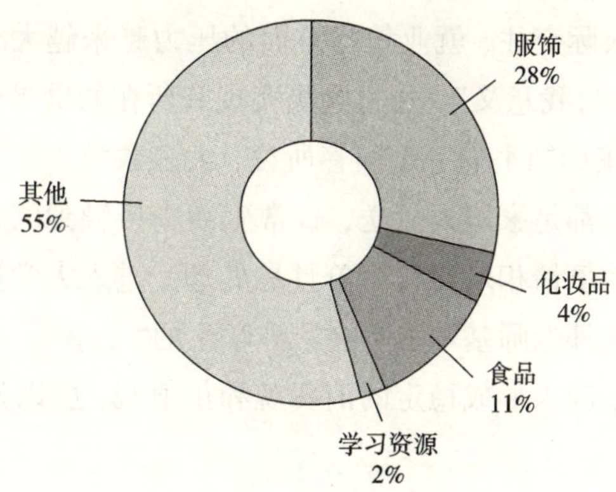

图 2 大学生花呗使用去向①

的确，随着社会的发展和进步，消费信贷已经相当普遍——房贷、车贷、信用卡……社会的信贷消费风气越来越盛行，花呗、借呗、校园贷等消费方式刺激着年轻人不断进行购买，当代大学生很难不受到影响。据蚂蚁花呗发布的《2017 年年轻人消费生活报告》，在中国近 1.7 亿“90 后”群体中，开通花呗的人数超过 4500 万，即平均每四个“90 后”就有一个使用花呗；这种消费习惯的变化，在越年轻的人群中越明显。近 40%的“90 后”把花呗设为支付宝首选的支付方式，比“85 前”高出 11.9 个百分点(见图 3)。而在购买手机时，76%的年轻用户会选择分期付款。

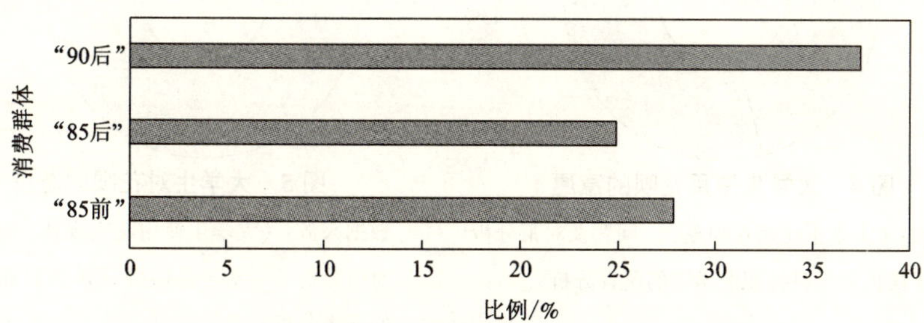

图 3 2017 年中国年轻人将花呗作为首选支付方式的比例

数据来源：蚂蚁花呗《2017 年中国年轻人消费生活报告》。

http://www.199it.com/archives/590060.html

① 张香芹，池宁波. 大学生使用花呗现状、问题及对策分析——基于昆山登云科技职业学院的调查分析[J]. 现代职业教育，2018(8)：235.

当来自学业、人际交往、就业等各方面的压力越来越大时，很多人逐渐通过信贷消费来寻找“自我意义”，通过购买实现和所在的世界的链接，缓解内心焦虑和现实压力。正如知乎的一个回答所说，大多数学生，从幼儿园到初中毕业前，上下学基本上都是家里人接送，日常生活中接触到的人多为家人、老师和同学，同学之间的事情相对比较简单且易处理。进入大学后，基本上脱离了家人的管制，在课堂外老师基本上不会干涉学生的“私事”。虽然大学生在年纪上已经成年，但由于尚未形成稳定的消费观和价值观，所以就很容易被各种风气和宣传影响。

1994 年出生的李某是一名“资深”花呗用户。临近大四毕业期间，他在北京一间地下室内做自媒体创业，在没有收入的情况下，办公室里的装置包括价值 2000 元的实木桌、500 元的沙发等都是通过花呗购买。与父辈注重“量入为出”“节约才是硬道理”不同，李某认为“花花得起的钱，不一定非得是现钱”。

调查显示，大学生对花呗的态度如图 4、图 5 所示[①]。

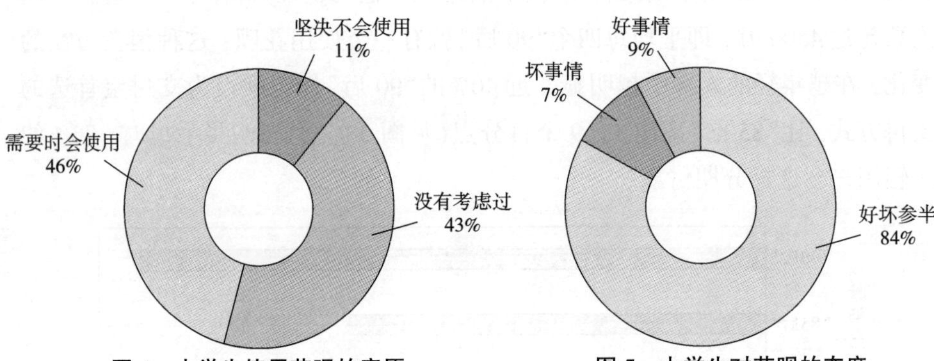

图 4　大学生使用花呗的意愿

数据来源：《大学生使用花呗现状、问题及对策分析——基于昆山登云科技职业学院的调查分析》。

图 5　大学生对花呗的态度

数据来源：《大学生使用花呗现状、问题及对策分析——基于昆山登云科技职业学院的调查分析》。

---

① 张香芹，池宁波. 大学生使用花呗现状、问题及对策分析——基于昆山登云科技职业学院的调查分析[J]. 现代职业教育，2018(8)：235.

（二）大学生“信贷消费”的动因

1. 无奈心态

“知乎”话题“你们使用花呗主要是为了什么？”下的回答有“错过再等一年的打折商品”“优惠力度真的很大，但是支付宝里的钱是学费，不能花怎么办？先用花呗吧，毕竟这个错过了，以后要买会花很多冤枉钱，而且就价格而言，还款压力也不是很大”……部分大学生银行卡里有钱，但是由于存定期、要交学费等原因暂时无法及时使用；或是家长按星期给生活费，一下子拿不出这么多钱；或是家庭条件拮据，不忍心向父母要钱。在这种情况下，他们会选择消费信贷，先将心仪的商品或是急需的物品买入手，然后再从生活费里扣出来还。

2. 从众心态

“别人都有，所以我也要有。”当代大学生往往一边追求独特的个性，一边希望能够“融入集体”。一方面，和大家一起逛街、聚餐是当代大学生的一种主流社交活动；另一方面，能够有话题的参与度也是“从众”的心理动机之一。每到“双十一”，每次新出一款球鞋，一起讨论的氛围总是会让大学生不由自主地加入，不知不觉地“从众”。随着营销手段的进化，大学生的活动和视野范围早已不再局限于大学校园内，所以除了上述的从同学的“众”之外，许多大学生开始从社会大环境的“众”——看到排着长队的商家，你一定隐隐觉得自己也要去排队，肯定有什么东西不能错过；遇到“网红”餐厅，不管好吃与否，打卡是一定要的；带货“网红”强推的人手一只的口红，肯定也不能落下……在校园的小环境以及社会的大环境影响下，自制力尚不足的大学生，选择“从众”成了非常自然的事情。

3. 享乐心态

诸多社交媒体平台、公众号都在不断地灌输这样一类观念：“活得高级的女生都懂得给自己花钱”“漂亮的女生就是要买买买”“女生要对自己好一些”……这些“话术”都在潜移默化地告诉你：你很好，所以你要对自己“好”一些，只有那些贵的东西才配得上自己。于是有些女孩们就信了，开始花钱如流水般购物。“知乎”有一则回答记录了“5 万负债舍友”的故事——“高中时，家里管得严，好多想买的东西都买不了，所以现在就放开了买，好不容易辛辛苦苦读了这么多年的书，得好好犒劳下自己。”“人一旦有了肆无忌惮地花钱的能力，就会忘掉自我。最开始换手机、电脑，确实是为了更新硬件、好好学习，谁知道，潘多拉的盒子打开就关不上了，网购、约会、逛街，哪样不是花钱的大头？”

4. 攀比心态

《奇葩说》的一场辩论将“精致穷”送上了网络热搜，引发了一段时间的网络热议和关注。有些人为了所谓的外在的精致生活透支未来，将自己本可以不穷的生活搞得窘迫，而真正精致的东西又被束之高阁，使之蒙尘。相较于“穷”的窘迫，“精致”似乎对当代大学生有更大的吸引力。各种轻而易举的网络新型借贷手段让大学生误以为自己并不“穷”，其中的攀比心理也就越发膨胀了。在一次攀比心理讨论会中，一些同学指出，为了换上一款最流行的手机，有的同学情愿节衣缩食，当然也不惜高额借贷。有些男同学为了一双名牌运动鞋，有些女同学为了一套名牌化妆品或者一件名牌衣服，会不惜代价，认为先拥有再说。这些行为可以反映出一些学生不懂得量入为出的消费习惯，这种消费习惯的养成其实很多时候就是因为攀比心理。

5. 追赶潮流心态

“炒鞋”在近两年成了新的潮流，很多人因此发家致富。那么这一切是谁在背后买单呢？大部分的都是正值青春的“90后”男性群体、在校大学生，他们透支信用只为买这一双双潮鞋。一双本质上只是用来穿的鞋子会受到如此热捧的原因也和近几年兴起的审美文化“看人先看鞋”分不开。当代年轻人在购买商品时，往往看重的不是实用价值，而是越来越倾向于看重其背后的符号价值和品牌溢价。不仅仅是鞋，新出的口红、新出的游戏皮肤、新出的香水、季节限定的奶茶、当季流行的新款衣服……大部分人都会为这些流行产品买单。为了喜茶排队一两个小时的年轻人、为了苹果手机排队一两个小时的年轻人、疯抢优衣库联名T恤的年轻人……年轻人通过“拥有”来证明自我，“我有故我在”，比起实用和需求，外在的标签和形象所赋予的“价值感”才是其聚焦的重点。在快时尚的洪流中，迭代和更新是如此之迅速，购买的速度自然也得跟上。

6. 盲目心态

现在，各种各样的节日似乎都成了“购物节”，还有“双十一”“618”等“人造”的“购物狂欢节”，这对思想还不够成熟的大学生来说无疑是巨大的诱惑。商家的广告词更加重了其中的“狂欢”属性，尽其所能地驱赶购物时的“理性”。

2016年“双十一”，某知名电商在微博上的口号是“没有一个姑娘会因为买买买变穷，尤其是漂亮的姑娘”，“男人擦泪不刷卡，那是万恶的旧社会”。消费主义就这样赤裸裸地进行铺天盖地的宣传，不进行消费似乎变得没有理由了。很多大学生就是在这样的氛围下，不知不觉地盲目跟风了。许多大牌都选在“0点开抢”，因为晚上是最容易盲目消费的时候。

“知乎”上的一个网友分享了他两个朋友的故事。朋友A说：“没想到为了‘双十一’，马云把我的蚂蚁花呗额度提高到了17250元。”而朋友B一边加着购物车，一边说：“怎么办啊，我去年‘双十一’用的花呗分期的钱还没还完，今年‘双十一’又要到了。”朋友B还说，花呗让她有一种“我有这么多钱”的错觉，不管还不还得起、要多久还得完，还是会疯狂加购物车。

7. 尝试心态

无论去到哪个平台，都有要种草的东西。在淘宝上有“OMG，这也太好用了”的李佳琦；在微信上有微商大军；在小红书上有一边标记生活，一边卖产品的“网红”。大学生群体追星现象普遍，自己喜爱的明星往往都会有代言，代言的东西小到饮料、大到豪车。“这个看起来真的很好用，我喜欢的那个博主都推荐了”，“这是××代言的，我一定要买”。有的人觉得比别人先用就是时尚，买了喜欢的明星代言的商品就是对他的支持。有的人为了尝鲜，不知不觉买了很多东西，甚至大部分用了一次之后发现并没有那么好就闲置了。由于用的是花呗，买这么多东西付钱的时候心理不仅毫无负担，反而增添了尝试新事物的快感。

（三）大学生“消费信贷”的现实写照

1. 花呗、京东白条等产品方兴未艾

2009年，因坏账率过高，影响学生信用，原银监会命令银行中止大学生信用卡服务，校园消费信贷业务进入停滞期。2015年4月，蚂蚁金服推出了一款名为蚂蚁花呗的消费信贷产品，填补了银行在校园消费信贷领域的空白，为校园互联网金融的发展开辟了新途径。随着互联网经济的迅猛发展，消费环境和消费形式也更新换代，站在时尚前沿的大学生很快接受了这种消费理念，以蚂蚁花呗为主的消费信贷备受大学生青睐。

河北科技师范学院学生贾某某在接受采访时告诉中国青年网记者，步入大

四，开始逐渐面临步入社会的压力，衣食住行都跟在学校生活时的有所变化，偶尔再给恋爱中的女朋友买个小礼物，开销也随之增加。“我觉得生活费真的不够花，需要买的东西太多了。但是又真的不想找父母要钱，就只能借钱或者用分期付款了。”

某院校大学生何某则认为，“过去我觉得这样的消费方式很好，能为我提供更充足的现金流。但久了就会发现，其实手头的资金并没有变得充裕，这个月好过了，下个月就肯定要紧张”。

根据“大学生用花呗真的好吗?”问题的回答可知，大学生使用花呗并无好与不好之分，而在于理性消费、量入为出。花呗是由蚂蚁金服提供给消费者“这月买、下月还”的网购服务，是一项消费信贷产品。所以每一笔用花呗进行支付的交易都是需要进行还款的。目前支付宝会根据《征信业管理条例》的规定，定期上传花呗记录。如有使用花呗消费，建议按时还款，避免逾期对个人征信产生不利影响。而正常还款会帮助累积信用、提高额度。

也有网友认为大学生不要用花呗。原因在于花呗对于上班族这类有稳定收入来源的人而言是一个很好的消费和理财工具，用好了还能省钱。但是大学生明显不属于这类人群，其资金来源于爸妈，兼职之类的收入又非常不稳定。

2. 校园“不良网贷”危害深重

由于大学生超前消费需求旺盛，大量面向在校学生的不良信贷平台如雨后春笋般出现。近年来，“校园贷”引起的刑事案件屡见不鲜，各种案例触目惊心。裸贷、暴力催缴、短信轰炸、隐私曝光甚至追讨至死的案例，一件接着一件。2017 年 4 月 11 日，厦门华厦学院一名“裸贷”57 万元的大二女生因不堪承受压力而自杀。“校园贷”已经严重绕扰乱校园环境和市场环境，严重危害学生人身财产安全和社会稳定，成为社会和高校管理的安全隐患，急需解决。现实中，非法校园贷以互联网金融和社交工具为平台，锁定在校学子为诈骗对象。“零门槛”“无抵押”“高额度”等陷阱宣传遍布，让大学生一经借贷便深陷其中。这种病态模式和恶劣影响早已超出金融领域，成为备受关注的社会话题。对于校园不良贷款，社会各界均持抵制和反对态度。

2016 年 4 月，教育部与银监会联合发布了《关于加强校园不良网络借贷风险防范和教育引导工作的通知》，明确要求各高校建立校园不良网络借贷日常监测机制和实时预警机制，建立校园不良网络借贷应对处置机制。

2017年9月6日，教育部明确“取缔校园贷款业务，任何网络贷款机构都不允许向在校大学生发放贷款”。

2017年9月8日，《人民日报》发表文章《别让校园贷成为“校园害”》①。文章提到，业内人士认为非法校园贷潜滋暗长的原因主要有三个：一是借贷机构用较低的门槛诱骗学生上当；二是大学生金融知识匮乏；三是虚荣心所致。就此而言，大学生在学习金融常识的同时，也需要提升自我管理能力。当收入满足不了消费、能力撑不起欲望，面对捉襟见肘的经济状况，是否非要进行超出自身能力的高消费？这就需要学会自我管理、自我驾驭和自我克制。

2018年7月18日，教育部办公厅发布《关于开展校园不良网贷风险警示教育及相关工作的通知》，要求各地各高校集中开展校园不良网贷风险警示教育工作，开设金融安全相关课程，引导学生树立金融理财观念和金融安全观念，及时纠正学生超前消费、过度消费和从众消费等错误观念，引导学生培养勤俭节约意识。

2018年9月4日，《人民日报》发表《部分校园出现回租贷、求职贷、培训贷、创业贷乱象》文章②。

2019年8月，教育部“微言教育”公众号在秋季开学前推送《“不良校园贷”套路多，危害大！这份防范攻略请收好》。文中提到全国学生资助管理中心向广大学生发出预警，提醒大家一定提高警惕、抵住诱惑。①头脑要清醒。不良“校园贷”惯用通过“零利息”“超便捷”“零风险”等美丽的谎言诱骗学生。一定要擦亮眼睛、想清后果，不要轻信贪图其所谓的“方便、快捷”。一定要明白不存在只有你知道、别人不知道的“发财秘诀”。②花钱要理性。大学生已经是成年人了，要有自强自立精神，要有自律能力；不要去攀比用什么手机、用什么电脑，也不要攀比穿什么名牌、吃什么大餐；要合理安排生活支出，量入为出、理性消费，把时间和精力用在知识学习和本领提高上。③借钱走“正道”。对于

---

① 秦宁. 人民日报人民时评：别让校园贷成为“校园害”[EB/OL].(2017-09-08)[2020-04-08]. http://opinion.people.com.cn/n1/2017/0908/c1003-29522490.html.

② 张洋. 部分校园出现回租贷、求职贷、培训贷、创业贷乱象[EB/OL].(2018-09-04)[2020-04-08]. http://m.people.cn/n4/2018/0904/c204846-11550657.html.

那些急需用钱创业或试图参加培训班学一技之长的学生，更应该慎之又慎。在创业方面，大学生既要尽力而为，更要量力而行；既要勾勒美好蓝图，更要评估各种风险；既要有一腔热情，更要三思而后行。即使有强烈创业意愿，也要多征求老师、家长、学长、专业人士的意见。非得贷款的话，一定要选择安全系数高、信用口碑好的国家正规金融机构的借贷产品。

3. 自强不息的大学生活丰富多彩

当有人深陷“无力还款”的泥潭苦苦挣扎时，也有这么一群人，通过自强不息的拼搏和努力，在大学期间早早地实现了不同程度的“经济独立”，通过劳动创造出了既有物质享受、又有充实体验的生活。

他们并不一定有显赫的家世，也不是靠消费信贷而活得“光鲜亮丽”，而是有一笔“双赢”的财富——奖学金。他们努力学习、积极实践，在不断提升自己、拓宽未来道路的同时，奖学金犹如锦上添花。很多人觉得拿奖学金只适合学霸，不具有普适性，但从目前的大学教育体系和奖学金的覆盖率来看，只要肯努力，取得不错的成绩、获得一定的奖学金是没有问题的，奖学金的数额也相当可观。某知乎用户就读于中国北方某大学工科专业，简单统计了自己大学四年的收入，其中大二一年就有 23000 元，包括校特等奖学金（14000 元）、学习一等奖学金（1000 元）、全部（5 个）单项奖学金 2000 元、一次出境交流机会（4000 元资助，非现金）和一个校级荣誉称号（2000 元）。奖学金的用途也多种多样，有的可以用来提高生活质量，有的可以用来补贴家用，有的可以用来投资，有的可以用来做更有意义的事情。据央视新闻 2020 年 1 月 12 日的报道，陕西西安培华学院的腊某某和 7 名同学一起，用 3000 余元奖学金，为留守儿童购买了文具、生活用品，还帮孩子们拍照片、录视频并帮其把信寄给父母。这种行为赋予了奖学金更重要的意义。

当然，大学里并不是人人都能拿奖学金，还有一种实现相对财务自由的方式——做兼职。在不耽误正常学习的情况下，可以做一些兼职，如做学生工作助理、做家教、运营公众号、做翻译等。可以结合专业特点和发展方向选择兼职，在兼职的同时提高自己的专业水平和人际交往能力。某知乎网友表示，作为英语专业的学生，如果去做展会英语翻译的兼职，不仅能赚到翻译工资，还能提升英语口语能力、学习国外的语言习惯和文化、结交外国朋友。如果想更进一步的话，还能在展会认识更多企业老板，提升自己的社交圈层，得到比普通学生多得多的机会。相反，不建议选择那些单纯“卖时间”的兼职，比如发传单、当服务员、搬行李等。这些兼职只有短期收益，从长远看并不能带来太多成长。

北京某学院大三学生陈某已经实现了“半经济独立”，“经济来源现在是家里给一半，自己赚一半”。周末在星巴克咖啡店打工，一个小时可以赚 14 元人民币。第一周，他的工作是“溜 C”，也就是负责刷盘子、清扫等后勤工作，同时还要背工作相关知识，比如食品加热的按钮是哪个、材料清单及保质期、饮料制作方法等；第二周，他开始接触补、拉货，只有在之前的工作都能胜任的基础上，才允许开始尝试做饮料。工作日，他就利用没有课的时间去当家教。“周末每天大概要工作 10 个小时，平时做家教一次也要 2 个小时，基本没有时间休息。虽然辛苦，但最后攒了七千多元，拿着自己的薪水去旅游，感受到的是前所未有的自由！”他满足地说。

林某是公众号“途知君”的一位采访对象。他参加了学校的创新创业比赛，在比赛中他的点子得到了认可。后来他入驻了当地的产业孵化园，组建了自己的创业团队和公司。不到几个月，公司的月营业额就已经超过了五万元，他也因此很快地实现了财富自由。从大一到毕业，林某一直是年级专业第一，几乎横扫了所有奖学金。他通过自己的智慧和创造实现了经济独立。

《中国青年报》记者于 2019 年 3 月对 805 名大学生进行的经济独立倾向调查显示①，受访者中有经济独立想法的大学生占 89. 32%；而在这些希望经济独立的同学中，有 72. 88%的大学生已经开始行动，实现了不同程度的经济独立，其中约有 8%的大学生基本或完全实现经济独立，成为在本科期间经济独立的小部分“先行者”；家里、个人各供给一半的占 11. 54%；高达 54. 24%的人表示，除家庭支撑外，还有其他小部分个人的经济来源。他们渴望“长大”，他们期待的是用自己赚的钱换取“自由”“自豪感”“合理的金钱观”“担当意识和社会责任感”……不少受访学生对记者表示，经济独立给自己带来了极大的满足感：“花自己赚的钱，爽！”

① 张茜，周冯宁. 追求经济独立的大学生群体正在扩大[EB/OL]. (2019-03-25)[2020-04-08]. http://zqb. cyol. com/html/2019-03/25/nw. D110000zgqnb_20190325_1-05. htm.

三、解决方案参考

(一)学习是主流

大学生的主业是学习，目前国家面对大学生提供的资助政策可以保证大学生不会被经济所困而无法完成学业。有一些学霸一年获得的奖学金可以高达几万元，不仅可以满足自己的需求，甚至还可以贴补家里。作为20岁出头的大学生来说，赚钱和花钱都不是第一要义，学习和投资自己才是。二八定律告诉我们，前期投资的80%的时间里，只能获得20%的回报，而在后期投资的20%的时间里，却能够获得80%的回报。大学生应该将时间和金钱用于学习知识技能、培养兴趣爱好，也许在短期内看不到明显的收益，但是长此以往，随着竞争力越来越高、经验越来越丰富，价值和回报会不断增加。比如现在开始每天坚持学英语，几年之后就能靠翻译赚钱，在工作岗位上还能接触许多国际业务。

大学在读期间，应该树立正确的目标追求。大学阶段的主要任务是学习并提高能力素养，为将来步入社会、参加工作打下坚实基础。应该严格自律，培养强大意志力。面对社会中的诸多诱惑，必须克服自身不良欲望。应该坚定正确的价值追求，不盲目从众。应该坚持理性思考，避免冲动行为。面对商家所谓借贷消费的诸多“福利”，不轻率决定。应该主动寻求老师、家长的意见，结合自身实际情况，理性分析行为后果。应该科学理财，合理规划资金，避免盲目消费。

(二)消费要理性

在信贷消费等理念逐渐被人们接受和认可的背景下，大学生使用消费信贷产品本无可厚非，不能完全否认其合理性，而应给予宽容和认可。但是在校大学生没有经济来源，在利用信贷产品提前消费时要理性面对，三思而行。一思该商品是否确有必要购买，二思接下来的生活会不会受此影响，三思是否有把握尽快还上这笔钱。通过这样不断地反问自己，尽量避免被购物欲冲昏头脑，保持清醒。对大学生来说，无论如何对待消费信贷产品，最重要的还是要树立正确的消费观，杜绝过度消费、从众消费等观念，做到理性消费。

大学在读期间，应该树立科学的消费观。从现实出发，根据自身需求，进行有计划的消费，购买自己力所能及的物品，不要盲目追求所谓的高品位。要知道金钱来之不易，力行节俭，告别拜金主义，挥手月光族，克服从众心理、攀比心理等不良消费心理，避免非理性消费，积极树立正确的消费观。要增强自我控制能力。自身要制订计划，做好每月预算，尽可能减少不必要的消费，把钱花在刀刃上，量力而行，将物质追求转化为精神追求，丰富自身的知识与内涵，提高专业素养及各方面的竞争力。也可以通过训练来增强自我控制能力，例如网上推出的金币时间管理法，可以十分有效地增强自身的控制能力，不合理的消费也会降到最低，合理的消费观随着自我控制能力的增强逐步建立起来。要增强个人独立观念。大学生要培养自身的独立意识，而非只有依赖父母这一方式。大学生可以利用课余时间去找份兼职，减少对父母的依赖。这样既可以培养自身的独立意识，亦可明白财富来之不易。

（三）借贷需谨慎

天下没有免费的午餐，借钱总是要还的。如果确实需要使用消费信贷产品，也一定要慎重考虑，选择靠得住的信贷产品，一定要按时还钱，培养个人的诚信意识。

大学生要坚决抵制“不良网贷”消费。“不良网贷”是近几年特别热的话题，其危害性极为严重。目前学生的安全意识还是不够高，不乏防范意识差或者“明知山有虎，偏向虎山行”的学生。大学生欠缺社会经验，尤其是在着急用钱时容易听信一些贷款公司的误导。有些不合法不正规的渠道可能提供的是高利贷，利滚利的后果是无法估量的。大学生的偿还能力本身就比较弱，如果遇上这样的情况，后期将会有不少麻烦事。

大学生自身必须深入了解“不良网贷”的危害性并提高防范意识，坚决抵制“不良网贷”消费，慎重选择信贷产品。大学生在使用消费信贷产品之前，一定要先了解清楚利率、额度、年限、还款方式、征信显示方式、负债方式等。选择正规产品，让合法权益有保障，避免因一时方便带来无穷后患。湖北等地政府牵头“以正规金融供给驱逐不良网贷毒瘤”后，面向大学生的金融借贷会越来越正规，针对大学生的“消费信贷”会越来越规范，“被贷款”“套路贷”将逐步被打压和识别，大学生可以基于自身需要进行理性取舍。应该培养个人诚信意识。大学生在使用消费信贷时，金额尽量不要超过规定的额度。使用之后在限期内还清借款，同时应以正当渠道还款，切忌“拆东墙补西墙”、从其他地方借款来还。这也是对大学生“诚信”的考量，大学生必须坚持诚信做人、诚信做事。

作为新时代的大学生，应当辩证地看待“消费信贷”，合理且适度地进行使用，根据家庭经济承受能力，确保借入金额与偿还能力一致，使个人消费信贷始终运行在合理框架内。对自己的消费有所规划，树立正确的消费观念，保持勤俭朴实的生活作风，消除盲目攀比心理，做一个理性的消费者，努力成为新一代有责任、有理想、有担当的大学生。

拓展资料

听我说，大学生担任学生干部究竟有多重要？

谢 群 杨凌云 龙欣琪

习近平总书记曾鼓励青年学子，要立志做大事，不要立志做大官。刚刚步入高校的大学生进入了人生新阶段，满怀憧憬、期待、激情与希望。很多学生加入了学生组织，成为一名学生干部。随着年龄的增长、时间的推移，能力越来越强，当中的佼佼者以青春之我、奋斗之我、奉献之我扛起青春的责任与担当，引领更多同学成长成才，争做乘风破浪的弄潮儿。笔者希望通过分析正面的学生干部热点事件，思考学生干部的定位与价值，挖掘学生干部成长与发展的正能量，以此激发学生干部的责任意识、服务意识和奉献意识，激励更多同学勇挑重任、主动作为、积极奉献，成为堪当重任、不辱使命、不负青春的优秀学生干部。

一、问题提出

当前舆论环境下学生干部群体受到的负面曝光与评价甚多，如中山大学学生官事件被中纪委点名批评，成都航空职业技术学院“不能随便@ 的杨主席”等均引起了网络热议，揭示了当前学生干部群体存在的“仿真官场”“官僚习气”等风气。但是，这样的现象毕竟是少数，贴吧、论坛等网络平台仍然有不少网友替学生干部“打抱不平”。通过对媒体和网友观点的关注，引发我们对学生干部应该如何定位以及担任学生干部的价值进行思考。

（一）定位：学生干部是以学生身份为本位，以干部身份为责任

高校学生干部是学校教育、管理、服务等各项工作在学生群体中开展的组

织者、协调者和执行者，是高校学生管理工作中的一支生力军。担任学生干部被视为一种服务他人、提升自我、实现价值的成长成才途径。有观点认为：

（1）优秀的学生干部是为理想不断奋斗的理想主义者，是有过硬业务能力与组织实施能力的人，是不畏困难与艰苦、甘于担当责任的人。他们更明白理想和信念是什么、明白力量从哪里来。

（2）学生会等学生组织是锻炼意志、提升能力、跟他人交流学习的平台。这里没有所谓的“领导”，有的只是一群志同道合、服务他人、奉献自我的同学，大家一起为那份初心、责任、感动、满足、热爱、担当而坚守。

我国第一个青年发展规划《中长期青年发展规划（2016—2025 年）》强调了培养青年学生骨干的重要性，指出应进一步加强学生干部在开展理论学习、实践锻炼、工作锤炼等方面的教育培训①。大学提供了多层次、多维度的学生干部培养机会与平台，可以让学生通过这样一项长期非正式的教育过程培养各种能力。担任学生干部日益成为学生在大学的重要选择之一，是学生成长成才的重要经历。高校的学生干部应当把自身打造成堪当时代大任，国家所需、人民所望，有情怀、有思想、有担当、有学识的合格人才，向时代交出属于自己的答卷。

（二）价值：学生干部经历的价值于个人是成长，于他人是奉献

1. 担任学生干部有助于提升自身综合能力

学生干部在处理工作事务时往往需要与校内外的老师和同学进行沟通、交流、联络。因此，学生干部要强化各方面的学习，不断提高自身综合能力，以胜任各项工作任务。有观点认为：

（1）担任学生干部能够锻炼自己的沟通能力、人际关系处理能力和管理能力等。通过组织管理团队成员，能够掌握一些管理的技巧。在和大家交流的过程中能培养自信心，提高表达和协调能力。这些能力的培养，对于以后的学习和求职是有很大帮助的。

（2）担任学生干部能够有更多与老师们接触、沟通交流的机会，可以学习、

① 中共中央，国务院. 中共中央、国务院印发《中长期青年发展规划（2016—2025 年）》[EB/OL].（2017-04-13）[2020-05-18]. http://www.gov.cn/zhengce/2017-04/13/content_5185555.htm#allContent.

培养组织协调能力，学习如何与他人合作，这些能力对今后有很大的帮助；可以接触到不同的人，丰富大学生活，让自己每天过得很充实，不至于沉迷于游戏小说。

2. 担任学生干部有助于更好地就业创业

众多大型国有、大型民营企业在招聘简章中提到了“担任过学生干部优先”；在一些省份的选调生、大学生村官的招录中，明确要求需要学生干部经历。学生工作跟单位的实际工作有很多相通的地方，有学生干部经历的人在开展工作时思路清晰、重点突出，遇到突发情况时能够灵活处理，丰富的学生工作经历可以为日后的工作打下很好的基础。有观点认为：

(1)学生干部经历在求职过程中显得非常重要。首先，丰富了简历。比起那些简历空空的同学，有更多组织活动、获奖的经历，更有竞争力。其次，在担任学生干部的过程中，见过了更多世面，结识了更多朋友，对行业发展现状、个人定位更清晰。同时，在参与组织活动的过程中，能更明确自己的长短板，发挥长处、避免短板。

(2)成功的创业者绝大部分都是在学校里面做过学生干部的，像许多优秀的企业家都做过学生会主席。因为成为一名优秀的学生干部会锻炼组织能力和交流能力。而创业成功的创业者需要很强的组织能力和交流能力。

3. 担任学生干部有助于培养社会责任感和奉献精神

担任学生干部经常要牺牲自己的业余时间来工作，甚至占用学习时间，这需要学生干部具有很强的奉献精神和责任意识。优秀的学生干部能够在工作中正确对待个人利益的得失，将服务他人的宗旨和自己的个人追求相结合，乐于奉献，敢于牺牲。

(1)不忘初心，砥砺前行。一些学生心怀的是初心，一切以班集体的利益为先，每天不离开手机，及时传递消息、收取材料，主动为班级同学着想；有时候为工作而熬夜，为的是对得起竞选班委时对同学所做的承诺，为的是大家一起度过大学的美好时光。

(2)在人生面临很多选择的时候，我觉得，当初留在学生会是我进大学以来做得最正确的选择，也是永远不会后悔的选择，因为这将是我大学生涯里一段最难忘的记忆。从干事到干部再到主席，我一步步成长进步，做学生干部，服务同学，奉献自己。希望在以后的日子里，自己可以不忘初心，砥砺前行。

二、原因分析

导演王家卫在《一代宗师》里设置了这样一句台词，“人这一生，要见众生，见天地，见自己。见了众生，明白了众生相，所以宽容；见了天地，体会了伟大与渺小，所以谦卑；见了自己，感受了本我和真我，所以豁达”。此为人生三见。对于学生干部来说也有三见，首先是见自己，即了解自己，知道自己要什么，知道自己的天赋和极限；其次是见天地，即通过各类活动和工作锻炼多种能力，与各类人群打交道，增长除专业知识以外的见识，从而不断提高自己；最后是见众生，在担任学生干部的过程中不仅要成就自己更要成就他人，不断服务和奉献他人，给予他人有益的指引和帮助。

（一）“见自己”：担任学生干部能更好地认识自己

自我定位更清晰。在担任学生干部的过程中，学生可以更加深入地了解自己。在处理事务性工作和非专业事务中都能够更明晰地知晓自身的优缺点，从而取长补短、扬长避短，更好地实现自身的价值。

职业方向更明确。学生干部通过积累工作经验，会从多个侧面了解自我，建立同一性。相关调查显示，80%以上的学生干部有较为清晰的就业目标。针对非学生干部的研究结果表明，近八成学生职业目标不明确。因此，高校学生干部具有更为突出的自我定位能力和自我决策能力，这使得他们在选择就业方向和确定工作单位阶段有明显优势①。

能力把握更到位。担任学生干部是一次能力提升的经历。能力的提升与外在经历密不可分，二者相互影响、相互促进，良好的外在经历有助于能力增强，强化后的能力反过来又对外在经历起到丰富和促进的作用。担任学生干部可从以下几个方面全面了解自身能力。

（1）了解和锻炼自身的决策能力。决策能力是决策者所具有的参与决策活动、进行方案选择的技能和本领。学生干部作为学生活动的策划者、组织者、实施者，在工作中要根据活动的目的、意义、参与人员等，经过全面系统的分析确定活动的方案和开展形式，保证各项工作和活动的顺利推进。例如，在实

---

① 郭晓川，李响. 高校学生干部就业能力提升研究[J]. 教育现代化，2017(38)：167-168.

际工作中虽然前期有计划、有分工，但遇到突发情况时，在来不及商讨的情况下，决策能力和水平显得尤为重要，果断冷静的决策能力能提高整个活动的质量。

（2）了解和锻炼自身的沟通能力。在工作中与各方友好协商是活动顺利开展必不可少的条件，良好的沟通能力可以帮助你与他人建立更加密切的关系，帮助你更好地开展工作。例如，下达一个通知或者发送一条消息，能否言简意赅地向别人传达清楚自己意思。做过学生干部的同学更懂得礼貌，会注意自己的表达方式，知道哪种方式更容易被同学接受。另外，在实际工作中，领导交付一项任务，通常只给一个提示或简短交代，但是能不能举一反三，能不能由一项工作联想到领导的目的或下一步计划并做好准备甚至是提前完成，对学生来说是一个考验。有过学生干部经历的同学能够更好地面对上述情况。

（3）了解和锻炼自身的创新能力。学生活动要经常推陈出新才能够达到吸引同学参与的目的，学生组织也要通过经常性的自我革新达到永葆生机的目的，这对学生干部的创新能力提出了很高的要求。学生干部必须从观念、思维、方法、知识等方面进行创新，创造性地开展工作。例如，面对同样的活动，在不同时期要尝试挖掘潜能，改进工作方式方法，丰富活动的内容，充实活动的载体，只有这样才能增强活动的吸引力。学生干部的眼光、思维当然也不能停留在“过去怎么样”的层面，面对新要求、新挑战，要与时俱进、与事俱进，在不断完善改进中取得突破。

（4）了解和锻炼自身的组织领导能力。组织领导能力是指根据工作任务，对资源进行分配，同时控制、激励和协调群体活动过程，使之相互融合，从而实现组织目标的能力。例如，因活动规模较大、参与人数较多，在组织活动过程中，遇到的新问题、新困难让学生不知所措的情况时常可见。这时学生干部就应担起责任，利用自身的组织能力，进行工作指导，推进活动的有序开展，完成各项任务。

（5）了解和锻炼自身的表达能力。表达能力包括口头表达能力和文字表达能力，良好的表达能力足以影响同学们的思想和行动。例如，学生干部时常要配合学校党组织向广大青年学生宣传我党的重大方针政策、正确思想理念，好的口头表达能力将起到事半功倍的效果。除此之外，学生干部时常需要提交活动总结、新闻报道、活动策划书等文字材料。这就要求学生干部有良好的文笔、清晰的逻辑、精练的语言，于报告中、报道中凸显问题，并善于引导说服学生，将正确认识转化为学生内部行动力。

(6) 了解和锻炼自身的团队协作能力。团队协作能力，是指建立在团队的基础上，发挥团队精神、互帮互助精神以达到团队最大工作效率的能力。作为团队的一员，要采取合作的态度进行工作，关注团队的整体目标，而非个人利益。中南大学化学化工学院原党委副书记刘迪的办公室墙上，高高挂着几张陈旧的黑白照片，其中一张是他在 25 年前任辅导员时与 13 个学生干部的合影，照片的落款是“中南工业大学化学系第 9 届团总支支委合影留念”。这张照片中有前中国内地首富、比亚迪董事长王传福，比亚迪执行副总裁王念强，比亚迪中央研究院院长宫清，比亚迪叉车事业部销售总经理王慧明和曾经的第 18 事业部总经理刘军。曾经的同学、学生干部团队的搭档，日后成了创业路上的伙伴，学生时代建立起的信任和默契，为他们省去了很多磨合的时间。

(二)“见天地”：担任学生干部能更好地增长见识

增长见识，看到不同的世界。担任学生干部能够增长见识，在参与学生工作的过程中可以得到更多的社交机会，接收更多信息。一方面，在从事学生工作的过程中通常能得到老师更多的指导，通过各类活动和工作锻炼多种能力，使综合素质得到提升；另一方面，学生干部所在的组织大多数具有专业异质性、知识整合性、素质结构互补性等团队特性。这种跨学科融合的特性让群体具有协同创新作用，团队规模、凝聚力、知识背景的互补性以及工作分工都会对成员信息获取产生影响。因此，可以看到不同的世界。

增长见识，学到书本以外的方法。担任学生干部，能使学生在专业之外掌握一些通用素质。工作后的人经常会感叹，其实大学传授的不仅仅是知识，在大学四年中形成的世界观和掌握的方法论往往比知识本身更能影响一个学生日后的人生。许家印的大学老师孟宪昆回忆，许家印在大学里担任班级卫生委员，这个职务既没有班长霸气，也没有学习委员体面，甚至比五大三粗的体育委员还要逊色一点。其日常工作更多的是和扫帚抹布们打交道，但是这个极其琐碎的职务却对许家印日后的为人处事影响深远。当时选学生干部有两条标准：一是重视学生的档案审查，也就是所谓的政治清白；二是看学生是否有为同学服务的热心。学校里每周都有大扫除，每个班级各有一块责任区，卫生委员的职责是召集班里的同学打扫卫生。每到这样的日子，许家印就会扛着一把大扫帚，跑到男女生宿舍楼下大喊：“大扫除了！都快点下来啊！”那个时代的许家印还没有今天这种“堂上一呼，阶下百诺”的能力，所以大多数时候，他都得再去各个宿舍走一遭，连哄带咋呼地把大家“请”下来。搞一次卫生，一般需要两个小时左右，学校离江边近，当时的排水沟都没有盖，每个星期都要清理一次污泥。好在他是农村来的孩子，从来不抱怨这个苦差事。孟宪昆曾说：“卫生委员比其他委员难做，如果群众基础不好，或者跟其他班级的关系不好，那也是很难的。不过许家印啊，他真的是人情练达。”

增长见识，锻炼意志克服艰险。有人常说学生干部的胸怀是被委屈撑大的，在学生组织里除了获得成就感和荣誉感以外，难免遇到很多不顺心的事情。学生干部责任最重、压力最大、挨训最多。但是，如果在遇到难题时不抱怨，遇到困难时不逃避，那么在进入工作角色时，心智会更加成熟，抗压能力会更强，也会发现那些年受过的委屈都将成为独立闯天下的自信，成为未来谈笑的资本。

增长见识，打下事业发展的基础。大学生丰富的在校经历，能够在不同程度上提高自主获取知识的能力、解决实际问题的能力和创新能力，使他们在走入社会后更加成功。“蓝剑计划”是中兴通讯于 2014 年启动的高端人才项目，旨在为公司选拔培养最尖端的科技人才。经过几年的实施，项目最早选出的几批“蓝剑”在公司培育下飞速成长，或走上管理干部岗位，或攻克技术难题，基本已是公司的领军人才和核心骨干。中南大学控制科学与工程专业 2015 届毕业生朱军经过 7 轮面试考核于 2015 年入选中兴“蓝剑计划”。他在大学期间连续多年担任校、院两级学生会、研究生会主席，以及多个校级学生组织负责人。这些学生干部的经历培养了他的大局观、执行力和学习意识，为入选“蓝剑计划”和日后在企业的发展打下了坚实的基础。入职中兴的短短三年时间，朱军晋升为高级战略规划师和对外合作总监，成为中兴最年轻的战略规划专家。他多次面对媒体和国内外研究机构就 ICT 行业的发展趋势做出研判，并给国内外咨询机构授课。

由中国人民大学中国调查与数据中心实施的“中国教育追踪调查”（CFPS）研究计划子项目“首都大学生成长跟踪调查”显示，从大学表现来看，学生干部的学业成绩比非学生干部更优秀，学业成绩排名明显靠前，通过自主招生入学的比例较高，且学生干部中党员占比 46. 7%，是非学生干部群体中党员占比的 2. 5 倍；从就业薪酬来看，学生干部的平均薪酬为 4789. 6 元，非学生干部的平均薪酬为 4155. 3 元，相差 634. 3 元，有明显的差距。在求职过程中，突出的综合素质往往使学生干部在面试过程中脱颖而出，得到用人单位的青睐，这种良好的自我展示能力也让学生干部在寻求工作机会时更具优势[①]。此外，在一汽大众、海航、中通快递、国家电网、中石化、宝武钢铁公司、中国人寿等大型国有民营企业的招聘公告中，部分岗位明确提出有学生干部经历者优先。

(三)“见众生”：担任学生干部能更好地服务奉献

一个学生干部最成功的并不是见自己、见天地，而是见众生。正如老子所说：“圣人无常心，以百姓心为心。”习近平总书记在北京大学师生座谈会上寄语青年，“要勤于学习、敏于求知，注重把所学知识内化于心，形成自己的见解，既要专攻博览，又要关心国家、关心人民、关心世界”。学生干部应认识到自己只是比普通同学多一份工作、多一种责任、多一些付出，拿出自身的人格魅力、服务意识和奉献精神去感染人、引领人、关心人。

学生干部应以奉献为要。学生干部承受着大学阶段来自学习和工作的双重压力，休息时间少，无薪酬待遇，但要始终相信担任学生干部的付出是人生的一种沉淀，所期待的美好也终将如期而至。要充分认识到学生干部始终多着一份责任和担当，没有热爱、没有奉献精神和敬业精神是做不好学生工作的。学生干部的青春在奉献中闪闪发光。在中共中央宣传部、人力资源和社会保障部会同中央广播电视总台举行的 2019 年“最美基层高校毕业生”发布仪式上，公开发布 10 名“最美基层高校毕业生”先进事迹，中南大学 2012 届矿物加工工程专业的毕业生代东援入选。代东援在大学担任学生干部期间就展现出了很好的群众基础和乐于助人的优秀品质，作为班长的他时刻把同学的需要牢记于心，从不计较个人得失。2012 年，经中南大学推荐，代东援通过选调生考试考录到新疆库车市，来到距离城区 35 公里的阿拉哈格镇工作。2018 年，代东援被遴选到新疆维吾尔自治区人力资源和社会保障厅工作。不久后，他主动申请，重回奋斗了五年的阿拉哈格镇工作，担任阿拉哈格镇党委副书记、政法委书记，继续为促进民族团结办实事、办好事。7 年间，他始终心系群众，耐心接待和处理群众反映的困难，上门开展思想工作，帮助群众解开思想疙瘩。他凭着不

---

① 崔盛，吴秋翔. 信号识别还是能力提升：高校学生干部就业影响机制研究[J]. 北京大学教育评论，2018(1)：138-159.

放弃的钻研劲儿，把青春之花绽放在南疆大地上。

学生干部应以情怀为本。孟子曰："天下之本在国，国之本在家，家之本在身。"情怀就是家国，情怀就是民众。新时代的学生干部无论身居何位都应该有强烈的忧患意识和匡扶天下的济世精神，以民族大义为念，以家国天下为重；怀着为中国人民谋幸福、为中华民族谋复兴的殷殷初心和崇高使命，把个人追求与社会需求统一起来，把个人命运与国家命运维系在一起。2018 年 5 月 2 日，宋玺作为唯一的学生代表在北大师生座谈会上发言，向习近平总书记等中央领导汇报在军营锻造、在校园学习过程中的成长感悟，受到习近平总书记亲切勉励。她的优秀事迹被新华社、人民日报、中央广播电视总台、解放军报等各大新闻媒体报道。宋玺退伍复学，在认真学习的同时，一方面扎根学生工作，担任学院团委副书记、2017 级本科生班辅导员、"向心学习"小组导师、全校本科生军事理论课及相关专业课助教，积极配合老师，尽职尽责、用心用情地参与服务同学的工作，陪伴学弟学妹们成长，获得了师生肯定。另一方面，她还积极参加校内外主题教育活动，宣讲和弘扬社会主义核心价值观，充分发扬青春榜样的示范带动作用。她还积极运用临床心理学专业所学，参与"鸿雁传心"等志愿服务项目，为社会心理服务体系建设贡献力量。

学生干部应以担当为荣。鲁迅先生曾寄语中国青年，"愿中国青年都摆脱冷气，只是向上走，不必听自暴自弃者流的话；能做事的做事，能发声的发声"。学生干部，作为当代大学生中的优秀代表，更应敢于担当责任，勇于直面矛盾；敢于迎接挑战、挑起大梁；敢于做先锋，而不做过客、当看客。在砥砺自我中，真正成为广大青年学生的表率和引路人，在激扬青春、开拓人生、奉献社会的进程中书写无愧于时代的壮丽篇章。2019 年 11 月 22 日，教育部全国高等学校学生信息咨询与就业指导中心、中国互联网新闻中心(中国网)主办的"2018—2019 大学生就业创业年度新闻人物"授予仪式在上海举行。中南大学 2016 届博士毕业生金冠华作为湖南省高校的唯一代表荣获全国"2018—2019 大学生就业创业年度新闻人物"荣誉称号。金冠华在校期间曾任校学生会执行主席、省学联执行主席、校团委副书记等职务。博士毕业，面对诸多待遇优厚的选择，立下"此生愿为胡杨邻，不辞长作新疆人"的志向，积极响应国家的号召，毅然选择来到南疆乡镇，成了扎根南疆的一名基层干部。他先后担任阿克苏市拜什吐格曼乡经济发展办主任，乡党委副书记、乡纪委书记，现任阿克苏市英巴扎街道党工委书记。三年多以来，金冠华以“黄沙百战穿金甲，不破楼兰终不还”的坚守，扎根新疆，建设南疆，始终把对祖国的承诺放在心间，把为人民服务践行到底。他的口头禅就是“有苍蝇的饭菜，群众能吃我就能吃；有羊粪的板凳，群众能坐我就能坐；有跳蚤的床铺，群众能睡我就能睡”。他主动与基层群众打成一片，走访了解百姓诉求，积极解决百姓难题。遇到恶劣天气或火灾等突发灾害，他总是冲在最前面，积极挽救人民生命与财产，两次和死亡擦肩而过，却毫不退却，依然战斗在一线。赴疆支边，以国为先，他的这份抉择不仅是响应时代的召唤，也是甘于奉献的生动实践，更是对自己那份初心的坚守。金冠华说道：“我告诉自己，现在脚下的每一寸土地都是祖国不可分割的一部分，我要用生命去守护好。”

三、解决方案参考

当好一名新时代的优秀学生干部，要牢记自己的责任和使命，在学习中博学明辨、笃行致远，在实践中涵养朝气、增长才干，在时代洪流中彰显蓬勃朝气和锐气，努力成为民族复兴的中流砥柱。

（一）学生干部要在“思”上下功夫，持续强化思想上进

成为一名优秀的学生干部，要引领青年修德笃实之风。一是注重思想引领。学生干部是学生的骨干，发挥着教师与学生之间的桥梁纽带作用，应具备良好的思想道德素质、坚定的理想信念，严格自律、以身作则，言行一致、表现得体，以自身人格感染周围的学生。二是加强学习思考。学生干部要自觉树立榜样意识，提高自身的学习意识，注重自身学习能力的培养，真正掌握自己所学的专业知识；积极帮扶学习上有困难的同学，在增进同学之间感情的同时也给普通同学树立良好的榜样，营造良好的学习氛围和学风。三是善于总结反思。“学而不思则罔，思而不学则殆”，学生干部做的是服务广大同学的工作，不得不去总结，不得不进行反思，只有善于总结、善于反思才能不断提升自身工作能力和水平，创新性地改进工作的方式方法，不断成长、不断进步，赢得同学的好感。

（二）学生干部要在“真”上下功夫，用心用情贴近同学

作为学生干部，要牢记习近平总书记“要立志做大事，不要立志做大官”的嘱托，要明确“没有职位之高低，只有责任之大小”，积极主动地扛起责任。一是要做“学生友”，切不可做“学生官”。在工作中时刻牢记服务同学这一宗旨，认真了解同学们的所思所想，踏实解决同学们的所需所求，真心实意地帮助同学，团结同学。只有这样才能真正融入同学，更好地发挥“桥梁纽带”作用，从而更好地开展工作。二是打好“团结牌”，切不可打“孤军战”。明确自身责任定位和学生这一身份有利于更好地团结同学，真正做到从同学中来到同学中去。“单打独斗式”的工作方式无法推动各类群体活动，任何事情的顺利开展都离不开团队成员之间的互相配合。

（三）学生干部要在“做”上下功夫，积极主动担当作为

学生干部平日工作琐碎复杂、充满挑战，但不只是“传话筒”，更要有“金点子”。一是工作既要创新，也要创“心”。学生干部在思想上和行动上都要与事俱进，遇到新问题要进行新思考、研究新方案、拿出新举措；不能抱着“折腾不起”“玩不转”“谁爱干谁干去，反正我不干”等心态，这样势必原地转圈，甚至可能走退路，让服务广大同学的目标落空。要能够主动接触新事物、积极探索新事物，眼睛向外看，多一些自觉，多一些思考，多一些尝试。二是工作既要抓细节，也要抓统筹。学生干部在完成每一个工作任务时，要时刻牢记“三心”——耐心、恒心、责任心，把每一件简单的事情做好就是不简单，把每一件平凡的事情做好就是不平凡。把有意义的事做得有意思，把有意思的事做得有意义。从全局高度抓好统筹，充分发挥各自的优势，以最小的投入取得最大的成效，达到“四两拨千斤”的效果。

拓展资料

最难就业季，工科女大学生如何突出重围？

纪晓飞　杨　涛　周惠斌

2020年，我国高校毕业生达到874万人，再创历史新高，受到经济下行与新冠肺炎疫情双重影响，成了“最难毕业季”。毕业生整体就业形势不容乐观，工科女大学生的就业更加困难。

“女大学生就业难是一直存在的问题，特别是工科的女大学生找工作，更是难上加难。”英才网联总编苑航指出，“如建筑企业，有的职位如需要长期在工地的，只要男生。这种现象也不是完全出于性别歧视，而是出于岗位的特殊性、女生的身体原因，还有工地的安全以及住宿是否方便等原因”。

在当前的时代背景下，人们越来越重视自我的发展完善和理想实现，但对于工科女大学生而言，局限性是显而易见的。因此，帮助工科女大学生成为适应社会发展需要的复合型人才，提高就业竞争力具有极其重要的意义。

一、问题提出

新冠肺炎疫情发生以来，我国就业市场受到了较大冲击，高校毕业生的就业困难自然不言而喻。2019届高校毕业生834万人，比2018届多14万人，再创近10年毕业生人数新高值，就业创业工作面临复杂严峻的形势。从教育部召开的新闻发布会获悉，2020届高校毕业生874万人，同比增加40万人，毕业生人数再创历史新高。根据BOSS直聘发布的《2020春招就业市场追踪报告》显示，春节后第三周，面向2020届毕业生的岗位需求环比增长16%，但同比下降44%；百人以下小微企业的应届生需求相比2019年收缩了52%。而2020年高校毕业生供给规模大幅度增加，以及新冠肺炎疫情影响下部分行业不景气等势必加剧就业的难度。

作为工科院校（院系）里的小部分群体，女生的就业更是困难。在就业过程中，女生并没有因为“我是女生”而得到像在大学学习生活中的优待，“众星捧月”的自我满足感在进入求职季后便消失了。工科女大学生在求职过程中会遭遇更多困难。

小A，大二学生，成绩中等，进入大二后，开始考虑未来发展的问题，她找辅导员聊天，诉说了自己对未来的担忧。她听学长学姐们说，工作单位对工科女大学生不太友好，无论是找工作还是今后在单位的发展可能都受到一定限制，像她这样的绝大多数女生，以后找工作肯定有点困难，不读研可能更比不过男生。

小B，2020届毕业生，成绩优异，曾获得校级奖学金。2019年秋季，她在决定找工作后便每天参加宣讲会、投递简历、参加面试。她参加了很多招聘会，但是适合自己的岗位不多。有些单位甚至在第一轮简历筛选环节就把她淘汰掉了。她向辅导员抱怨：“工科女大学生找工作真的那么难吗？”像小B这样的情况，每年都会发生，而且人数不少，在新冠肺炎疫情背景下，这一现象更严重。

工科女大学生找工作真的很难吗？工科女大学生找工作难的原因究竟是什么呢？有没有好方法促进工科女大学生的就业？

二、原因分析

当前，对于工科女大学生而言，就业难具体体现在以下几点：一是招聘条件上“男性优先”，甚至“只招男生”等相关字眼拒绝了女大学生，致使工作岗位向女大学生关闭了大门；二是男女学生不同聘，在同样的条件下，男生就业相对容易，建筑、制造、化工等行业的用人单位存在“宁要武大郎，不要穆桂英”的现象；三是女生容易遭遇相貌歧视，与男生比起来，“以貌取人”的问题在女生求职中表现得特别明显，用人单位往往会挑剔女生的相貌；四是与同班或同届男生相比，女大学生顺利找到工作的时间相对较长，工作单位相对较差，薪金待遇相对较低；五是有些工作需要签订一些“不平等条约”，例如“三年之内不谈恋爱”“聘用期间不得怀孕生育”等条约。导致工科女大学生就业困难的原因是多种多样的。通过对湖南某高校某工科学院近4年来的就业数据进行统计分析，并与21位学生进行访谈后，可以得出以下结论。

(一)整体职业选择情况

分析样本数共3894人，其中本科生2578人(女生509人，占比19.7%；男生2069人，占比80.3%)，研究生1316人(女生258人，占比19.6%；男生1058人，占比80.4%)。

如表1所示，工科女大学生未就业比例远高于工科男大学生；本科生中女生升学、出国比例高达51.5%，研究生中升学、出国的男生比例略高于女生。

表1 湖南某高校某工科学院就业率统计(2016—2019年) 单位：人(%)

	本科生		研究生	
	女	男	女	男
就业总人数(比例)	200(39.3)	1296(62.6)	230(89.1)	958(90.5)
未就业总人数(比例)	47(9.2)	37(1.79)	13(5.1)	20(1.9)
升学、出国总人数(比例)	262(51.5)	736(35.6)	15(5.8)	80(7.6)
总计	509(100)	2069(100)	258(100)	1058(100)

如表2所示，本科生、研究生中，女生签约政府机关、高等院校、其他事业机构等相对稳定的单位的比例为20%左右，均高于男生近10个百分点，说明工科女大学生更倾向于选择稳定性较高的职业；从工作职位类别分析，男生成为工程技术人员及其他专业技术人员的分别为71.9%和68.5%，女生从事技术工作意愿、专业对口率远低于男生。

表2 签约单位类型及工作职位类别分布 单位：人(%)

	本科生		研究生	
	女	男	女	男
政府机关、高等院校、其他事业单位人数(比例)	43(21.5)	136(10.5)	47(20.4)	107(11.2)
科研设计单位、国有企业、民营企业、三资企业等人数(比例)	153(76.5)	1160(89.5)	183(79.6)	851(88.8)
工程技术人员及其他专业技术人员人数(比例)	65(32.5)	932(71.9)	100(43.5)	656(68.5)

（二）工科女职业选择的类型学分析

1. 专业相关性

以湖南某高校某工科学院近四年来工科毕业生就业去向为例（见图1），本科生中，仅有34.2%的女生进入与专业相关度高的行业，远低于男生56.9%的比例；研究生中有65.3%的女生从事与专业相关度高的工作，同样低于男生77.8%的比例。

大多数毕业生都选择了与专业相关度较高的工作，但无论是本科生还是研究生，均存在一个特点：工科女大学生毕业后从事与专业相关度高的工作比例均低于工科男大学生。而从本科生到研究生，这种比例差距也在缩小。

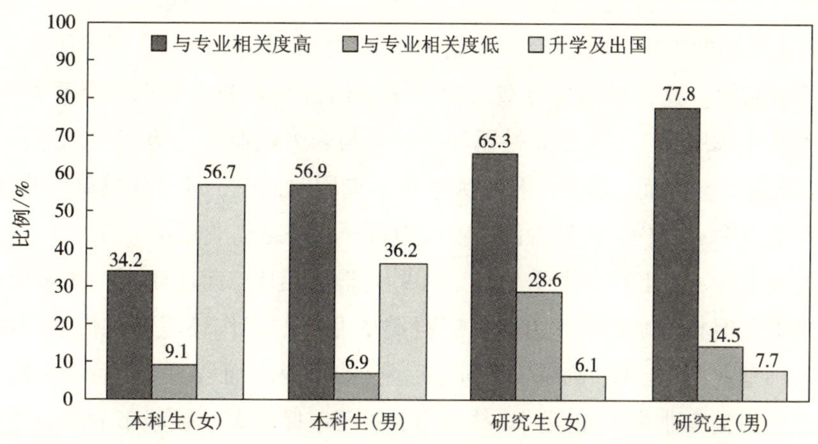

图1　湖南某高校某工科学院近四年工科毕业生就业专业相关度分析

工科女大学生就业专业对口率低于男生，主要包括以下几个方面因素：一是工科女大学生从事技术工作意愿较低。大部分工科专业的从业环境艰苦，尤其是地勘、采冶、土木、机械等工科专业，新入职职工一般都要求在一线进行长达数年的历练，要么是在荒山野岭的郊外、要么是在尘土飞扬的建筑工地、要么是在机器轰鸣的生产车间。这对于本身就有求稳定、求舒适意愿的女生而言难以接受。因此其在求职初期，就已经将一线技术工作进行了筛选，更加偏向于工作环境舒适的综合性工作。二是用人单位在招聘的过程中，会充分追求企业利益的最大化，再加上受传统思想的影响，习惯性地将感性、柔弱等特征与女生联系在一起，会考虑男女生在生理和社会责任方面存在着客观的差异。

工科类企业中虽然也有适合女生从事的岗位，但是在具体就业的过程中，用人单位还是会受刻板印象的影响，认为女生动手能力和专业技能水平较弱、对于艰苦工作环境的适应性较差、未来几年离职率高，同等条件下更偏向于选择男生。三是部分技术类工作本身就对性别有着严格要求。如矿山、冶金等特殊行业一般都直接要求招聘男生，专业技术水平才是第二位考虑因素。

2. 挑战性

女大学生在学习成绩、社会生活、工作能力等方面有不少骄人之处，但多数女生仍有一定的自卑情结，应聘时过分强调自己缺乏经验和能力，夸大自身的弱点，缺少自我推销的勇气。不少女生心理承受力较差，如果遇上招聘人员语气重一点、让其等的时间长一点、多填几次表的情况，都有可能退缩而陷入就业困境之中。受传统思想和自身条件影响，女大学生一般喜欢选择比较稳定、风险较小的工作，而对于一些竞争性强、挑战性大的职业不太愿意接受，甚至不敢问津。这样就给外界造成女大学生怕苦怕累和享受思想严重的印象，从而不愿意录用女生，导致恶性循环。当今与未来就业的趋势与主流是自主择业、双向选择。然而，部分工科女大学生不能因时而变，过分计较单位的性质、工作环境及个人身份，认为自谋职业没有面子，缺乏创业意识。

如表3所示，工科女大学生与工科男大学生相比，前往四大一线城市的比例相差不大但相对略低。一方面由工科类毕业生的工作环境和工作性质决定，对于工科专业（如土木、机械、水利等专业）的毕业生而言，就业后很多岗位并不同于文科类专业集中在四大一线城市，故而选择四大一线城市的毕业生整体来说不高。另一方面，工科女大学生在就业地点的选择上会综合考虑社会资源、毕业后生活状态等因素，从而更倾向于回生源地就业。

表3　湖南某高校某工科学院毕业生入职地域分布情况（2016—2019年）

	本科生		研究生	
	女	男	女	男
四大一线城市就业人数/人	65	489	39	186
就业总人数/人	200	1296	230	958
占比/%	32.5	37.7	16.9	19.4

如表 4 所示，选择回生源地就业的工科女大学生的比例分别为 71% 和 63.5%，远高于工科男大学生；工科女大学生在众多的择业因素中首要考虑的是稳定性，其次是发展因素。其原因是：首先社会对女性家庭角色的期待大大高于对其他社会角色的期待。因此工科女大学生一般具有较强的家庭观念，追求事业和家庭的两全，回到生源地就业可以照顾父母，拥有较多的社会资源，生活相对容易些。工科女大学生在就业过程中希望寻求稳定性高的工作，以便在日后的生活中更好地完成家庭角色。其次女大学生毕业时的年龄基本在 22～25 岁，未来几年即将面临生育问题，考虑到生育对事业的影响，她们往往更倾向于选择机关事业单位或国有企业，以降低失业的风险。这也体现出工科女大学生对不确定因素的接受度较男生偏低，这在一定程度上影响了工科女大学生的择业观。

表 4　湖南某高校某工科学院毕业生回生源地省份就业人数及比例（2016—2019 年）

	本科生		研究生	
	女	男	女	男
回生源地省份就业人数/人	142	410	146	425
就业总人数/人	200	1296	230	958
占比/%	71	31.6	63.5	44.4

3. 职业规划性

如表 1 所示，本科女大学生继续深造比例远高于本科男生。一方面，可能升学是缓解就业压力的一种方式，自高校扩招以来，大学生就业率有所降低，即使能成功就业，也面临起薪低、工作收入少的情况。针对这种现状，工科女大学生暂时退出劳动力市场而选择深造。这既存在着教育收益率上升的积极激励作用，也存在着就业形势严峻和就业歧视等消极的负面的影响。因此在没有明确职业发展方向的情况下，很多女学生无视性格、兴趣和能力等因素，而是将深造作为可能获得好工作的途径或者逃避严峻就业形势、避免被歧视的权宜之计。这从侧面反映出了部分工科女大学生更专注于个人专业学习任务的完成，缺乏职业生涯规划和发展的主动性。

从工科的就业领域来看，毕业生大多在制造业、化工业、建筑业等行业领域。经过改革开放40余年的发展，我国的就业市场已经历了从计划经济的包分配制度到社会主义市场经济的自主择业就业制度。而工科女大学生在个人职业发展时除了考虑薪酬、发展平台等因素，会将个人长期发展与就业领域、就业地域、工作环境纳入就业因素中，跳出行业外就业成为工科女大学生就业的重要考量。这直接导致某些领域、地域的过饱和状态和某些就业领域、地域的缺人情况。例如，近些年，北京、上海、广州、深圳等一线城市仍然是毕业生就业选择的重点地域，而房地产、公务员、教育等行业则是毕业生就业选择的重点行业，女性在就业时还会考虑家庭等综合因素；反而在本行业、偏远地域选择的较少，所以不同程度上导致就业的不平衡。另外，就业市场的发展导向也严重影响着工科女大学生的就业选择。如2020年新冠肺炎疫情暴发导致就业岗位的萎缩，从而导致就业空间和就业能力的不足，而新兴媒体的出现则从形式上和实质上影响了工科女大学生的职业发展选择。

(三)工科女大学生职业选择的态度

通过对21位访谈对象的访谈得知，在校工科女大学生对职业选择和就业有以下观点。

1. 工科女大学生可选择就业行业较少，难转行

工科专业性较强，毕业生的就业去向一般限制于本专业领域内的行业，例如土木工程专业的本科毕业生的主要就业方向是施工单位与房地产企业，除此之外无外乎升学、留校、考公这几种职业选择。对比商学类、管理类的学生，工科学生可选择就业的行业比较局限，且一旦进入本专业领域内的行业就业了，再想跳出本领域去类似互联网、金融等行业就业的可能性很小。

2. 本科生就业门槛越来越高，找工作越来越难

近几年就业市场不景气，能直观感受到市场上的就业岗位明显减少。面对越来越少的岗位，以及越来越多的研究生，本科生求职的处境越来越艰难。针对同一个岗位，企业愿意选择一位有更高学历的求职者，很多本科生可能在简历筛选关就被淘汰，直接丢失了面试机会，本科生的就业门槛越来越高。

3. 性别歧视依然存在

在工科领域，天然存在着“男性优先”的现象，无论是在求职时还是在职业发展过程中，男性都更容易受到优待，且难以撼动其根本。求职时，很多工科

岗位就对女性求职者关上了大门；在留下的少之又少的女性可选择岗位中，在同一个岗位、同等条件下，面试官会更倾向于选择男性求职者。女生只有做到更优秀才有机会获得 offer。在职业发展阶段，女性因为家庭的牵绊确实可能需要牺牲更多的个人时间才能完成工作，所以优先提拔男性员工也成了常见的现象。

4. 生活与工作很难做到平衡

生活与工作很难做到平衡可能是很多学生无法逃避的现实。尤其是对于现在的社会，高周转行业越来越多，“996”现象也越来越普遍，不可避免地会因为加班而牺牲掉个人时间与生活，也才会有越来越多的年轻人觉得自己丢失了很多来自生活的幸福感。对于女性而言，未来如果成为人母，身上还会多一层母亲的职责，养育后代将会占据大量时间。一面是高强度的工作压力，另一面是来自家庭的牵绊，如何进行平衡成了一个困境。

（四）工科女大学生职业选择的 SWOT 分析

SWOT 分析法又叫态势分析法，是管理学中的分析工具。SWOT 中的四个字母分别代表 strength、weakness、opportunity、threat。通过 SWOT 分析，有助于工科女大学生明确自己的优势与劣势，客观分析外界的机会与可能面临的挑战，帮助她们更科学合理地规划自己的职业生涯。

1. 优势分析

整体而言，工科女大学生有着较强的学习能力、语言表达能力和社会交往能力，同时女性的身份特征使得工科女大学生在职场就业中具有一定的亲和力，尤其是在工程客户关系维护、房地产销售、物业服务、工程财务会计、造价概预算和产品推广等岗位中较男性更有优势。

2. 劣势分析

相较于优势，工科女大学生在择业就业中存在的劣势较为突出。女大学生步入职场后将会面临结婚、怀孕、生育的过程，这会降低女性在企业中所创造的利润价值，让企业承担更多的成本；工科类毕业生的工作环境和工作性质并不完全适合女生发展，比如机械、水利、建筑等行业仍需面临较为艰苦的工作环境，既需要有大量的脑力劳动，还需要有一定的体力劳动，工作强度大，这就导致了“用人单位不愿用，女大学生不愿去”的局面；工科类女大学生在求职中倾向于体面、轻松、福利待遇丰厚、环境舒适的工作，不愿意去偏远地方或中小城市，不愿意选择小企业，职业发展观念存在较为狭隘的现象。

3. 机会分析

随着时代的发展，传统的“女子不如男”的思想逐渐被摒弃。新时代男女平等的观念被越来越多的人所接受，职场中女强人的形象也越来越多，女性的自信心、自我意识越来越强。我国出台了多项专门针对女性权益保障的法律和条文，社会对女性权益的关注度越来越高，这些都为工科女大学生就业提供了更加坚实的保障基础。随着我国科学技术的发展，产业结构不断升级，经济发展主要依靠现代科技，劳动工具逐渐被现代化科技所取代。互联网信息时代的到来，带来了就业形态和就业领域的重大变革。在工程行业，女性的体力劣势所造成的影响在实际工作中逐渐减小，这些都为工科女大学生的就业带来了很大的机遇和广阔的前景。

4. 挑战分析

就业市场的萎缩，尤其是受新冠肺炎疫情影响及中美贸易摩擦等因素，导致就业岗位，尤其是制造业、建筑业、机械加工等行业就业岗位减少，从而导致就业难以充分；当前严峻的就业形势仍然没有改变，用人单位对工科类毕业生尤其是工科女大学生的要求不断提高，不仅需要女职工“上得了讲堂”，还要“跑得了市场”，更要“下得了工厂”；男性在就业市场上仍然占有天然的优势，在实际就业过程中，针对工科女大学生的就业歧视仍然存在。

三、解决方案参考

通过对工科女大学生的就业情况的分析来看，导致工科女大学生职业选择困境的因素既有客观的外部因素，也有主观的内部因素。“就业乃最大的民生。要坚持就业优先战略和积极就业政策，实现更高质量和更充分的就业。”关于如何进一步提升工科女大学生的就业能力，大家可以参加以下几点并结合自身实际情况进行综合分析判断，以进一步增强职业选择空间、能力。

（一）积极调整就业心态

部分工程行业的职业发展环境、严峻的就业形势，容易使工科女大学生产生一些不恰当的就业心态，这需要进行积极的自我调整。首先要接受当前的就业形势。现阶段，外部的就业机制还很不健全，客观的就业环境面临的严峻就业形势也不会在短期内得到缓解。一个公平的没有性别歧视的人才市场还没有完全形成，这种情况下应充分认识就业的难度，抛弃各种不切实际的幻想，不断调整自己的期望值。可采取“先就业，后择业”的做法。对于工科女大学生，以适应就业环境为主，同时改变自身条件转变就业单位方向，先多积累社会经验，然后逐一实现自己的职业目标与职业发展规划。

（二）树立正确的就业观念

因性别特殊性对就业观念有着重要影响，工科女大学生要适应社会发展变化，积极转变就业观念，改变就业行业、岗位绝对化的意识，根据社会需求寻求解决方法。一是树立多元化就业意识。当今社会是多元化的社会，这就要求工科女大学生有多元化的就业观。除了工程、制造行业，还有其他金融等服务行业可以选择，只要能够创造价值、获得收入，为社会做贡献就应算作就业。二是树立主动就业意识。与其依附他人，不如主动迎接就业挑战，创造属于自己的人生辉煌。在国家政策的指引下，树立科学的就业观，到基层就业创业。三是树立创业就业意识。工科女大学生可以自己创业或开办公司，在解决了自己就职问题的同时也为别人创造了更多就业机会，能缓解社会的就业压力。

（三）努力提高自身素质

工科女大学生受社会传统观念、心理与生理特点等因素的影响，在择业时可能存在严重的依赖心理，甚至认为“干得好不如嫁得好”。在激烈的劳动力市场竞争中，工科女大学生一定要注重自身综合素质的培养与提高。首先要加强文化知识和专业技能的学习，形成自己的专业知识体系，同时多涉猎所学专业的前沿知识，拓宽知识面，切实增强知识技能储备。其次要注重提高自身的实践能力和创新能力。工科女大学生在校时应主动参加社团活动，扩大自己的知识面；可根据自身情况选择考取相关职业技能证书，通过掌握额外的技能增加自身求职砝码；也可利用寒暑假参加社会实践，尽早适应社会，使自己在激烈的职业竞争中处于不败之地；在信息时代，可以充分了解就业信息，增强数据挖掘能力，利用互联网平台增加就业机会。

（四）明确就业发展目标

要充分利用宣传栏、网站、网络新媒体、创新创业课程等平台了解就业环境与就业行业，结合专业特点和自身实际，明确未来就业目标。一是工科女大学生应该充分认识自身的特点，清楚自己的长处和弱项，积极拓宽职业发展路径，扩大职业环境视野。在职业发展中，充分发挥女生在语言、思维、交往、忍耐方面的优势。工科女大学生可以利用语言优势，选择从事文字整理、编辑、翻译、播音以及教育、接待洽谈等方面的工作；利用在形象思维能力以及思考问题细致、周全的优势，选择形象设计等方面的工作；利用交往优势，充分发挥和善、细腻、感情丰富且善于体谅别人的特点，选择从事行政管理、公关、推销等方面的工作。① 二是把专业特长与就业目标充分结合。由于工程行业背景的特殊性，工科女大学生在就业时可以根据自身条件与专业情况，在相近的职业中予以选择，把外业工作与内业工作充分结合起来，如地铁运营、机关事业单位的管理工作等。如果自身有军旅情结，也可以根据国家政策在适当时机参军入伍，进而增强就业能力与就业机会。随着非智力因素在生产和社会生活中的作用越来越大，女性的这些优势在一定程度上也能带来更多的就业机会。

【案例分享】

张张，女，湖南某高校某工科学院 2019 届本科毕业生，黑龙江人；现任职于世界 100 强央企华润置地从事产品 & 销售风控相关工作，在校就读期间曾任学生会副主席、班长等学生骨干职务，2019 年就业期间曾拿到中海、万科等企业的 offer。以下为其个人就业经验分享。

1. 分析自己

许多同学在求职期间容易陷入迷茫，大部分原因是缺乏第一步的关键思考。首先要清楚地知道自身的优势和劣势、当前处境，把“求职”这件事情当作一项工作任务层层拆解，找到最优答案。这个过程往往会更快速地帮助自身明确思路，提升效率。

建议：在这个过程中如果难以理清思路，不妨借助 SWOT 分析法等工具辅

① 唐德斌. 女大学生就业困境的心理根源及自我调适［J］. 长春师范学院学报（人文社会科学版），2012（4）：130.

助分析。内容涵盖："我"的基本条件、性格偏好、优势劣势、市场环境等，初步确定求职方向。

2. 找准目标

找准目标大致分为三个层面：行业、企业、岗位。

"工科女难就业"的观点并不全对。比如："施工单位招女孩子很少"，这是来自企业层面的判断，但上升到行业层面来说，建筑业不仅只有施工单位，也就是想从事同一行业其实还有更多的企业可以选择；再比如："工程岗不招女生"，这是来自岗位层面的判断，但反观企业层面，没有任何一个企业是只由一个部门一个岗位组成的，也就是在岗位选择方面其实也有更适合的选择。

求职目标定位层次分析表表达的是在确认目标的过程中要综合"行业、企业、岗位"三个方面。图中 X、Y、Z 分别代表了行业、企业、岗位，并将所有人在求职过程中的目标定位情况表达为图中的 8 种类型 4 种层次。在大学生初次求职过程中，大部分的大学生都在第一、第二层次，即在求职过程中只对行业、企业、岗位的其中一项或两项有一定的目标定位。结合自身优劣势分析，找到自己的目标定位，最后的结论应当是类似这样的：

"我的目标是某某行业某某类企业的某某岗位或某某岗位(注：①求职初期在对公司岗位了解不深的情况下，可以有多个岗位选择；②建议初期确认好企业目标，精确到企业名称或行业排名范围及就业地点，便于下一步有针对性的准备)。"

从个人的就业任职情况分析来看(目前任职于世界 100 强央企华润置地从事产品 & 销售风控工作)：建筑行业(专业相关)→房地产企业(相对综合性强)→产品 & 销售风控岗位(不脱离土木工程行业本身，也有适合女生发挥的空间)。

3. 准备前置

大部分同学对于找工作的理解都是投简历与参加面试，其实更重要的是前面漫长且充足的准备过程。对于工科女大学生而言，要撕掉社会标签，去除"刻板印象"，尽力将每一处可以想到的做到位。

首先，面对市场大环境的考验，面对被他人贴上的"工科女"的标签，最好的办法就是：接受它，并且用更加强大有力的标签盖过它。比如：简历中有更加亮眼突出的标签，如"学生会主席"、"世界 500 强公司实习经历"、创新创业大赛或学科竞赛奖项等。它们的光芒会超过"工科女"这个固有标签，甚至会化

层次	分类	X	Y	Z
		行业	企业	岗位
无意识状态	0			
第一层次	1	●		
	2		●	
	3			●
第二层次	4	●	●	
	5		●	●
	6	●		●
第三层次	7	●	●	●

求职目标定位层次分析表

“工科女”的劣势为优势，即她是如何在这样的环境背景下还做得如此优秀的，很可能是身上具有非常优秀的能力及特质。所以，撕掉标签，意味着每一步须脚踏实地地积极向上。

关于求职过程的各方面准备，从网上可以搜索到许多经验，概括大同小异：思考与行动都要努力保持前置，每年的求职竞争很激烈，逆水行舟，不进则退，要时刻掌握求职动态，提前规划，准备充足，快速行动。

4. 对标优秀

把求职作为一项工作任务拆解，既然是任务就有目标、有结果。当遇到目标设定不清晰、过程不知如何做等问题时，一个好的办法就是“对标”。

(1) 周围同期竞争者对标：想收获更多就要努力超越对手。

(2) 与过往成功的学长学姐对标：可以与辅导员、班导师、班导师助理学长深入交流，了解行业发展趋势，了解个人就业志向，与年龄相仿的“过来人”对标往往可以得到最及时有效的经验。

(3) 不断提升对标目标：对标是持之以恒的动态动作，当评估自身水平可以到达一定层面时，就要去寻找更上层的对标目标。如：2018 年在公司实习时，同组实习生都是 985 高校的硕士以上学历的学生时，作为本科实习生的对标目标就是工作表现超越同组实习生，撕掉标签，努力发光。

最后，想和仍处在迷茫期或怀疑自己的大家说：“工科女”是好标签还是坏标签，定义权其实在个人手上。换言之，无论你是否接受它，让自己更优秀、更亮眼永远都不是错误的选择。

拓展资料

学术型硕士和专业型硕士，你选哪个？

曾德露　王　丹　余仁哲

近日，“中国教育在线”发布了《2020全国研究生招生调查报告》（以下简称《报告》），从这份报告中可以看出，2019年硕士研究生报名人数增幅达21.85%。继2019年报名人数高涨之后，2020年硕士研究生报名人数再次打破纪录，达到341万人，较2019年增长17.59%。《报告》还显示，随着社会对专业型硕士认可度的提升，以及专业型硕士培养体系的日趋完善，专业型硕士报考人数持续增加，热度逐年增大。2009年起，我国开始全面招收全日制专业学位硕士研究生，专业型硕士招生数量逐年递增，在硕士研究生招生数量中的占比持续上升。2009年专业学位硕士招生人数仅占硕士招生总人数的15.9%，2017年首次超过学术型硕士招生人数，到2018年专业型硕士招生人数占比近58%。另外，根据《学位与研究生教育发展“十三五”规划》，到2020年，我国专业学位硕士招生占比为60%左右。专业型硕士招生规模的增长符合当前我国研究生培养结构布局，与我国经济发展需求相匹配。

一、问题提出

当前国内经济下行压力增大。一方面，新冠肺炎疫情的暴发让很多行业遇冷，诸多小微甚至大中型企业在这场疫情中面临着企业经营难以为继或须裁员降薪的局面。另一方面，高校毕业生人数创新高，874万的高校毕业生规模直击就业市场，就业形势严峻。双重压力下，教育部决定扩招18.9万研究生，这让更多的人把目光投向了考研升学这条路。

然而，对于有意继续攻读研究生学位的广大学生而言，选择传统的学术型硕士还是选择越来越火热的专业型硕士，成了他们面临的一道难题。目前网络上关于专业型硕士和学术型硕士有以下几种看法。

（一）支持选择学术型硕士

有观点认为，学术型硕士和专业型硕士有比较大的区别。学术型硕士，顾名思义，偏重研究学术，如果想读博，或者未来想从事科研学术方面的工作，选择读学术型硕士有很大优势。而专业型硕士更注重理论知识的实际应用，虽然会有不错的实习机会，有助于毕业后找工作，但专业型硕士的学费通常比学术型硕士高，这对普通家庭来说也是一种负担。因此大部分学生更倾向于选择学术型硕士。

还有人认为，专业型硕士和学术型硕士差别是很大的，并认为三类硕士的含金量情况如下：全日制学术型硕士>全日制专业型硕士>非全日制专业型硕士。专业型硕士一般都会有校外指导老师，但校外老师普遍没有较多时间指导专业型硕士，因而专业型硕士的学术能力和实践能力都没有得到提高，所以支持选择读学术型硕士。

（二）支持选择专业型硕士

有观点认为，在找工作的时候，企业负责招聘的面试官不在乎应聘者是学术型硕士还是专业型硕士，主要是看专业能力。但是专业型硕士学制一般较短，而且有的不要求发表高水平论文，相比学术型硕士而言科研压力较小，自主实践机会比较多，可能会更受企业青睐，因此认为专业型硕士比学术型硕士更有优势。

还有人认为，有些学校的学术型硕士和专业型硕士几乎没差别，专业型硕士无非就是多修几门课，多一些实践环节，到最后毕业证书没什么差别，社会上都承认。但是考虑到专业型硕士时间短，毕业要求低，容易考取，因此认为读专业型硕士更划算。

（三）认为两种类型硕士没有区别

有观点认为学术型硕士和专业型硕士的区别不大，同样需要做实验、发文章、跟项目，最多只是学时上存在一些区别。毕业要求方面，也要看专业和导师要求，并不是所有的专业型硕士的毕业要求都比学术型硕士低，如果想继续攻读博士学位或者有明确就业倾向就要好好考虑和选择了。

还有观点认为，二者其实就只有名称上的区别。读研的目的只有一个，就是要抓住校园招聘的机会。学校平台提升了，来校招聘的企业质量就会高很多，而校园招聘是零工作经验的人找工作的最佳机会。用人单位一般都不区分学术型硕士和专业型硕士，主要是看专业和能力，所以学术型硕士和专业型硕士在找工作时基本没区别。

二、原因分析

由上可见，网友对选择学术型硕士还是专业型硕士的看法不太统一。为此，笔者就学术型硕士与专业型硕士的相关情况进行了调研和分析，以帮助广大有意攻读硕士学位的同学选择合适的硕士类别，规划好自己的学业和职业。

（一）学术型硕士和专业型硕士的定义

学术型硕士，又称“科研型硕士”，一般是指拥有学术型学位（academic degree）的人员。学术型硕士按学科设立，其以学术研究为导向，偏重理论和研究，以培养大学教师和科研机构的研究人员为主，一般都是全日制的。

与专业型硕士对应的是专业型学位（professional degree）。专业型硕士更偏重技术实践，注重理论与实践相结合。专业学位研究生的学习方式分为两种，即全日制与非全日制。本文所说的专业型硕士均指全日制硕士。

（二）学术型硕士和专业型硕士的主要差异

培养目标不同。专业型硕士与学术型硕士处于同一层次，培养过程各有侧重，培养目标有明显差异。学术型硕士培养以学术研究为导向，偏重理论和研究，主要培养大学教师和科研机构的研究人员。而专业型硕士教育的突出特点是学术型与职业性紧密结合。获得专业学位的人，主要从事具有明显职业背景的工作，如工程师、医师、教师、律师、会计师等。这是一种以专业实践为导向，重视实践和应用，在专业和专门技术上受到正规的、高水平训练的高层次人才的培养方式。

培养方式不同。学术型硕士的课程设置侧重于对基础理论的教学，重点培养学生从事科学研究工作的能力和素质。而专业型硕士课程设置以实际应用为导向，以职业需求为目标，以综合素养和应用能力的提高为核心。专业型硕士课程教学内容强调理论与应用的有机结合，突出案例分析和实践研究；教学过程重视运用团队学习、案例分析、现场研究、模拟训练等方法；注重培养学生研究与实践的意识和能力。在具体的学习过程中，专业型硕士课程一般要求有为期至少半年的实践环节，实践学分比重较学术型硕士更大。

入学难度不同。对于大部分专业来说，专业型硕士比学术型硕士难度略低。专业型硕士公共课英语科目考英语二，难度相对较小；学术型硕士公共课英语科目考英语一，难度比较大。专业型硕士多数不考公共课数学科目或考数学三，难度相对较小；学术型硕士公共课数学科目考数学一、数学二、数学三、数学（农）或招生单位自命题理学数学，难度较大。因此，很多专业只能从学术型硕士调剂至专业型硕士，反之则不行。

学制不同。学术型硕士学制一般为 3 年，专业型硕士学制一般为 2~3 年，具体情况以各招生单位当年政策为准。

导师制度不同。学术型硕士实行单导师制，研究生导师对学生进行研究生课程教学、课题研究指导与学位论文指导。专业型硕士实行双导师制。根据教育部相关文件精神，各专业学位研究生培养单位要建立健全校内外双导师制，以校内导师指导为主，校外导师参与实践、项目研究、课程与论文等多个环节的指导工作。专业型硕士的校内导师以教授理论知识、学术指导为主，而校外导师的工作则以培养技能、指导实践为主。

学位论文要求不同。学术型硕士的学位论文强调科学理论研究与原创学术创新，形式相对传统，一般为学术性论文。专业型硕士的学位论文强化应用导向，形式多种多样。鼓励采用调研报告、规划设计、产品开发、案例分析、项目管理、文学艺术作品等多种形式。对于部分专业来说，学术型硕士毕业论文的要求更高，而专业型硕士主要是实践应用型，对毕业论文的要求没有学术型硕士高。

读博方式不同。学术型硕士可以申请转博，不用参加全国统考，也就是我们所说的直博或者硕博连读，但是转博之后假如博士没毕业则没有硕士学位。而专业型硕士则不能直博或硕博连读，只能在硕士毕业后再考博。

毕业时获得的证不同。全日制专业型硕士毕业的时候跟学术型硕士一样，双证齐全，既有毕业证，也有学位证。此外，由于专业型研究生是应用型研究生，部分学校的部分专业在提高学生实践能力的同时，会在学生毕业的时候颁发一些行业从业资格证书，获得这些证书的毕业生在找工作的时候会更有优势。

综上所述，学术型硕士和专业型硕士确实存在一定差异。为了进一步了解学术型硕士和专业型硕士在实际学习和生活中的异同，笔者就此展开了相关调研。

笔者以中南大学各学科门类代表学院硕士研究生为总体样本开展调研，调研对象涵盖理学、工学、医学、经管、文史哲、艺体等各学科门类学术型硕士和专业型硕士，并对调查结果进行了分析。参与调查人数为 868 人，其中学术型硕士 443 人、专业型硕士 425 人。在广泛调研的基础上，笔者还重点采访，进一步了解不同类型硕士的研究生生活。笔者发现，学校大部分专业都划分了学术型硕士和专业型硕士，但少量的专业如软件工程专业只有专业型硕士，而物理学专业只有学术型硕士。

（三）不同类型硕士就读期间的学术成果

对中南大学硕士研究生展开的调查结果显示（见图 1）：在调查对象中，学术型硕士发表论文、参与科研项目的比例分别为 31. 35%和 42. 02%，均高于专业型硕士。接受调查的专业型硕士里有 45. 32%的暂无学术成果。可见不同类型硕士在学术成果产出方面存在一定差距，可能与两种硕士类型培养目标和培养方式不同有关。专业型硕士更注重实践技能的培养，在学术研究方面较为放松，较少参与科研项目，导致其论文产出量较低。而学术型硕士参与科研项目的人数远超过专业型硕士，并且部分学生参与了多个科研项目，可以产出更多学术成果。

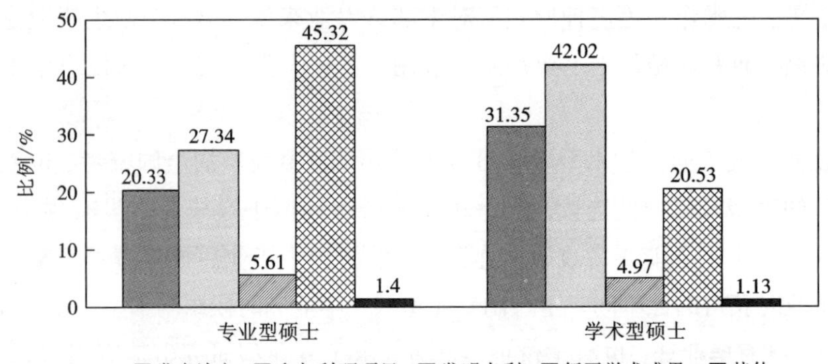

图 1 学术型硕士和专业型硕士学术成果对比

（四）选择不同类型硕士的考量

本次调查结果显示：调查对象在选择学术型硕士或专业型硕士时考虑最多的影响因素为“就业方向”，占比达 61.18%；其次为“自身兴趣”。这表明大部分学生选择硕士类型主要从职业发展规划出发，综合考虑自身兴趣，审慎做出选择，期望通过获取更高学历提高就业竞争力（见图 2）。另外，学生也会考虑学制、学费以及学校实力等因素。

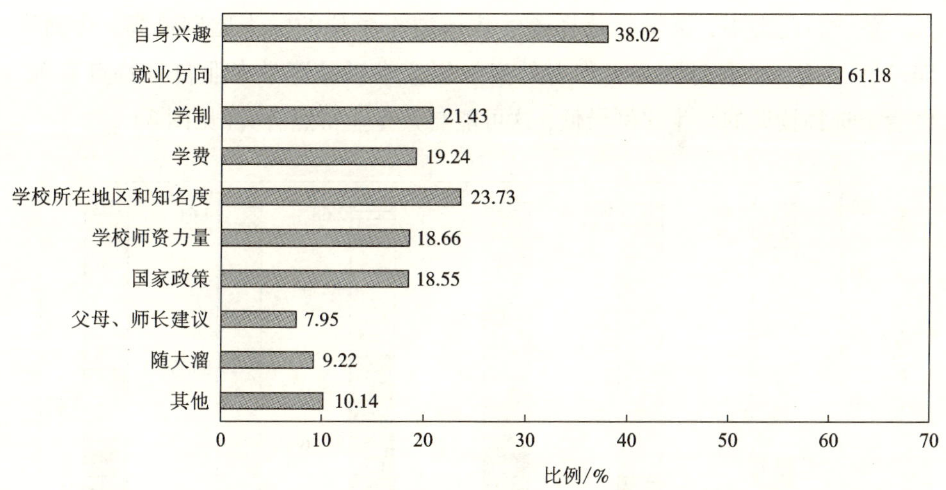

图 2　两种硕士类型选择考虑因素

谈及选择学术型硕士还是专业型硕士的时候，粉冶院一位专业型硕士研究生说：“主要是考虑到自己本科学校不是很好，本专业的学术型硕士招录的分数比较高，所以想报考专业型硕士，这样就可以提高考研成功的概率；另外，我还了解到学术型硕士和专业型硕士的专业性差别不是很大，所以选择了报考专业型硕士。”冶环院一位专业型硕士研究生说：“当年考研的时候，专业型硕士题型相对简单，考试压力小，当时也未考虑后续读博的事情。”

对于家庭经济并不好的同学来说，学术型硕士和专业型硕士在学费上的不同也会影响其选择。如化工院一位学术型硕士说：“我们专业学术型硕士的学费是 8000 元/年，专业型硕士是 12000 元/年，大部分同学都可以拿到二等奖学金，也就是 8000 元/年，所以选择学术型硕士的经济压力也会比较小。”

文新院一位学术型硕士说："当时选择学术型硕士是因为觉得学术型硕士的含金量高，而且自己家庭经济条件不太宽裕，学术型硕士的学费相对较低。"

（五）不同类型硕士课程内容和职业发展

本次调查发现：学术型硕士和专业型硕士职业规划差异不大，均以就业为主，继续读博次之。大部分学生选择直接就业，可能是认为硕士研究生学历可以给自己提供足够的竞争力。近两成的学生选择继续攻读博士，可能与其认为硕士研究生学历尚不足以给自己提供有力竞争或其本身拥有较高的科研热情有关。各学科门类中，医学类选择继续攻读博士学位的学生比例最高，达到了54.36%，这与社会对医务工作者的高学历要求以及医学专业自身特点有关。经管类选择读博的学生比例最低，这可能与其专业特点有关（见图3）。

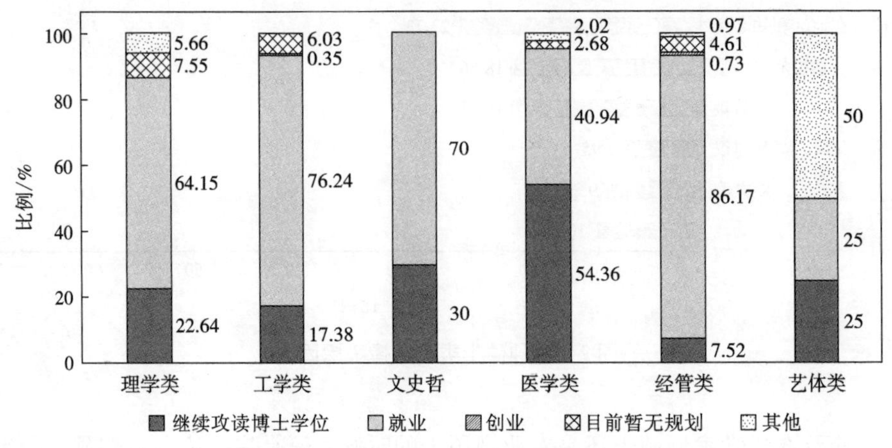

图3　各学科门类硕士职业规划对比

化工院一位学术型硕士说："在课程上，学术型硕士不需要再上英语课，不强制要求上化工热力学，数学课上的是数值分析、矩阵论，专业型硕士上的是高等工程数学，其他课程都是相同的。"物电院一位学术型硕士认为，学术型硕士从培养初衷看更侧重于理论和研究，加上本科所学的物理学专业是一门基础研究科目，因此，学术型硕士与他的本科专业能更好地结合，也能更多地应用本科所学知识，更好地发挥自己的优势。冶环院一位学术型硕士说："学术型硕士更容易继续深造，在新能源领域，学术型硕士可以更好地接触到高水平的前沿知识。"

在就业前景方面，建艺院一位艺术设计专业型硕士研究生说："专业型硕士实践能力强、学理性研究更加实际、就业面更加广泛。"湘雅三医院一位妇产科专业型硕士说："专业型硕士研究生培养三年后可以获得'四证合一'，自己选择妇科专业，未来也容易就业。"文新院一位专业型硕士说："专业型硕士更强调专业操作能力，通过一年的实习期，自己也能得到更多的职业训练，有利于以后就业。"物电院一位学术型硕士说："我认为如果毕业后从事科研方面或教师行业的工作，学术型硕士相对更占优势。个人认为，学术型硕士受到的学术型教育更深厚些，在专业能力上也更强一些。"

（六）不同类型硕士在读感受

本次调查发现，专业型硕士和学术型硕士的助研津贴普遍维持在比较平衡的水平，大部分低于1000元（见图4）。在各类别助研津贴的比较中，医学类学生的助研津贴为1001~2000元（占比63.78%），文史哲学生的助研津贴全部低于1000元，其余如理学类、工学类、经管类、艺体类学生的助研津贴大部分为1000元以下（占比大于75%）。由此看出医学类助研津贴与其余类别存在较大差异，其余专业助研津贴水平相近。对比学术型硕士和专业型硕士，两种类型硕士的助研津贴分布基本一致，大部分都低于1000元，差别不大。调查还发现，55.41%的学生对所处的学术氛围满意，56.92%的学生对所处的生活环境满意，40.93%的学生对自己的学习情况满意。在读感受方面，学术型硕士和专业型硕士无明显差异。

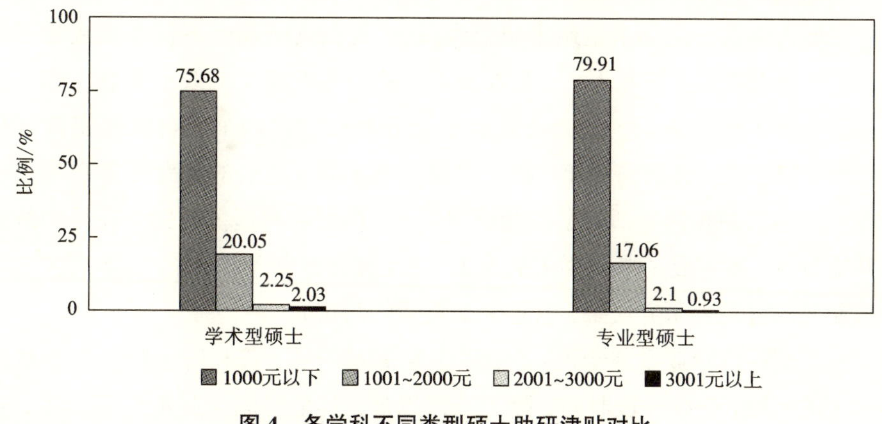

图4 各学科不同类型硕士助研津贴对比

谈及读研的感受时，粉冶院一位学术型硕士说：“在读研期间，通过科学的训练，我分析问题的思维变得更加严谨、分析问题的角度变得更加多样化、分析问题的层次变得更有深度，基本掌握了常用的材料表征手段以及科技论文的撰写规范。”

化工院一位学术型硕士说：“读研的生活状态，大概就是每天早上 9 点到实验室，晚上 10 点半左右回宿舍，其间主要就是做实验和看文献，每周开一次组会。因为担任了兼职辅导员，还会协助辅导员处理学生的日常事务，充实而平静。”

文新院一位学术型硕士说：“上研究生两年以来，我认为自己不管是在学习上还是在思想上都有了很大的提升。增长了专业知识，看待世界和他人的眼光也越来越具有包容性，最开心的就是遇到了一群志同道合的朋友。”文新院另一位专业型硕士说：“我觉得进入研究生阶段后，学习节奏把控以及自己的阅历和认知等层面有了很大的提升。认真参加导师两周一次的读书会，读经典原著。刚开始接触会觉得晦涩难懂，但是投入时间后会发现收获很多。另外自己申请加入了学院的研究生会，在学术部担任副部长，为完成工作花了很多时间磨合和讨论，在这个过程中学会了合作、求同存异。”

物电院一位学术型硕士说：“在过去的研究生生活中，我收获了科研的乐趣，也感受到了老师们的悉心培养和朋友们的关心陪伴。我在忙碌的实验室、融洽活跃的办公室氛围中度过了积极进取和快乐的两年学生时光。我最怀念的是每次做完实验，伴着物理楼下昏暗的路灯回宿舍的那段宁静时光。我可以思考和反思很多，同时鼓励自己要不断努力，勇敢突破自己。”

基础医学院一位学术型硕士研究生说：“我在读研期间不仅要完成学习任务，还要考虑我的经济收入，于是参加了一些与专业相关的线上兼职工作。这帮助我巩固了医学知识，也让我学会了合理利用空余时间，熟练地安排好生活、学习和工作。读研前两年，我的课题进展不顺，之前的课题任务根本完成不了。幸运的是我的导师为了我能顺利毕业，尽力给我提供帮助。在导师的鼓励和支持下，我完成了毕业要求的 SCI，并且有资格申请博士了(很多高校申请考核制要求有发表研究成果，这是一个重要的门槛)。”

化工院一位专业型硕士说：“令我印象深刻的是，我和博士师兄为了解决实验上的问题，连续一段时间，除了上课以外，其他时间都是泡在实验室，查文献、讨论、不断尝试新的方法，每晚都到 11 点多才回宿舍。那段时间让我感受到了科研的艰辛和快乐，以及解决问题后的喜悦。”

湘雅三医院的一位专业型硕士说：“读研期间除了过年休息三天，每一天我都需要早上 7 点半以前到病房，查房后开始一天的工作，包括做手术、写病志、和患者沟通。妇产科节奏紧张，下班时间在晚上 9 点至 10 点，刚开始进入临床经常晚上 11 点伴着月色回宿舍。回宿舍以后，由于导师还布置了一些学术任务，我需要写文章、写标书等，通常要忙到凌晨。周末一般最多休息半天。感激我的导师一直激励我们往前，让我在这三年积累了一些成果。印象最深的是今年年初在医院里，碰到一年前在我病床上做过宫颈癌手术的患者高兴地跟我打招呼，我已经不记得她的名字，可是她还记得我，使我获得了些许慰藉。”

从访谈结果来看，学术型硕士和专业型硕士都表示在研究生阶段收获很大，学习生活都是紧张而充实的。普遍认为学术型硕士和专业型硕士没有明显差异，但不同专业的研究生学习强度不一样。

三、解决方案参考

通过以上分析可知，现在学术型硕士和专业型硕士没有很大的差别，但是在部分专业，学术型硕士和专业型硕士还是存在一些不同，并对后期的职业发展有一定影响。学生在选择专业型硕士与学术型硕士时，可以对照以下几个方面的因素并结合自己的实际情况进行梳理和分析，综合考量和判断，从而做出正确的选择。

（一）从个人职业规划来考虑

学术型硕士主要是为了培养教学和科研型人才，而专业型硕士则是为了培养某个职业或行业领域的高层次应用型人才。

对于急于就业的学生来说，可以考虑报考专业型硕士。因为专业型硕士学制一般为 2~3 年，培养周期相对较短，实践期较长；培养目标以培养动手能力、实践能力为主，在与就业环节的衔接上，过渡期会更短。有的专业型硕士毕业的要求也相对低一些，因此学生有较多的时间去寻找实践机会，或者是去考取相关资质证书等。

如果准备从事教学、科研等岗位，则可考虑报考学术型硕士。因为学术型硕士培养周期长，实践时间较短，理论知识的学习时间较长并且更具系统性，更受科研院所等偏理论研究型单位的青睐。同时，学术型硕士在硕升博、出国(境)深造方面，相比专业型硕士可能多了直博的机会。一些博士培养期间的奖学金、补贴也不亚于硕士刚就业的薪酬水平，是不错的考虑方向。

若非特定的就业单位要求，用人单位一般不会对学术型硕士、专业型硕士做细分(这里是针对大多数专业来说的，少部分专业的学术型硕士和专业型硕士的确有较大的差别)，更多的都是从院校、学科、个人能力的角度进行招聘。

中南大学计算机学院一位专业型硕士说："对于想研究生毕业后找个好工作的同学，建议读专业型硕士，因为专业型硕士出去实习的时间确实比学术型硕士多一些。坚持自己所想的，做自己热爱的。"

中南大学冶环院一位专业型硕士说："培养阶段，学术型硕士和专业型硕士区别不大，如课程内容、奖助学额度等，个人感觉最大的区别就是学术型硕士可以在研二申请硕博连读，节省一年的时间；毕业要求上专业型硕士门槛低，有一篇专利即可。所以大家可以根据自己读研目的和需求来进行选择。"

(二)从就读专业特点来考虑

就大部分专业来说，学术型硕士和专业型硕士毕业时获得的证书没有很大差异，但一些专业还是存在较大差异。比如临床医学的学生，因为专业型硕士在毕业时，通过相关考核，可以获得"四证合一(毕业证、学位证、规培证和执医证)"，学术型硕士则没有这个机会。因此，临床医学以及口腔医学专业的学生为了缩短拿证周期，毕业时就可以进入医院进行临床工作，大多数都会选择报考专业型硕士。湘雅三医院一位专业型硕士说："医学生的学术型硕士和专业型硕士相差较大，各有所长。我觉得在选择研究生类型的时候，应该先从兴趣着手。假如对临床感兴趣而且不怕苦，可以读专业型硕士；假如对科研感兴趣，暂时不想去临床的，就选择学术型硕士。"

对于那些有明确就业倾向的学生而言，学术型硕士和专业型硕士也是有所不同的。比如对于一些想从事心理咨询行业的同学来说，专业型硕士的导师一般更多一些。因此，这类学生一定要去了解目标专业的导师是招收学术型硕士多还是专业型硕士多。

文新院一位学术型硕士说："我认为选择专业型硕士和学术型硕士可以根据专业而定，理论知识较多的建议选择学术型硕士，这样有多一年的时间夯实基础知识；如果需要更多实践，建议选择专业型硕士，前两年集中学完理论，后面再把重点放在实践上。”

粉冶院一位学术型硕士说：“如果对材料内部的科学性机理感兴趣可以选择学术型硕士，若对通过调节制备工艺等进而改变材料性能这方面感兴趣可以选择专业型硕士。相比专业型硕士，学术型硕士在以后的读博深造方面更有优势。在联系导师方面，也不用顾忌自己的出身，只要成绩比较好，学术成果多，就可以大胆地去联系心仪的导师。”

（三）从入学难易程度来考虑

研究生入学考试难与易，主要是看考试内容难易、报考人数多少、竞争大小、分数线高低、差额复试比高低以及录取人数等。考试内容上，一般来说专业型硕士比学术型硕士简单，学术型硕士考英语一而专业型硕士考英语二（大部分情况），英语一整体难度比英语二大一些。此外，就是数学部分整体难度有较大差别。例如：会计学术型硕士考数学三，考试内容包括高等数学、线性代数和概率论，难度比较大，会计专业型硕士的管理类联考数学部分考试内容相对比较简单。所以建议学生们在选择报考学术型硕士还是专业型硕士时要考虑一下自己的英语和数学的学习情况，基础不太好的学生一定要从自身实际出发，报考相对容易录取的硕士类型。

化工院一位学术型硕士说：“基本上保研的学生都是学术型的，纠结学术型硕士还是专业型硕士的一般是考研的学生。就我们专业而言，两者主要是英语科目的差别，学术型硕士考英语一、专业型硕士考英语二。如果英语水平还可以的话，建议选择学术型硕士，考上的可能性会大一点。如果英语基础差一些的话，建议选择专业型硕士。”

大学生，你有多久没有读完一本书了？

唐　苗　宋云飞　周　婷

最近有朋友问起：“你有多久没有读完一本书了？”听到这句话，心里不由得一颤，再扪心自问，略觉惭愧，与之前立下的读书目标相去甚远。仔细想想，确实很久没有完整地阅读一本书了。不是不想阅读，而是拿起一本书来，往往看几页就放下了，转而忙于应付考试、参加社团活动、追某部电视剧……时隔多日再从墙角将书拾起，抹去灰尘，翻开，才发现对前面内容的记忆已经模糊，只好再从头开始看。就这样，很难坚持看完一本书。

记得中学时期，我们能尽己所能地排除杂念，一心读书。一方面是升学所需，另一方面是因为内心对未知世界满怀期待。那时，不管周围的环境多么嘈杂，知识多么枯燥，老师指定的阅读书目多么索然无味，我们依然能沉迷于《哈姆雷特》《巴黎圣母院》《红楼梦》的世界里……

如今，上了大学，可以享用更丰富的图书馆资源，拥有了更多的阅读时间，但同时也面临着更多的压力、诱惑与干扰。在读书这件事情上变得越来越功利，越来越缺乏耐心，很少能静下心来读完一整本书，更多地选择“一目十行”“跳跃式阅读”。

进入社会之后，这种现象更甚，除去那些从事学术研究或从事文学工作的人，普通人的生活状态几乎都是“一边用平板电脑二倍速放着综艺，一边手机刷着购物网站，抽空瞄一眼工作群；一边跑步，一边听歌，抽空来张自拍；一边打着游戏，一边刷着短视频……”终日周旋在“工作”与“生活”之间，身边喜欢看书的人越来越少。

其实仔细分析，出现这种现象的很大一部分原因是数字时代的迅猛发展。

从甲骨到简竹，从简竹到丝帛，从丝帛到纸张，再从纸张到屏幕——智能手机、平板电脑、电子阅读器……科学技术的发展总是伴随着人们阅读方式的改变。

近年来，随着智能手机、平板电脑和电子阅读器等电子终端的快速更新与普及，数字化阅读兴起。其因获取信息量大、几乎不受时间与空间限制等优点而颇受人们欢迎。在地铁上、列车上、电梯间，利用碎片时间阅读电子书、快速获取各类资讯，已经成为很多人阅读的常态。这种利用短而不连续的时间片段进行简短而少量数字文本阅读的非传统阅读方式，逐渐成为新时代众多群体的首选。同时，这种碎片式的数字化阅读方式也存在着诸多弊端。面对逐渐复杂与高效运转的现实社会，选择数字化阅读还是传统阅读，成为摆在人们面前的一道难题。

一、问题提出

2020 年 4 月 20 日，中国新闻出版研究院组织实施的第十七次全国国民阅读调查结果在线发布。调查结果显示，2019 年我国成年国民图书阅读率为 59.3%，较 2018 年上升了 0.3 个百分点；报纸阅读率为 27.6%，较 2018 年下降了 7.5 个百分点；期刊阅读率为 19.3%，较 2018 年下降了 4.1 个百分点（见图 1）。这说明，数字化阅读的发展，提升了国民综合阅读率，但也带来了纸质阅读率增长放缓的新趋势。

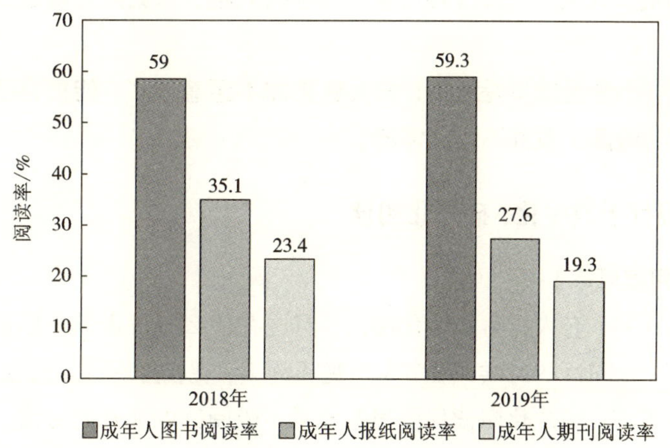

图 1　2018—2019 年成年国民阅读率

（来源：中国新闻出版研究院）

调查结果还显示，36.7%的成年国民倾向于“拿一本纸质图书阅读”，43.5%的国民倾向于“在手机上阅读”，10.6%的国民倾向于“网络在线阅读”，7.8%的国民倾向于“在电子阅读器上阅读”，0.9%的国民“习惯从网上下载并打印下来阅读”。

从国民阅读调查结果来看，手机和互联网已成为我国国民每天接触媒介的主体，我国成年人纸质读物的阅读率和阅读量有所下降，而数字读物的阅读率和阅读量有所上升，且人们更倾向于数字化阅读。

那么，传统的阅读方式是否还有存在的必要呢？面对浩如烟海的资讯、知识，阅读的正确打开方式究竟如何？对此，网友们展开了热议，也纷纷提出了自己的看法，形成了一场思想与观点的大碰撞。

（一）对阅读本身持否定态度

【生存焦虑】

@毛毛君：当今，大家都有着快节奏的生活，整天忙于生计，身心俱疲，不需要也没精力再去读书。

@半云山：买了不少书却没有时间读，每次看着一堆书都觉得焦虑，相信有同感的人不少。

【阅读是精英的选择】

@长睡眠型人类：一直没有培养出阅读的兴趣，总觉得阅读是那些精英的选择。

@青蛙：小时候就不爱读书，长大后更加不愿意读了，能把自己的工作做好就可以了，阅读于我并不是必需的。

（二）偏好于数字化、碎片化阅读

【提高阅读频率】

@唐朝小蛇：有人抨击数字化阅读，但这有什么好抨击的？以前没有数字化阅读、碎片化阅读的时候，很多人干脆不阅读，现在好歹开始阅读了。

@汪爸刀刀：碎片化阅读促使很多原来不爱阅读的人开始阅读。

@大你鱼：如果指责他们读这些主题多样、观点多元的分析文字是在读碎片，他们就会捡起一本书来读了吗？

【增加知识积累】

@剪枝者：不是不要读一整本书，而是当很多人没法、没必要读一整本书的时候，那么读五百字、读一千字就很好了。这也改善了信息品质，增加了知识积累。

@彡伞彡：阅读就像是大脑在锻炼健身。比起传统阅读，碎片化阅读也许只算热身，但比起不运动，热身也自有它的锻炼效果。

@梦里桃源：有些人整天拿着手机，新闻资讯和公众号文章便是他们少有的获取知识的渠道。如果没有碎片化阅读，他们估计会拿这些时间去玩游戏、追剧。指望他们静下心来读一本书，不现实。

【碎片化阅读更轻松】

@快带我去玩：虽然觉得在技术不能完全虚拟现实的当下，利用文学作品来共情阅读者想象力构造的独特价值不可替代，但是被碎片化信息的洪流洗脑实在比读传统小说轻松得多。

@剪枝者：哪怕喜欢原著，但在概括得挺好的千字文、万字文面前，似乎没有必要为获取相关信息而阅读整本原文书了。

【完善知识结构】

@局外人 stander：若是太追求形式，要求先读什么、后读什么，往往容易举步不前。碎片化阅读也有价值，因为启发人思考的是核心观点，找到核心观点吸收就行，思考多了自然融会贯通。

@内环幕僚长：数字时代平台和载体已经更加多样化，没必要迷信纸质书籍，也没必要纠结于阅读形式，关键看所摄入的“精神食粮”的密度和质量。

（三）偏好于传统阅读

【传统阅读不可替代】

@拉玛西亚：纸质书永远不会消亡，在电子书普及、阅读碎片化的当下，纸质读物也正在奢侈品化。精神世界的奢侈品永远不嫌多，价格不贵，价值却如瑰宝。说“这年头谁还看书”的，要么是出于觉得书的质量差，要么是他本人文化素质不高。

@好奇的一米阳光：网络时代，数字化阅读往往是碎片化、快餐式、随意性的，是一种浅阅读。对于深层次阅读而言，传统纸质阅读依然具有不可替代性。培养对纸质图书的阅读习惯，发现并重视传统纸质阅读的价值，是每个中国人都应当具有的文化自觉。

@泽汇：碎片化阅读方式刷新快，掺杂着良莠不齐的海量信息，在一瞬间充斥眼球，脑海中只留下朦胧的碎影。而系统的纸质阅读、深度阅读，能够将知识尽可能多地烙在脑海的最深处。在书中，我们与不同时期、不同民族的先贤对话，了解不同时代的风貌，认识所处的世界，也更加认识自己。

@张涛甫：阅读必须回归人的大脑，只有充分调动人类的深度思维能力，才能超越新媒体技术带来的负面影响。为此，我们应提倡一种更有利增进人类智慧的“慢阅读”……我们只有在海量信息中寻求有价值的信息，并用我们的大脑对其进行深加工，产生一种高附加值的知识，才有利于人类文明的发展与进步。

@Fenpi 粉皮：阅读长文本或重要知识内容，纸质书更能调动人的深入理解与思考能力。当我们长时间暴露在爆炸性的信息下，很容易丧失自主思考力。

【大学生需要静心阅读】

@时间管理社群：最基础也最简单的就是一定要养成阅读的习惯，而且必须静下心来坐在那看文字，而不是听书、听书评。大学生可以进行数字化阅读，但长期的碎片化阅读会使人浮躁，对以后做研究并无益处。我们一定要创造一个随手可以拿到书的环境，每天至少安排 30 分钟的静心阅读时间。

@鲁西西：那些不同的声音，像不同方向的风，将你变成一株摇摆不定的草。对于一个未曾阅读过经典的人，特别是学生而言，上网阅读是一件很危险的事。因为这个人可能会很容易相信某些似是而非的道理，很容易被说服、煽动。真正能指引人生的，必须是那些经得起时间考验的经典。

二、原因分析

2020 年 3 月，网站“亚马逊中国”发起了“2020 全民阅读大调查”活动，在为期一周的在线调查中，共计收到了社会各界超过 18000 份有效问卷。问卷结果显示，60%的受调查者将阅读列入了自己的个人年度计划；25%的受调查者认为，阅读已经成了他们日常生活的重要组成部分。在这些受调查者中，认为“阅读不重要”的比例不足 1%，超过 80%的受调查者认为阅读能“让精神生活更丰富”，接近 70%的受调查者认为阅读能“远离焦虑”。阅读已经不再仅仅是个爱好，而是成为生活里阳光一般的存在。

新兴的阅读方式正在改变着阅读的状态。近年来，在我国国民阅读调查中，电子书的阅读数量处于明显上升趋势，数字化阅读正在成为主要的阅读方式。

（一）数字化阅读的快速发展

我国第十七次全国国民阅读调查结果显示，2019 年我国成年国民的综合阅读率（包括书、报刊和数字出版物在内的各种媒介）为 81.1%，较 2018 年提升了 0.3 个百分点；数字阅读方式（网络在线阅读、手机阅读、电子阅读器阅读、iPad 阅读等）接触率为 79.3%，较 2018 年提升了 3.1 个百分点。数字化阅读的发展，提升了国民综合阅读率和数字阅读方式接触率，整体阅读人群持续增加，但同时也带来了纸质阅读率增长放缓的新趋势（见图 2）。

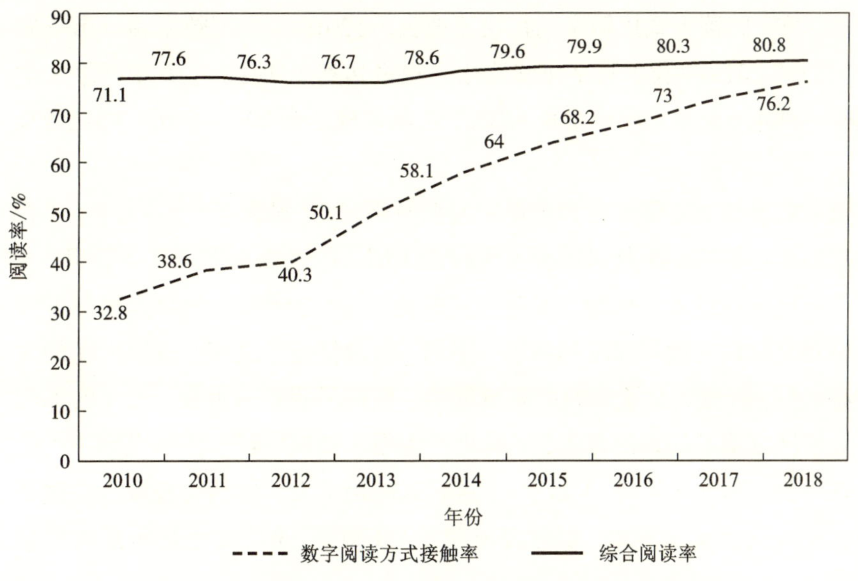

图 2　2010—2018 年中国成年国民阅读率

数据来源：BigData-Research《2019 年中国数字阅读市场研究报告》

从图 3 可以看出，2010—2018 年，我国国民人均阅读纸质书的数量保持在 4.25 本至 4.77 本之间。尽管总体趋势是上涨的，但增长速度不及电子书。八年里，我国国民人均阅读电子书的数量从 0.73 本增至 3.32 本，增长了 3.5 倍多（见图 3）。

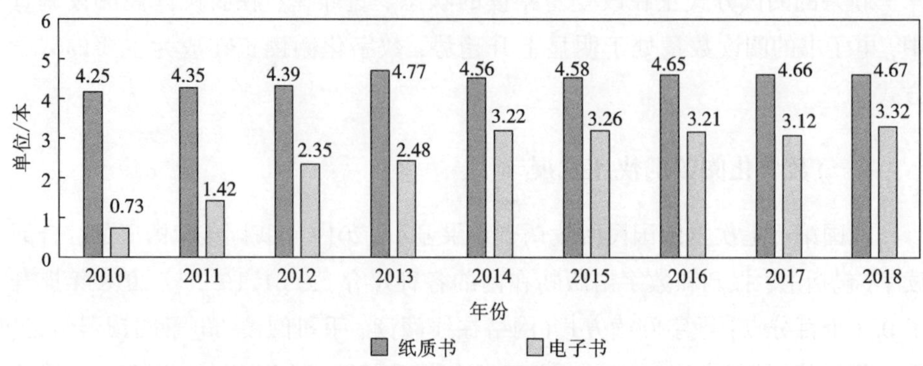

图3 2010—2018年中国国民人均阅读量

数据来源：BigData-Research《2019年中国数字阅读市场研究报告》

从2010—2018年中国成年国民阅读率数据可以看出，国民综合阅读率在缓慢增长，数字阅读方式接触率则在快速增长。《2019年中国数字阅读市场研究报告》显示，2019年我国数字化阅读用户规模达到7.4亿人，其中网络文学用户规模达到4.6亿人，同比增长8.3%，市场规模达到204.8亿元，同比增长21%。

在著名的媒体文化研究者和批评家波兹曼所著的《娱乐至死》一书中，作者认为电视媒介造成的娱乐化风潮会大大降低美国人的思维水平。事实证明，尽管波兹曼的这一观点无不偏激，但有一定的道理。"电子媒介的兴起稀释了成熟于印刷媒介时代的读写深度和浓度，图像、影像挤走了文字，占据大众的注意力中心之后，视觉弱化了我们的思维能力，搁浅了我们对世界、人生的深度思考。互联网创造了知识的奇迹，同时也产生很多知识'废气'。鱼龙混杂的信息汇聚在一起，形成海量的'大数据'，这远远超出了人们的消化极限。在这种情况下，人们只能流于形式，以浮皮潦草的'浅阅读'来应对生生不息的信息之流。"①

（二）大学生群体的阅读偏向

互联网的快速发展，数字化技术的不断成熟，不断涌现出大量的新兴数字

① 张涛甫. 在"流量"时代如何读书？[EB/OL]. (2020-04-21). https://www.thepaper.cn/newsDetail_forward_7057583.

产品，为用户营造了一个全新的学习、生活环境。面对新的时代冲击，用户尤其是大学生群体对新事物的接受度不断提高。高等教育相较基础教育而言，学生得到更多的尊重，能够自主选择；高校为学生的创新能力提高和个体自由发展提供了很大的空间和更多的机会，让大学生群体成为互联网新技术的前沿群体。因此，相比其他社会群体，大学生接触和使用数字化阅读的频率更高、程度更深。

为了进一步深入了解大学生群体的阅读情况，笔者采用了访谈和调查两种形式。通过访谈不同专业、不同年级、不同教育阶段的学生，对阅读提出了各自不同的想法。

【采用数字化方式阅读】

@小王（机电工程学院，2016级）：数字设备如手机、平板电脑等方便携带，可以随时随地阅读，查找学习资料也很方便。

@小聂（外国语学院，2019级）：平时喜欢用Kindle（一款电子阅读器）阅读外语原版小说，使用Kindle学习的时间多于用手机娱乐的时间。

由此看来，数字设备已经不仅仅是大学生娱乐的工具，更逐渐成为他们阅读和学习的工具。

【不同阅读方式的状态】

@小王（计算机学院，2019级）：数字化阅读可以放松精神，能够缓解压力，也能够辅助学习。

@小黄（能源学院，2018级）：以学习为主要目的来看手机，会使大脑处于工作状态，有利于集中注意力。

@小李（文学与新闻传播学院，2017级）：不能用数字设备阅读名著和专业课书籍，文学名著需要细读。

@小张（化学化工学院，2018级研究生）：用手机阅读对眼睛伤害太大了。

@小邹（航空航天学院，2018级本科生）：用手机看小说之后，我的视力开始下降。

综合以上大学生们的看法可以发现，大学生用数字化阅读形式来看网络小说的较多，用来看论文和查资料的较少。也就是说，使用数字设备的主要目的是休闲娱乐。而让大学生中止数字化阅读、回归传统阅读的第一原因是视觉疲劳，电子设备对大学生眼睛的伤害不可忽视。同时，信息迷航也是困扰数字化阅读不可小觑的原因。数字化阅读信息对象呈现零散性和非线性，加上部分大学生缺乏相应的阅读素养，自控能力比较差，专注度不够，使得数字化阅读的效果大打折扣。

三、解决方案参考

（一）选择合适的阅读方式

经过以上分析明确了数字化阅读迅速发展的趋势，明确了阅读媒介的改变正逐步改变着我们的阅读方式以及思维习惯。在这种情况下，阅读的正确打开方式是怎样的呢？是选择数字化阅读还是传统阅读？

1. 根据阅读内容进行选择

阅读内容始终是第一位的。传统阅读中的纸质书刊的公信力和权威度相对要高，当要看那些内容深刻、震撼心灵、提升境界的高品质书刊时，许多读者依旧首选传统阅读媒介——纸媒。正如一位网友所言："当我选择数字化媒介进行阅读时，更多的是一种获取信息的需求，而真正要获取文化、思想时，我会选择纸质阅读。"当大家争相在微博、微信、朋友圈发布信息、感怀生活的时候，一位在法国读书的姑娘用钢笔在随身携带的笔记本上记录生活点滴的故事被广泛转发，或许这便是那些在纸本阅读陪伴中成长的人们对纸媒的一种深情眷恋。

在阅读一些实用类信息以及不够精深的内容时，数字化阅读是更好的选择。作为当前技术和信息结合的必然产物，随着技术的飞速发展进步、人们生活节奏的加快，以及能接触到的信息量成倍增加，传统的纸质慢读式的阅读已不能适应多元的阅读需要，而利用"碎片化时间"进行"数字化阅读"便成为人们的理想选择。

数字时代，由于人们的时间也是"碎片化"的，所以在进行不需要100%专注度的阅读时，选择碎片化的信息内容，也不失为一种经济、便捷的选择。

2. 根据自身阅读习惯进行选择

数字化阅读不受年龄、职业和受教育程度等的影响，于是出现了读者的多元化，读者的多元化反过来又助推了数字化阅读的完善。在阅读方式的选择上，各类人群应该根据各自的阅读习惯与水平做出选择。

在很长一段时间里，文化精英、有阅读能力者和基本不阅读的民众存在着较大的隔阂。即使在今天，书本（包括各种数字化形式）依然是知识的主要载体，需要大段时间、高度专注的书籍阅读仍是一种高效的学习模式。阅读权威或经典书籍从学习效率上而言依旧不可或缺。这种模式能迅速地汲取知识“干货”，但不可否认，这种专注而长时间的阅读并非人人可为，它是一种经过长期训练而习得的能力。因此，对专家学者、文化精英以及需要大量读书的群体来说，传统阅读是主流。对大学生来讲，传统阅读更是不可丢弃的学习方式。

对于大多数没有阅读习惯、受教育水平较低的读者，针对阅读能力的差异，各种科普、大众版的读物把那些难啃的“干货”软化、简化后推出，不仅适应了这些读者的阅读水平，也很好地满足了他们的阅读目标。如今，互联网平台把这些“干货”掰碎，让更多没有传统阅读习惯的人能看到甚至看懂，让文化程度不高的民众都可以借助语音和有声读物进行交流和“听读”。因此，在数字化阅读中，阅读水平较低的读者可以充分利用网络优势，依托互联网资源，把阅读触角延伸到知识网络中；利用网络技术提供的便捷性，将阅读选择对准自己的知识目标地。

对知识分子来说，智能手机可能是一个让学习和学术分心的潜在威胁。但对大众而言，移动新媒体是一个极其重要的信息平台。它并未挤占闲暇时段中的学习时间，而是打发了原本无聊的空闲，提升了闲暇时段的生活品质，与此同时，还能接触一些其他渠道无法获得的信息和知识。学者在自己擅长领域之外通过新媒体进行数字化阅读，也是一种新信息、新知识的高效学习方式。

阅读是个人化的事件，它与我们自己的精神生活旨趣、偏好密切相关。在数字化时代，海量的内容和便捷的技术可及性打开了无限的选择可能，但我们不可能同时占据所有的跑道，只能搭载互联网的快车，选择其中有限的入口进去，寻找属于自己的风景。对于没有阅读基础、受教育水平较低的读者而言，数字化阅读大大降低了阅读门槛，选择数字化阅读不仅适应其阅读水平，也能够达到读书的目的，有针对性地阅读。

（二）让阅读变得“深”起来

除了选择适合自己的阅读方式外，面临着海量的资讯与阅读内容，如何阅读得更“深”成了全社会关注、热议、常谈常新的话题。如今，很多人在“琳琅满目”的书丛中“不知所措”，眼睛很忙碌，内心很焦虑，觉得自己什么都想看。

但是在好不容易静下心来准备读一本书的时候，却发现自己在纠结读什么的过程中已经浪费了不少时间。如果不能有选择地规划自己的阅读生活，则整个阅读生活都极有可能被碎片化，所有的日常闲暇时间都会被“无主题”阅读透支。我们需要考虑，面对超载的信息，如何在其中达到自己的目标。对于“读什么”这一问题，大家可以参考以下建议。

1. 阅读经典内容

经典是经过时间淘洗后沉淀下来的人类精神财富。无论是数字化阅读还是纸质书阅读，我们阅读的书目都应该是经典的、能够给人深刻启迪的。事实上，传统经典早已以数字化阅读的方式走进了公众生活，有很多“碎片”本身就是经典中的经典。很多人没有读过完整的《论语》，但往往都知道其中的名句：“三人行，必有我师焉。”“君子爱财，取之有道。”而且很多人阅读经典就是从碎片化阅读开始的。正如作家、出版家聂震宁所指出的，“《论语》和柏拉图的《理想国》，难道不正是一种碎片式结构吗？老子的《道德经》只有5000字，也就是一篇博客，也属于碎片一类。先秦经典大都是短小碎片的文本，这些碎片的存在并没有干扰到后来大量鸿篇巨制的诞生和阅读”。

在大数据主宰的流量时代，夸父逐日般地追逐信息流量是徒劳无益的，仅凭有限的接受能力，无法消化海量信息。只有在海量信息中寻求有价值的信息，并用“大脑机器”对其进行深加工，产生一种高附加值的知识，才能有利于人类文明的发展进步。“大脑机器”，即建立一个自己的知识体系，无论是在书本阅读还是数字化阅读中遇到了新知识和新观念，都要能够将其与我们的知识体系建立联系，然后理解和内化。而这个“大脑机器”的建成，需要我们不断地阅读经典内容，接触并利用有质量的内容、将所得信息内化到自己的知识体系中。通过数字化阅读高效地汲取信息与知识、领悟经典，将是每一位读者需要培养的新能力。

2. 加深思考深度

电子读物为人们开创了一种利用碎片时间的新型信息阅读方式，但电子读物的数字化阅读的快餐式特征，妨碍了人们对一些问题进行深层思考。数字化阅读的“根据喜好”“目之所及”“一知半解”导致现在的阅读表面化现象严重。

但数字化阅读可以帮助人们更快地获取多元信息、丰富认识，从而更全面地认识事物，这是形成理性认识的基础，同时也可以增进知识的流动、重组、融合与创新。试想，如果为了特定的阅读目的而不断延展阅读领域，即使读的都是短文章，所获信息也终将可以汇聚成更有深度的认识。同时，数字化阅读是可以打破学科界限的，有利于促进知识内容的交叉与整合。对已经习惯于数字化阅读的人来说，想要不断拓宽思维、保持思考的深度，就需要在养成良好阅读习惯的前提下，不断提升抓取信息、组织信息、整合信息的能力。只有这样，才能让自己的思考在“一片片”的数字化、碎片化阅读中加深。在不断改善阅读方法、提升阅读能力的过程中，以往习惯于数字化阅读的人群也会渐渐转向更具深度的电子书甚至是纸质书阅读。

想要促进数字化阅读走向深入、传统阅读走向新潮，书刊出版传播就要考虑如何更好地将二者的优势相结合，走融媒体发展之路：由碎片化阅读和试读等方式，引向纸质或电子深读，然后走向网络分享与共读，促进更广泛、更深入的全民阅读与文化生产。作为大学生读者的我们，则应该在保持传统阅读习惯的同时，努力将碎片化时间集中于“有深度的数字化阅读”之上。

席勒在《审美教育书简》中写道：“在一个民族里，审美修养的高度发展和普及是与政治的自由和公民的美德、美的习俗与美的真实、举止的文雅与举止的真实携手并进的。”文化产业不仅承载着经济目标，而且承担着政治、社会文化和生态的多重责任。一个国家，需要的是有远大理想、有创造激情、有头脑且精神高扬的国民，而不是拾人牙慧、思想浅薄的民众。倡导深度阅读的好风气，是当前我们社会建设、国家发展所迫切需要的。

其实，作为网络环境下成长的大学生，无论是数字化阅读还是纸质阅读都不是问题。只要在阅读，其行为就是值得肯定和赞许的。在数字化阅读趋势不可阻挡的今天，多种阅读媒介的共存，既是必需的，又是一种精神上营养丰富的组合套餐。无论哪种阅读方式，最重要的是谨记：阅读不能仅仅停留在追求感官娱乐的层面，而要追求精神的更高层次的体验，在有限的时间内用心掌握真正经典、高质量的内容。

读博还是不读博？

白丹妮　彭洒逸

有人说，本科生最重要的就业就是考研，硕士生才是最大的就业群体。

然而，等到硕士毕业后，曾经的“后浪们”在准备踏入职场时，手捧着前辈们传说的“尚方宝剑”——硕士学位，似乎也并不像所描述的那样无往不利。高校日趋上升的读研升学率让硕士满街飞，当年那家要求本科以上学历的用人单位，现在也变成了要求硕士研究生以上学历，要求硕士研究生以上学历的单位则变成了要求博士研究生学历。

面对用人单位不断提高的招聘条件，灵魂深处的纠结从要不要读硕士开始变成了要不要读博士。

一、问题提出

据统计，1982 年，我国博士研究生招生人数约 300 人；2018 年已增长至 9.6 万人；预计到 2021 年，将突破 11 万人①。逐步攀升的博士招生人数意味着时代的飞速发展加速了学历的贬值？这么多人选择读博的初衷究竟是为了什么？是为了心中的执念，为了更好的工作机会，为了光宗耀祖，还是想要攀登学术高峰？读博还是不读博已经成为大家持续讨论的话题。

（一）对读博持积极态度

有观点认为，选择了读博也许会让自己在读博的四年到六年时间中懊悔无

① 材料科学. 延期毕业率逐年上升！我国博士生累计招生近 150 万[EB/OL].（2020-6-14）. www.sohu.com/a/401850319_344863.

及，但是如果最终选择了不读博，遗憾的期限可能会延长为一辈子。

也有观点认为，选择了读博就意味着选择了挑战和冒险，这是一条不同寻常的路，却也是一条充满价值和意义的路。

（二）对读博持消极态度

读博超过了最长学习年限却依然无法毕业遭清退的现象屡见不鲜，博士毕业难也是很多人放弃读博的一个重要因素。有网友表示，“你毕业了，我在读博士；你结婚了，我在读博士；你生娃了，我还在读博士”。调侃中带着些许辛酸，却也是不争的事实。

社会对于女博士这一群体存在一些误解和声音，如称女博士为“灭绝师太一样的人物”“第三类人”，使得女生选择是否读博时顾虑更多。

（三）对读博持中立态度

有观点认为，要不要读博，主要考虑两个“在”，一个是外在，一个是内在。外在在于他人的目光和评判，内在在于自己的兴趣和能力。

也有观点认为，读博成本极高，若非极度热爱，建议三思而后行。

二、原因分析

在考量要不要读博这件事情之前，先来分析一下为什么越来越多的人对这个问题纠结不已。一方面，大家心中对读博充满了期许，有明确的读博动机；另一方面，大家对读博又迟疑不决，反复斟酌。那么在读与不读之间，到底是哪些具体的因素让人既心驰神往又犹豫徘徊？本文收集整理了几组调研数据，对博士教育的规模以及博士生的读博动机、毕业去向、读博压力、满意度等情况进行了梳理，通过这些分析试图对某些相关现象进行探究。

（一）我国博士教育规模

我国从招收博士研究生至今，已有近40年的历史，历经了三个不同的发展阶段。我国历年博士招生总数如图1所示。

逐步推进期。1980年，全国人民代表大会常务委员会颁布《中华人民共和国学位条例》，随后教育部下达了《关于做好1981年攻读博士学位研究生招生

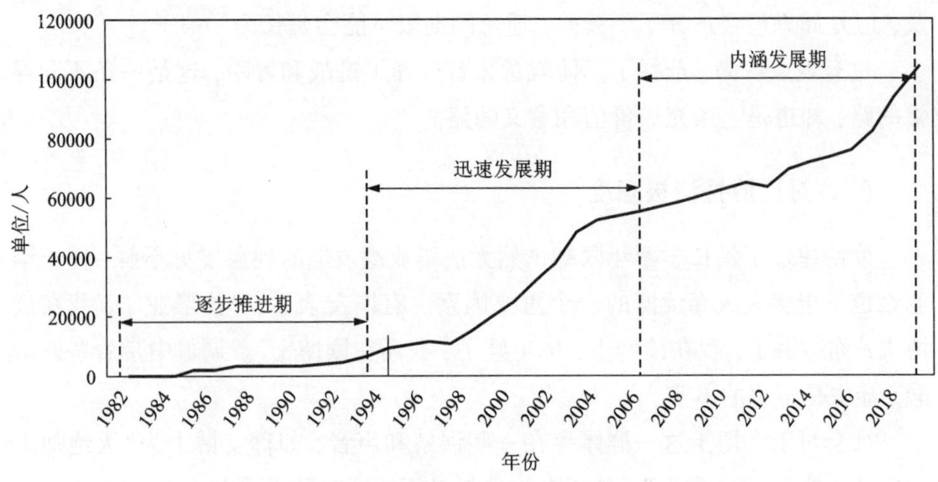

图1　我国历年博士招生总数

来源：《学位与研究生教育大辞典》、教育部官网教育统计数据

工作的通知》，计划“开始招收博士生”；1982年正式招收第一批博士研究生，共302名；1984年起，博士研究生的招生人数逐年上升；1994年招生人数接近10000人①。

迅速发展期。从20世纪90年代后期开始，我国高等教育逐渐从精英阶段向大众化阶段转变，本科教育的扩张促进了研究生教育的相应发展。1995年博士研究生招生人数突破10000人，随后十余年间迅速上升。2006年，博士研究生招生人数达到58000余人，较1995年增长了近6倍。

内涵发展期。从2008年开始，我国博士研究生招生规模的增长速度逐渐放缓。2008年博士生招生人数约6万人，2017年突破8万人，十年间增长约2万人，2019年首次超过10万人。整体来看，2008年至今，博士研究生教育逐步从外延式扩张阶段向内涵式发展阶段演进②。

（二）读博动机分析

在如今博士毕业难度居高不下的情况下，每年仍有大批“勇士”前仆后继地

---

① 秦惠民.学位与研究生教育大辞典[M].北京：北京理工大学出版社，1994：15-97.

② 中华人民共和国教育部教育统计数据[EB/OL].(2015-01-08)[2020-07-13]. http://www.moe.gov.cn/s78/A03/moe_560/moe_569/.

选择这条道路。一旦做出读博的决定，往往逃不过来自周围亲戚朋友的追问——为什么要读博？这些疑问的背后似乎包含了多种复杂的感情，有敬佩、有关心、有不解，偶尔也有偏见。那么这些学术金字塔塔尖上的博士们到底是怎么想的？是什么激发了他们选择读博？

从一份针对44所中国高校的1399名博士候选人的报告①中可以看出（见图2），博士生们选择这条道路最主要的动机是期待未来"谋得更好的工作和职业发展空间"，其次则是"对学术研究的热情"、"未来在大学或研究机构就职"以及"带来更高经济收益"。可以发现，绝大部分博士生将"博士学位"与今后个人的职业生涯规划及生存发展紧密挂钩，期待通过读博来改变、助推个人今后的职业发展，提升个人经济收益与名誉效应。

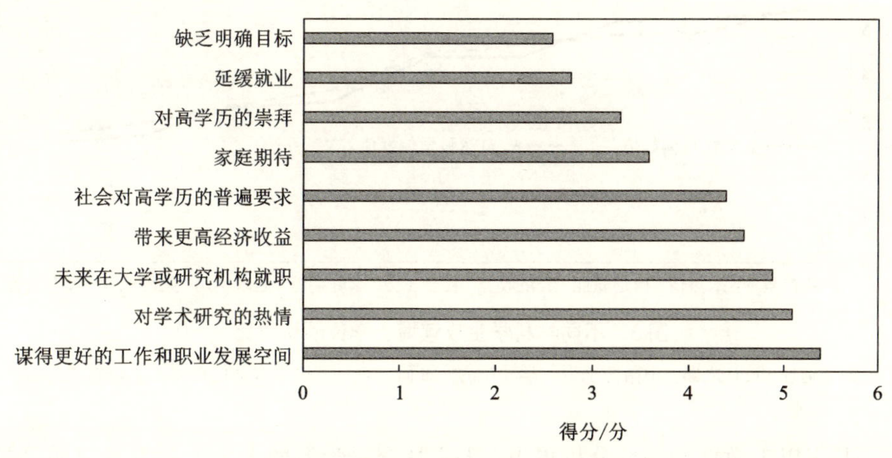

图2 攻读博士学位的主要动机

数据来源：《通往Ph. D之路：中国博士生入学动机的实证研究——兼论学术动机对博士生培养质量的意义》

除此之外，攻读博士的动机还包括"社会对高学历的普遍要求""家庭期待""延缓就业"等。虽然大家选择读博的动机不尽相同、趋于多样化，但总体而言，都十分关注博士学位对将来职业的帮助，希望通过读博来给自己的未来谋求一个安稳、踏实的职业或岗位。

---

① 黄海刚，金夷. 通往Ph. D之路：中国博士生入学动机的实证研究——兼论学术动机对博士生培养质量的意义[J]. 复旦教育论坛. 2016，14(5)：59-66.

如果具体地以文科生和理科生视角来探寻读博动机，不同学科的博士生们选择读博的原因也有所差异，具体如图3所示。人文社会科学的博士和自然科学的博士在“对学术研究的热情”“未来在大学或研究机构就职”“带来更高经济收益”“家庭期待”“延缓就业”“缺乏明确目标”上呈现出较为明显的差异。人文社会科学的博士们一心扎在学术里，涌现了更多的学术新秀，其追求“学术研究热情”与“寻求稳定职业”的读博动机高于自然科学群体。自然科学的博士们则更看重博士学位可能带来的更好的经济收益和就业机会，在“获得更高经济收益”“满足家庭期待”“延缓就业”“缺乏明确目标”方面的动机高于社会人文科学的博士。

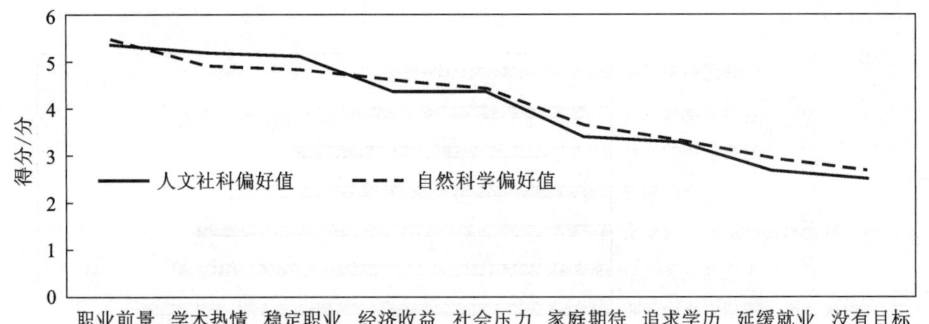

图3 不同学科学生攻读博士学位动机对比

数据来源：《通往 Ph. D 之路：中国博士生入学动机的实证研究——兼论学术动机对博士生培养质量的意义》

基于以上数据的理性分析得出：人文社会科学的博士生普遍具有更明确的目标和方向感，并且在学术研究上具有更高的热忱和投入度；自然科学的博士生考虑问题比较实际，对未来发展的预期也更为多元。

（三）博士就业去向分析

以中南大学2017—2019届博士毕业生就业去向为例，超九成的博士在毕业后选择在事业单位就职，其中约35%的就业去向为高等教育单位，约50%的为医疗卫生单位，约2%的为科研单位；不到一成的博士在毕业后选择去企业单位就职，其中绝大部分为民营企业；约1%的博士毕业后去往党政机关就职（见表1）。

此外，博士毕业生入职比例排名前10的行业为：卫生和社会工作，教育，科学研究和技术服务，制造业，公共管理、社会保障和社会组织，采矿业，交通运输、仓储和邮政业，信息传输、软件和信息技术服务业，电力、热力、燃气及水生产和供应业，建筑业(数据来源：中南大学毕业生就业质量报告)。

表1 中南大学2017届—2019届博士生就业去向分析

单位性质	比例/%		
	2019届	2018届	2017届
党政机关	1.15	1.44	0.83
事业单位	90.27	91.26	92.11
高等教育单位	42.64	34.17	31.46
科研单位	0.77	2.77	2.6
医疗卫生单位	45.45	53.1	56.18
其他事业单位	1.41	1.22	1.87
企业单位	8.45	7.3	6.64
国有企业	1.92	1.55	2.28
民营企业	5.76	5.2	4.36
三资企业	0.77	0.55	0
部队	0.13	0	0.42
合计	100	100	100

结合博士就业去向可以看出，绝大多数博士实现了最初的动机，而博士的主要就职单位如高等教育单位、医疗卫生单位、科研单位也是目前我国社会大众主流价值观中普遍比较认可、具有较高社会地位的单位。

(四)读博面临的主要压力和困扰

如今，脱单和脱贫已经不是博士们最大的困扰，脱发才是。读博期间的种种压力，导致部分博士生发量减少。从本科到硕士再到博士，发际线的向上推移和发量的日益减少讲述了不断增加的学位获取难度。拥有丰厚学术成果的博士生已经不是最令广大网友们羡慕的那一类群体了，拥有学术成果且发量仍在才是博士生中的人生赢家。

1. 毕业压力

首先是毕业压力。英国 *Nature* 杂志每两年对博士生存状况进行一次调查，内容包括选择攻读博士学位的原因、读博的体验与感受、心理状态以及对未来的展望等。在 2019 年的博士生生存调查中①，相较于其他国家的博士生，在中国攻读学位的博士生对毕业问题尤为关注。超六成的中国受访者对自己是否能按期毕业表示非常担心，四成将其列为最关心的问题。不少受访者在评论中留言抱怨："中国博士生的毕业压力太大了！"

再来看看我国博士毕业数据。近年来我国博士研究生的延期毕业率持续上升，延期毕业已然成为常态化现象，博士生"严入严出"的现象愈发普遍。2003 年，博士研究生延毕率为 46.5%；2012 年延毕率突破 60%且不断上升；2018 年延毕率已达到 64%，说明有超过六成的博士研究生无法正常毕业（见图 4）。

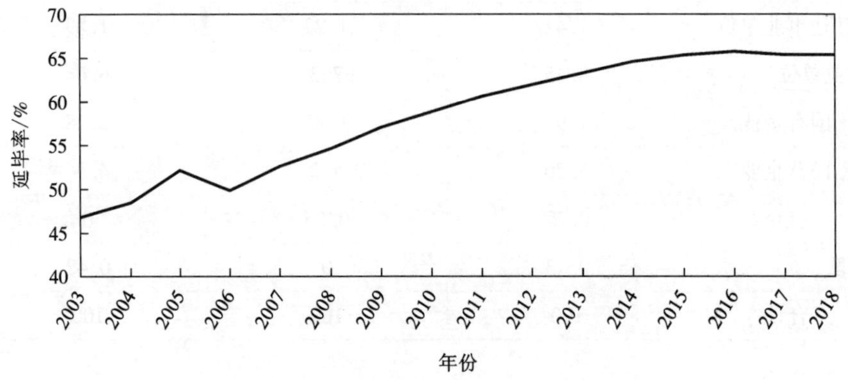

图 4　我国博士研究生 2003—2018 年延期毕业率

数据来源：教育部

2. 心理压力

在沉重的毕业压力笼罩下，博士生的心理健康状况也不容乐观。在 *Nature* 2019 年的博士生生存调查中，约 40%的中国受访者表示，自己曾因为读博期间产生的焦虑和沮丧向外界寻求帮助。考虑到并非所有人在感到压力时都愿意向

① 2019 Nature PhD Students Survey Data [EB/OL]. (2019-11-07) [2020-07-13]. https://figshare.com/s/74a5ea79d76ad66a8af8.

外界吐露自己的心声、寻求帮助，所以有心理问题或心理困扰的博士生比例实际上会更高。

这些曾因心理问题向外寻求帮助的中国受访者中，约13%的表示有意愿向自己所在学校或科研机构的相关部门寻求心理上的帮助与支持，但不知道如何获取。只有10%的受访者认为，所在学校或科研机构提供的心理健康指导和帮助有用。

3. 经济压力

即使是一路不间断升学到博士阶段，博士生的年龄一般也至少25岁了。如果先前经历过就业或间隔期，那么年龄更大，在而立之年甚至不惑之年攻读博士学位的人不在少数。博士学位的攻读期限相较硕士也更漫长，少则四五年，多则七八年。这一时期，大部分人面临谈婚论嫁，经济上的庞大支出给这些没有固定收入的博士生们带来了较大压力。已组建家庭者则经济负担更加明显。由于我国博士生大部分是全日制、脱产形式的，并无可观的工资收入。虽然有一定的生活补助、科研奖励及奖学金，但相比支出，仍然是捉襟见肘，经济压力可想而知。

（五）读博满意度分析

2019年，*Nature*杂志第五次开展博士生生存调查，该次参与调查的人数(6812人)是最多的一次。受访者来自各个学科领域、国家或地区，分布不同的年龄层次，男女比例基本相当。此次受访人群中有28%来自亚洲，30%来自美洲，36%来自欧洲，6%来自其他地区。其中来自中国的受访者有765名，达到了历届调查的最高水平。从问卷的总体结果来看，相较于其他国家，中国的受访者对博士生生涯似乎有些忧虑和悲观。

当被问及对博士生生涯是否感到满意时，多数受访者的反馈较为积极，全球所有受访者中70%的认为比较满意或非常满意；但中国受访者的满意度与之差距较大，只有55%的感到比较满意或非常满意，比整体满意度低了15%，具体见图5。

对选择读博这一决定的满意度，中国也低于全球整体水平。全球6812名受访者中有74%的感到比较满意或非常满意，中国受访者有62%的感到比较满意或非常满意，比全球整体满意度低了12个百分点，具体见图6。

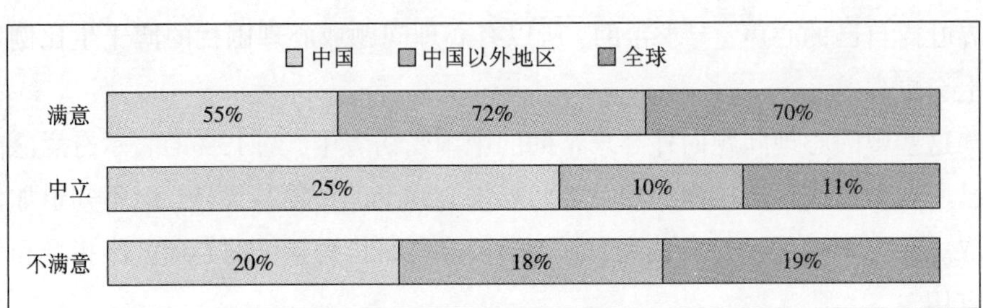

图 5　对博士生生涯的满意度

数据来源：*Nature* 杂志

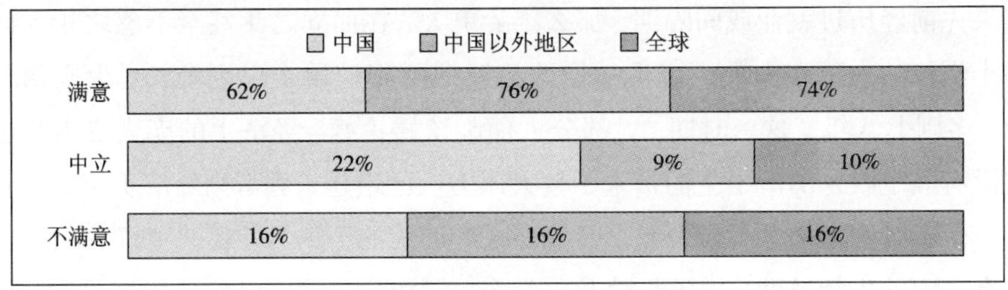

图 6　对读博决策的满意度

数据来源：*Nature* 杂志

当被问及博士项目多大程度达到自己之前的预期时，全球所有受访者有10%表示超出预期，53%表示达到预期，37%表示未达到预期。中国受访者则有 5%认为超出预期，50%认为达到预期，45%认为未达到预期。可以看出，近一半的中国受访者认为自己目前的博士生涯状态没有达到当初自己的预期和设想，具体见图 7。

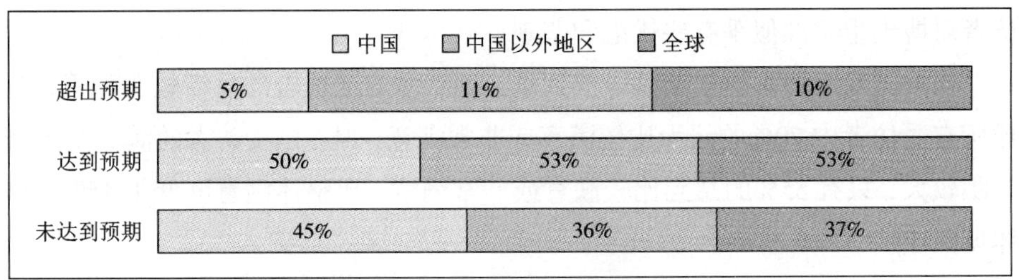

图 7　博士项目是否达到预期

数据来源：*Nature* 杂志

通过对读博动机、读博压力与满意度、博士毕业去向等多角度、宽维度的分析可以发现，一方面，对学术的追求、对职业和未来发展的期待促成了大家读博的意向；另一方面，读博期间的种种压力与困扰、并不乐观的满意度让大家对读博望而生畏。

三、解决方案参考

通过以上分析可知，读博首先须付出时间成本和经济成本，会承受更多的压力；同时，读博也可以给人的各方面带来质的提升。关于读博还是不读博的选择应该是并列平行的关系，它既不应该充当改善某个困境的“良方”，更不应该成为延缓就业的“妙药”。关于到底要不要选择读博这个问题，大家可以对照以下几个方面的因素并结合自己的实际情况进行梳理和分析，综合考量和判断自己是否应该选择读博。

（一）内部因素

1. 科研兴趣

一部分人选择读博，是因为喜欢做研究，希望能够探索科学真理，享受科研带来的快乐。因此在艰巨的挑战和现实的双重打击下，依然能够坚守初心，做出世界级的研究成果。另一部分人选择读博带着功利的目的，希望提升自己的学历层次和竞争优势。这种情况下的科研工作往往是在导师和毕业的重压下进行的，而非真正享受攀登学术高峰所带来的喜悦。所以在选择过程中一个重要的考量因素就是兴趣，如果自己不是特别有科研兴趣，建议慎重，因为它将占据你四年到六年最好的年华。

2. 综合素质

读博综合考验着人的毅力和才智。如果想要读博，那么需要具备勤奋刻苦的拼搏精神和甘于寂寞的恬淡心境。读博的清苦毋庸置疑，在这个过程中，只有静下心来、看淡失败的人才能真正体会到做学问的乐趣。一般认为，生活越简单自律，个人的精力越容易集中。面对科研越有耐心，也越能做到坚守和淡然，过于浮躁的话，读博的过程就会变成一个煎熬的过程。

此外，富有创新精神也是读博须具备的要素之一。没有创新的研究是没有生命力的。在循序渐进的提升过程中，读博是一个不断自我否定，不断自我激励，不断自我修正，不断从失败中学习、从学习中创新的过程。因此，能否在专业领域有所突破和创新，有没有专业前沿的学术或技术成果，是衡量一名博士是否合格的重要参考。

善于沟通、良好的人际关系和团队协作精神也是做研究必备的要素之一。在一个成熟的科研团队里，研究都是站在“巨人”的肩膀上进一步深入的。一项重大突破性进展的获得往往是学科交叉、团结与合作的结果。

3. 职业规划

关于这一因素的考量，关键点在于考虑清楚自己想要选择什么类型的职业、想从事哪种性质的工作。如果有志在高校从事科研和教学工作或者想在大城市的三甲医院从事科研工作，那么博士学位就是敲门砖；如果想进入层次较高的科研院所开展研究工作，那么硕士毕业后继续攻读博士学位就是必要条件；如果不纠结于研究型的工作，只是为了获取高薪，就可以结合自己当前的专业性质和实际情况先就业，工作之后再根据现实需要决定是否要继续深造。

4. 婚恋问题

如果一路升学后选择继续读博，一般来说，年龄在二十五岁左右。大部分同龄人已经谈恋爱了，小部分同龄人也可能领证成家了。毫无疑问，选择读博在婚恋方面带来的直接问题就是可能导致恋人或夫妻处于异地的状态。从学制上来说，修完博士学位需要四年到六年，即使能在四年之内如期毕业，也意味着双方必须至少承受四年的异地生活。在通信发达、交通便利的今天，尽管读博期间偶尔可以忙里偷闲看望一下对方，但毕竟时间周期较长，长时间的陪伴缺失会让这段感情经受一定的考验。因此，如果有另一半，在做是否要读博的决定前应该充分征求对方的意见并向着达成一致的目标去努力，毕竟对方的支持和认可将成为逐梦博士路上的强大动力。当然，若这个年龄段还没谈恋爱、成家或者和对方在同一所学校或同一个地区的学生来说，则可以免去这个烦恼。

5. 物质基础

非在职读博要面临的一个问题就是经济上很难独立。以来自一般家庭的普通博士生为例，在生活成本相对较高的当下，在微薄的补助待遇面前，只能实现简单的温饱自由。国内读博士的补助具体到学校/科研院所和个人会有一定的差别。一般来说，博士生助学金由国家助学金、学校助学金和导师助学金三部分组成。根据《财政部教育部关于进一步提高博士生国家助学金资助标准的通知》(财科教〔2017〕5 号)精神,“从 2017 年春季学期起,提高全国研究生招生计划内的全日制博士生(有固定工资收入的除外)国家助学金资助标准,其中:中央高校博士生从每生每年 12000 元提高到 15000 元,地方高校博士生从每生每年不低于 10000 元提高到不低于 13000 元”;各个学校设立的博士助学金从 5000 元/年起步不等;从科研项目助研经费中设立支出的导师助学金具体到个人更是千差万别。基于此,大部分博士生获得的资助数额可以有 18000 元/年到 60000 元/年不等,这也就意味着一部分博士可能还需要继续从家人那里得到一些经济资助。而如果在经济方面的压力较小的话可以让博士生更加心无旁骛地专注科研。

6. 心理健康水平

学术的道路是寂寞的。它并非一帆风顺,更不能让人一夜成名。读博期间确实需要经历一定的挫折、承受一定的压力。仅从自身而言,一方面来自科研生活中巨大的学术压力,论文质量要求越来越高,博士延迟毕业已经屡见不鲜;另一方面来自世俗观念,同学朋友们参加工作三四年后都已事业小成、家庭美满,反观自己,功不成名未就,潜意识也会受到这些现状的影响。此外,还有导师、人际、经济、婚恋等其他问题。因此,良好的心理承受能力和强大的抗压能力是读博的必备“神器”。

(二)外部因素

1. 博导水平

在读博过程中,导师作为博士生在校的“第一监护人”,与每名博士生的“命运”休戚相关。相同条件的两位博士生如果遇上不同的导师,可能会有截然不同的“命运”。导师的研究方向和学术风格对博士生的学术发展有着较为直接的影响。因此,在决定是否要读博以前,需要对导师的研究方向、研究成果、研究方法、研究风格和师德进行较为深入的调研,从而确定是否与自己感兴趣的研究方向一致。此外,导师与学生的互动方式也会对博士生的研究性格、认知、价值取向、心理状况产生持久、深入的影响,这种影响甚至延续到博士毕业后的生活和工作中。因此,在决定读博前可以通过写邮件沟通、参观实验室、咨询学长学姐等方式进行初步了解。

当前，我国博士的招生方式主要有考试和考核两种，具体来说，共有直博（至少5年）、硕博连读（至少6年）、硕士毕业后再攻读博士（至少7年）三种情况。《教育部办公厅关于做好2017年招收攻读博士学位研究生工作的通知》（教学厅〔2017〕2号）明确提出，“以提高质量为核心，进一步深化博士研究生招生制度改革，推进完善博士研究生‘申请—考核’招生选拔机制，激发博士研究生教育活力，全面加强拔尖创新人才选拔”。此外，根据2020年全国研究生教育会议精神，要进一步优化研究生的考试招生制度。“目前，我国‘双一流’建设高校实施‘申请—考核’制的比例为85.71%，全面实施的也有40%。这一政策将逐步取代原来的普通招考方式，成为与硕博连读、直博并行的博士生人才选拔路径。”[①]目前来看，通过申请考核制读博的学生大部分都是已在科研团队就读的学生或者是研究方向与科研团队一致的学生，因为这样的学生做课题研究会具有一定的延续性。因此，留给毕业后再考博的硕士们的机会相对较少，也越来越难。

2. 科研团队

另外一个需要考虑的因素是未来读博期间所在的科研团队。如果将来读博可以进入一个相对成熟的科研团队，那么所在课题组能为博士期间开展研究工作提供必需的硬件设备和充足的研究经费；而团队本身具有深厚的学术积累、明确的研究方向和系统的研究方法的话，能够帮助博士生少走弯路，指导博士生在团队取得连续性成果的基础上持续深入；如果所在的团队能够争取到各类高级别的重大项目，能够为博士生提供高起点、新领域的研究课题或方向；如果团队具有国际化的视野和平台，则能创造各类条件让博士生接触到各类最新的研究成果和研究视角，与国内外知名的专家教授交流探讨，开拓学术视野，激发学术灵感。当然，并非所有科研团队的各项条件都能满足自己的预期。因此，读博前应该充分了解准备加入的科研团队的具体优势和不足，并进一步思考这些现实情况是否与自身的目标和发展方向相契合。

3. 专业背景

如果对科研感兴趣，且有意向去往高校做教师，或做某些高层次的定向选

---

① 周文辉，贺随波. 博士生招生“申请—考核”制在我国“双一流”建设高校中扩散的制度分析[J]. 中国高教研究，2019(1)：72-78.

调生，那么人文社会科学类专业较为适合读博，因为仅凭硕士学历往往达不到这些岗位的学历要求。而这些专业的硕士毕业后直接去企业的话，发展空间和薪资水平可能不如同级别高校的工科类本科毕业生有优势。再如医学专业，读博的必要性比较大，因为大城市三甲医院的医生职位招聘目前基本都是博士研究生学历优先。此外，如果对学术没有特别的执念，计算机、软件、电子信息、会计等偏应用型的专业读博的必要性不是特别大，有硕士研究生学历就可以找到相对较好的工作。

4. 就业前景

由于专业性很强，博士的就业面相对来说会比较窄，这是博士毕业生在就业时面临的主要问题。因此，对口的工作机会和就业方向会相对受限。而如果脱离本专业去就业，那么又会失去学历和专业优势，企业也没必要付出更高的人力成本去培养博士新人。但这只是短期的问题。从长远来看，博士的优势还是十分明显，专业性强，职场上限高，有专业领域知识的博士自然也有很好的发展空间。

此外，在找工作时博士是可以向下兼容发展的。除去高校，博士研究生还可以做公务员、去国企或民企、做中小学教师，选择的余地相对来说大于学士和硕士。从近年来一线城市中小学教师招聘博士的聘用情况就可以看出，同等条件下博士的竞争力会更胜一筹。

5. 社会价值判断

在理性的价值判断中，一份职业的好坏，除了收入以外，一些物质以外的评价标准会给人带来更多的获得感，如工作性质、工作时间、工作环境、工作成就感、职业发展轨迹、人际交往圈、社会地位、社会声望和生活品质等。就这一点来看，博士毕业生可选择的空间大于学士和硕士。

总体而言，读博与不读博只是人生面临的众多选择之一，任何选择从做出决定的那一刻开始就是一种对自我的高度认同。读博不是唯一出路，毕竟除了读博之外，还有那么多的人生选择；读博是一条独特的道路，它能带给人们“不读博”就感受不到的人生体验。

在大学，我要不要做一份兼职？

宋晓东　张佳琪　黄永明

上了大学，不再像高中那样每天三点一线：教室、食堂、宿舍。高中只有一个任务，那就是专心致志地学习。大学的空余时间很多，能做的事情很多，可以做一些自己喜欢的事。当然，花的钱也比初高中时要多很多，有的同学为了多赚些零花钱，让父母不那么辛苦，就会选择去做兼职。

有人在大学通过兼职积攒了人生的“第一桶金”，实现了经济独立，甚至还能补贴家用；有人毕业时因为兼职积累的经验获得了很多用人单位抛出的橄榄枝抑或是直接获得投资、成功创业；也有人因为兼职浪费了时间，应上的课没有按时到，应通过的考试迟迟没有通过(要么一挂再挂，要么缺考重修)；甚至有人因为兼职被骗卷入了传销组织，人身安全都受到威胁。

兼职究竟有利还是有弊？大学生要不要去做一份兼职呢？

一、问题提出

就业是大学生进入社会的关键环节，更是人生的重要转折。随着高等教育的普及，教育规模不断扩张，大学毕业生数量与日俱增，就业形势也越来越严峻。随着社会企业的要求及自身发展的需要，用人单位越发重视大学生的综合能力和实习实践经验，因此越来越多的大学生走出校门、走向社会，参与兼职工作，以丰富自己的工作经验。大学生兼职已经成为校园内的普遍现象，学生、家长、学校、社会对此广泛关注，由此引发的话题讨论随处可见。

观点一：【兼职可以提升能力、让学生提前适应社会，还能赚零花钱，好处多多】

有人认为：大学生兼职是有利的，通过兼职可以提升自我、培养综合能力、锻炼胆量、贴补家用、丰富阅历、提前认识社会、丰富生活、开阔视野等。大学生除了学习之外会有大把空余时间，相比于在宿舍打游戏浪费时光，出去找一份兼职更有益处。

观点二：【兼职做的都是体力活，浪费时间，还容易上当受骗】

也有人认为：兼职是有弊的，兼职会占据大量时间、学生容易受骗，往往对自己的提升作用小，反而还容易在兼职中失去目标、迷失自我。大学生可以利用大学里的空闲时间考取证书或者学习技能等，做比兼职更有意义的事。

观点三：【兼职有利有弊，主要在于你如何取舍和对待】

有人认为，兼职是利是弊取决于如何做兼职和怎么看待兼职。大多数大学生是把兼职当打工，浪费掉了人生最难得的学习时光却仅赚取了少量的金钱。也有部分成功的人，他们把大学期间的兼职当作一门课来对待。大学的主要任务，毋庸置疑是“学习”，不是狭义的学习。如果真要兼职的话，一定要好好思考。

对于大学生兼职的利弊，各执一词、褒贬不一。一方面，用人单位在招录毕业生时，越来越重视大学生的人际交往能力、组织协调能力、实践和工作经验等；大学生面临就业压力，通过参与兼职获得工作实践经验，进而提升就业竞争力。另一方面，大学生在兼职过程中也逐渐产生了盲目跟风导致的与学业发生冲突、人身权益受到侵害、受到社会不良风气影响等负面情况。

大学生的兼职对于高校管理来说也是新的挑战。良性的大学生兼职，会给学生带来有利的能力提升和经验积累，促进学生综合发展。恶性的大学生兼职，损害学生权益，甚至产生法律纠纷，从而影响高校的管理和发展。高校作为人才培养的重要场所，应正确引导大学生科学辩证地看待兼职行为，通过规范合理的管理来规避弊端和问题，这对于促进大学生兼职现象健康发展、促进大学生全面发展而言非常重要。

二、原因分析

在考虑大学生要不要做兼职之前，首先需要清楚什么是大学生兼职。洪苗苗在《沈阳音乐学院大学生校外兼职问题与管理对策研究》中提出，大学生校外兼职可以理解为在读书期间，大学生在学习之外，自愿为他人或机构提供的体力或脑力劳动，具体包括家教、自主创业、网上营销、证券交易、校外的其他长短期工作等①。经素等在《大学生兼职情况调查报告——以南京地区高校为例》中指出，大学生兼职，赚钱不是唯一目的，更多的是希望通过兼职，尽早地走出象牙塔，走进社会，深入了解社会和探究社会，为将来走向工作岗位做好准备②。

兼职本来是一种很好的锻炼大学生能力的途径，但为什么越来越多的大学生对兼职产生困扰呢？究其原因，一方面，大家对兼职跃跃欲试，对步入社会充满期待；另一方面，大家对兼职又十分犹豫，反复考量例如学业与兼职所需时间冲突等问题。因此要从不同角度与层面分析大学生兼职的利弊，全方位地了解大学生兼职，为是否要选择兼职提供参考意见。

（一）相关背景

现如今，高校教育对我国高等教育的发展起到了关键性的推动作用，但高等教育相较义务教育收费高，导致低收入家庭难以接受或顺利完成高等教育，经济困难的家庭会因为教育收费过高而感到负担沉重。

目前多数本科生学费为3000元/年~7000元/年不等，加上生活费用，一个学生在校的费用达到3万~6万元，甚至更高。与此同时，有些企业在招聘时，会比较看重学生的实习实践经验。对于刚毕业的大学生而言，如何能在毕业生群体中抢占求职先机，实习实践经验不可或缺。而大学生涯中的对应求职岗位的兼职经历就是很好的增长和积累实习实践经验的方式。

为了解高校学生的实际兼职情况，课题组自编问卷在某“双一流”高校工科学院进行调研，共发出问卷625份，回收问卷625份，问卷的部分问题设置多项选择。

1. 样本总体情况

如图1所示，在参与调查学生的性别分布情况中，男生占比56.64%（354人）、女生占比43.36%（271人）。如图2所示，在参与调查学生的年级分布情况中，大三年级的最多，占比38.56%，其余依次为大一年级（29.92%）、大二年级（29.76%）、大四年级（1.60%）和研究生（0.16%）。根据问卷调查结果可

① 洪苗苗. 沈阳音乐学院大学生校外兼职问题与管理对策研究［D］. 大连：大连理工大学，2016.

② 经素，吴亚子，赵燕. 大学生兼职情况调查报告——以南京地区高校为例［J］. 青年研究，2005（10）：23-27.

知，大三年级学生居多的原因主要是即将步入社会寻求工作，兼职的经历可以帮助他们丰富社会阅历、增加工作经验。

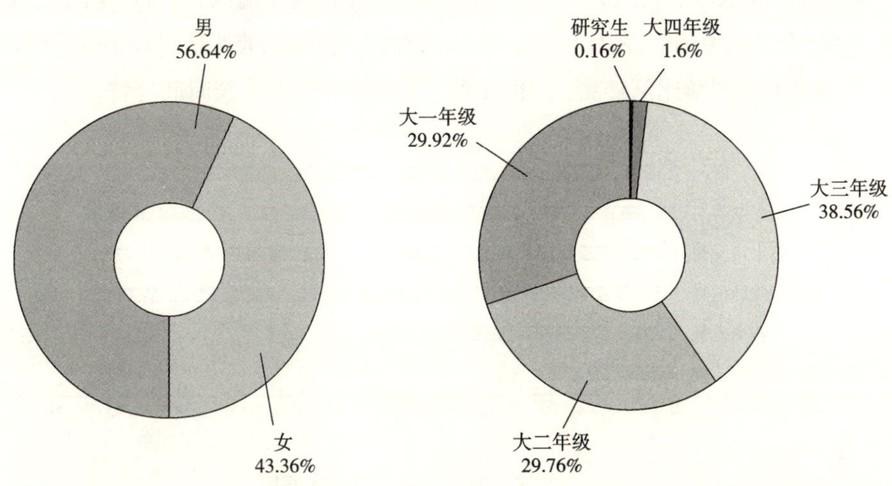

图 1　参与调查学生的性别分布　　**图 2　参与调查学生的年级分布**

如图 3 所示，在参与调查的同学中，已兼职的男女生比例几乎均等，女生兼职的人数稍高于男生兼职的人数，为 55. 2%。如图 4 所示，男生未参与兼职的比例更高。

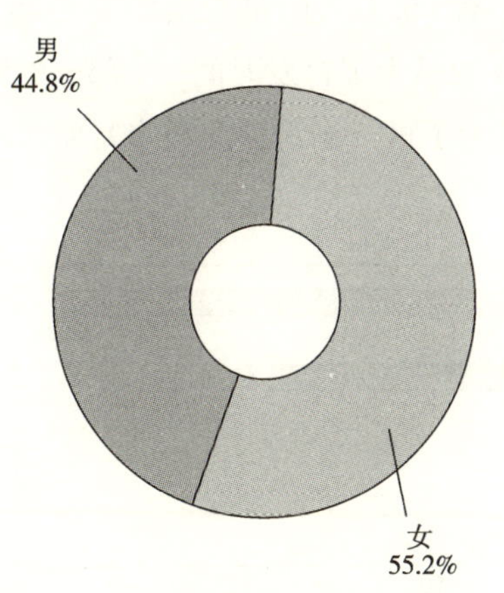

图 3　参与兼职的学生性别比例

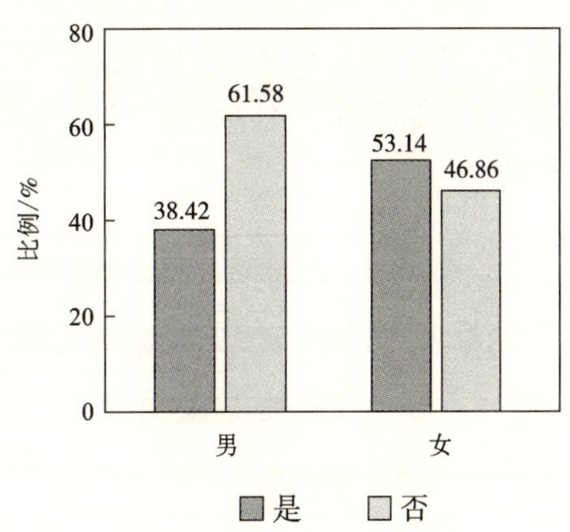

图 4　参与兼职的男女生比例

2. 未参与兼职的情况

如图 5 所示，部分同学未参与兼职的原因主要为没时间（52. 17%）、找不到兼职信息（47. 83%）、怕影响学习（43. 19%）、怕上当受骗（42. 9%）、薪酬太低（20. 29%）及其他原因（7. 83%）。其中，因没时间、找不到兼职信息与怕影响学习而不选择兼职的同学比例较高，这也体现了兼职存在花费课余时间等特性。

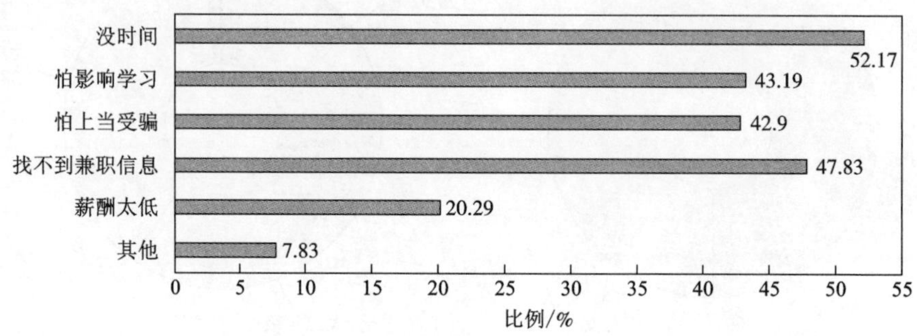

图 5　学生未参与兼职的原因

尚未参与兼职的同学中，有超过 60%的同学表示会考虑兼职，19. 13%的同学表示不会考虑兼职，18. 26%的同学表示尚不确定是否要兼职。根据调查可知，接近 80%的同学已参与兼职或有参与兼职的意愿。

3. 参与兼职的情况

如图 6 所示，在已参与兼职的同学中，有 86. 43%的是想要赚取薪酬，有 65. 71%的是为了积累工作经验，还有 22. 5%的是为了打发时间，小部分的同学是因为其他原因。可以看出大多数大学生是为了可以经济独立与丰富阅历选择兼职。

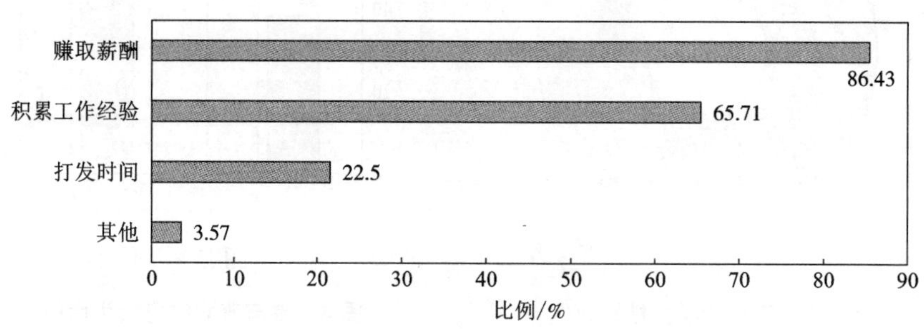

图 6　参与兼职的原因

如图 7 所示，参与兼职的同学大部分是通过周围同学、老师介绍(45.71%)，其次是通过网络、传单、海报等途径自己寻找(46.43%)。如图 8 所示，在众多的兼职工作中；43.93%的同学从事的是家教、翻译等知识类工作；43.21%的同学参与的是校内勤工助学等兼职工作；较少的同学选择发传单、促销员等营销类工作(5.36%)，网络兼职(3.21%)及餐饮服务类工作(1.79%)。不同类型工作获取的途径有所不同。如图 9 所示，校内勤工助学，家教、翻译等知识类兼职和发传单、促销员等营销类兼职大部分是通过周围同学、老师介绍了解的兼职信息。

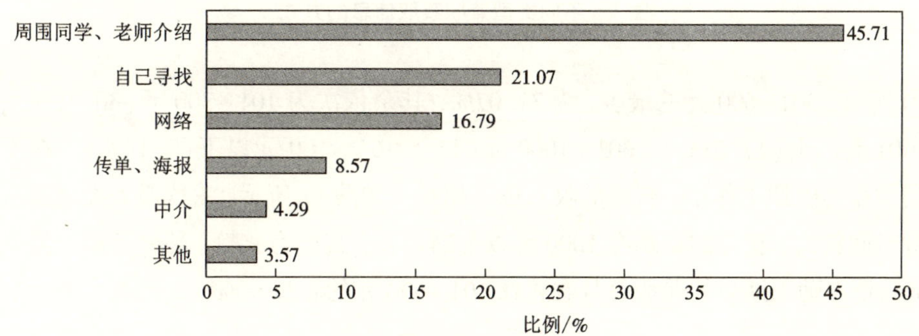

图 7　找到兼职的原因

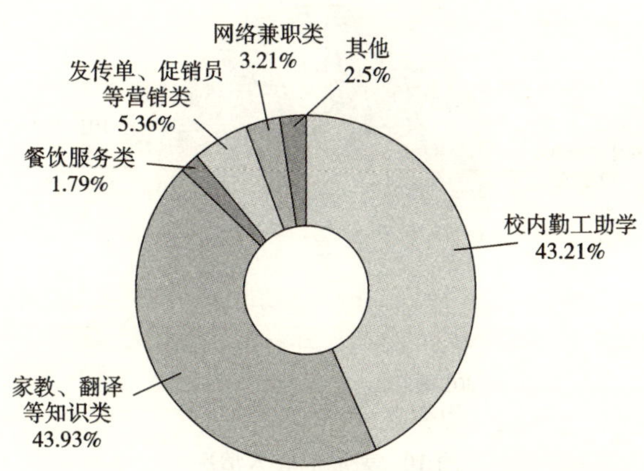

图 8　参与兼职的类型

在参与时间和薪酬方面。大学生参与兼职的时间比较平均，工作日和周末没有差别，但节假日和寒暑假较少；在兼职的时长方面，大部分同学每周工作在 10 小时以下，也有超过 40 小时的同学(7.22%)；在兼职的收入方面，如图

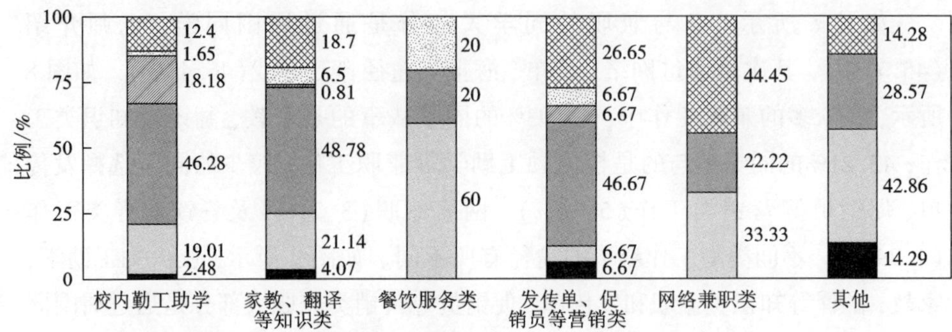

图 9　不同类型兼职获取信息的方式

10 所示，301～600 元的最多，为 31.07%，其余依次为 101～300 元（30.71%）、1001 元以上（17.51%）、601～1000 元（13.57%）、100 元以下（7.14%）。在不同类型的兼职工作中，获得的收入也不相同。如图 11 所示，餐饮服务类因其从事时间较长，获得的薪酬在 1000 元以上的最多，其次为家教、翻译等知识类兼职，校内勤工助学的兼职每月收入在 101～600 元的超过 90%。

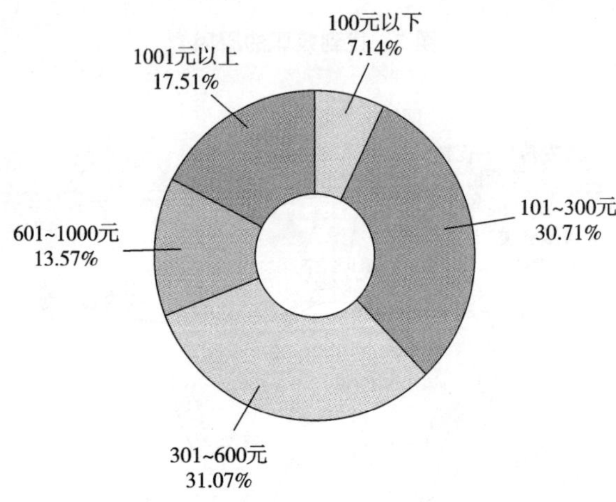

图 10　兼职的收入情况

如图 12 所示，参与兼职时，41.07%的同学表示没有遇到过困难。遇到问题的同学中，有超过 30%的同学表示问题主要是来往交通不便利（32.5%）以及经常发生时间冲突（33.57%）；较少的同学表示遇到中介机构不正规（7.86%）、雇主克扣薪酬（7.86%）、与同事之间发生矛盾（2.86%）等问题。

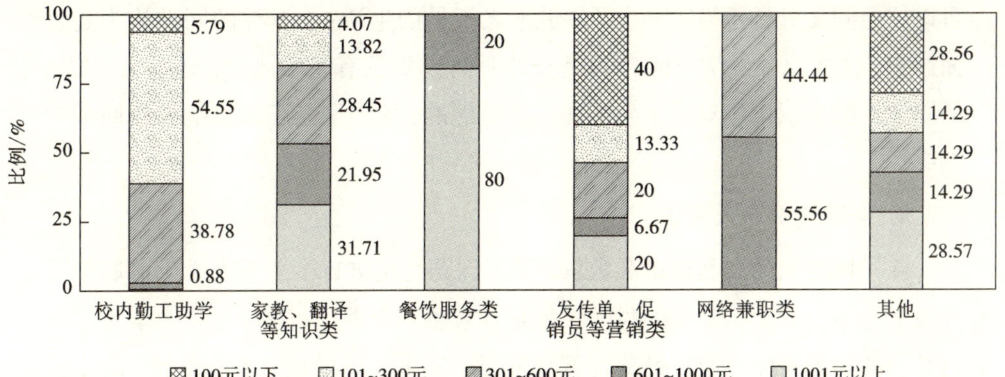

图 11　不同兼职工作的收入分布

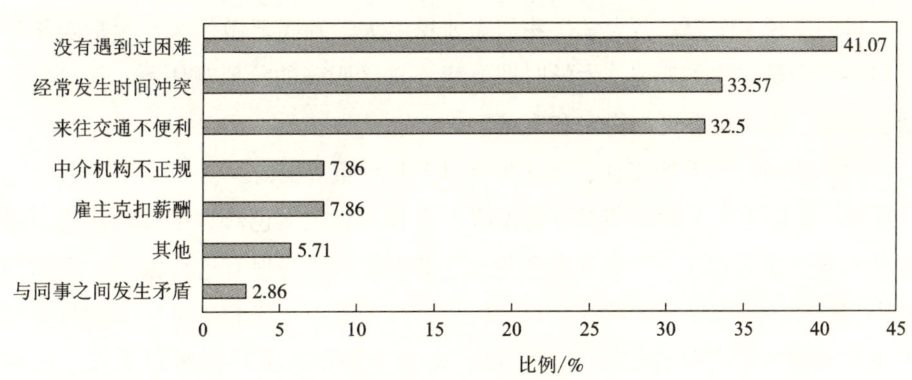

图 12　兼职工作中遇到的问题

通过调查，19. 45%的同学认为大学生寻找兼职工作不困难、14. 47%的同学认为有困难，大部分的同学持中立态度。

如图 13 所示，大部分同学能正确看待兼职工作给大学生带来的影响。超过 50%的同学认为是正面影响，主要原因是可以提升能力、赚取零花钱、丰富社会阅历、积累工作经验，还

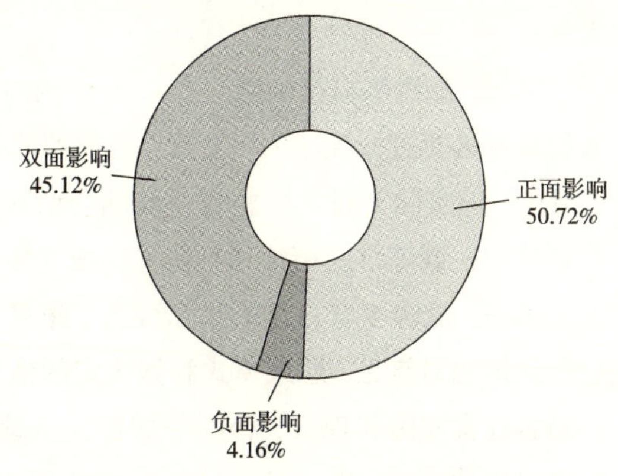

图 13　兼职工作带来的影响

可以体会到父母的不易，使其更珍惜来之不易的生活；4. 16%的同学认为是负面影响，主要原因是学习或自我提升的时间减少及有受骗风险；还有 45. 12%的同学认为兼职工作对大学生的影响是双面的，原因则是正面影响和负面影响的综合。

4. 兼职情况个人采访

除了网络上的热烈讨论和数据调研，课题组也进行了关于大学生兼职情况的线下采访。某工科学院的付同学来自甘肃省一个偏远村庄，进入大学后了解到某公益组织专注于教育助成与教育助学，从事大学助成、系统支教、高中助学等活动。他进入该组织做了三年兼职。在即将升入大四时，他已经收获了 2 家公司的录用通知书。他非常清晰自己的职业发展道路。

付同学说，作为一名大学生我们需要思考大学到底要做什么？大学四年是我们一生中最宝贵的时光，大学时期要建立自己明确的价值观体系，并且要不断去思考，使它变得更加稳定和完善。

大学期间参与兼职工作，他认为有以下几个重要的意义。

第一，能消灭大学时期部分的浪漫主义和理想主义色彩。尽管他认为浪漫主义和理想主义对于一个人来说很重要，甚至应该终身保有这种浪漫主义和理想主义色彩。但是，不曾被社会现实所打磨过的浪漫主义和理想主义就只是一种虚幻的浪漫主义和理想主义。因此，大学生需要通过社会兼职工作走向现实，去感受一些艰辛，只有这样才能对自己的浪漫主义和理想主义进行现实的打磨。如果打磨之后还能保有浪漫和理想，那么说明你的浪漫和理想是比较真实的。

第二，能锻炼自己的独立性。工作的时候，人与人之间是一种平等关系，人们没有必要过分关注你，也没有必要照顾你的情绪。虽然大学时期我们也是平等的，但实际上同学和老师一般都会照顾彼此的情绪。在社会中却不一样，需要我们去锻炼自己精神和身份上的独立性。

第三，能够丰富自己的生活经验，拓展交际圈。学生生活在校园里，对社会的认知相对匮乏，思维模式和做决定的依据与社会不尽相同，也就是一切都要贴合社会实际和现实，否则一切都是空谈。所以，只有丰富这方面的经验，找准自己的定位，步入社会的时候才能更好更快地适应从校园到社会的环境变化。

(二)大学生兼职的利弊分析

1. 大学生兼职的有利方面

一是兼职可以提升大学生的综合能力、丰富人生阅历。兼职可以提高个人的沟通能力、时间管理能力、组织协调能力等。学生经历了寒窗苦读，进入大学后长期身处校园中，面对成长成才、面临社会挑选，大学生还是一张崭新的白纸。读万卷书，还需行万里路。参加兼职工作，能够让大学生在社会实践中认识社会、发现生活、读懂人情；能够提高交流沟通、发现问题、解决问题等各种能力；能够感受人间冷暖、大爱真情，明白父母、家庭培养、教育他们的不易；能够丰富人生，培养正确的人生观、世界观、价值观。

二是兼职能够减轻家庭经济负担、促进个人经济独立。大学期间，自由支配时间多、校园开放度大。大学生兼职一般会获得相应报酬，一定程度上减轻了学生家庭经济负担，同时也可以帮助学生实现经济独立。一方面，虽然现在国家和学校的资助政策让大学生不再因为学费而发愁，但对于部分家庭经济比较困难的学生来说，大学的学费和生活费也是一笔不小的支出。因此，大学生参与兼职可以依靠自己的劳动赚取学费和生活费，减轻家庭经济负担。另一方面，绝大部分大学生已经形成了较强的独立自主意识，希望在成年后通过自己的劳动来获取报酬，实现经济独立。因此，兼职也成为大学生实现个人经济独立的有效途径。另外，还有部分学生希望通过兼职改善自身生活条件，满足个人消费需求，提高现有的生活水平。

三是兼职有利于大学生提前适应社会、积累社会经验。兼职是大学生离开象牙塔接触社会的初步尝试。大学生参与兼职可以帮助他们做好“思想”“心理”“生活”上的三重准备，培养适应社会的能力。首先，思想上，大学生缺乏社会实践，容易造成思维认知的片面性、局限性，兼职可以让他们走出校门、走入社会，了解社会生活的真实面貌，加深对事物的理解，为今后更快地适应社会提供思想准备。其次，心理上，很多大学生对社会的看法简单、片面，充满理想主义和浪漫主义，对于现实社会中可能出现的困难、问题缺乏心理准备。通过兼职，他们可以更好地学会处理理想与现实、个体与群体、学习与生活等方面的矛盾和冲突，有助于他们自身心理成熟、锻炼意志和毅力。最后，生活上，校园生活相对简单淳朴，与复杂多变的社会环境差异巨大。通过兼职，有助于大学生学会为人处世、待人接物等，提高人际交往能力和社会适应能力；有助于掌握生活技能，做好独立生活的准备。

四是兼职有助于大学生确立职业目标、坚定价值追求。兼职能够帮助大学生充分认清自己的能力优势和短板不足，找准定位、明确方向。一方面，大学生通过兼职可以帮助自己找到感兴趣的职业或者和自己能力相匹配的职业，通过一段时间的社会工作，加深对相关职业的认识和理解，能够弄清楚自己想干什么、会干什么、能干好什么，从而找到求职目标。另一方面，对于某些选择与专业相关的兼职工作的同学来说，兼职可以让他们进一步了解自身的能力层次并不断优化，使其在今后的专业学习中更有针对性、目的性，促进自己职业素养和专业能力的有效提升。一些大学生渴望成长，期待在将来从事的工作中出类拔萃。兼职可以很好地帮助他们提升业务能力，完善知识结构，拓宽理论视野，促进思维的创造性发展，为今后尽快适应岗位需求做好业务准备。

2. 大学生兼职的不利方面

由于大学生存在自律意识不强、时间管理能力欠缺、识别能力较弱等情况，以及社会兼职信息混杂、缺乏监管，大学生兼职存在一些弊端和问题。

一是兼职可能浪费业余时间，影响学习主业。通过调研可知，大部分的大学生兼职集中在校内勤工助学和家教翻译等工作上，选择从事的兼职通常与其专业的相关度较低，这样对于专业知识的学习没有任何帮助。同时，有些用人单位提供的兼职岗位质量不高，特别是大学生多从事派发传单、促销和餐饮服务等体力劳动。这部分工资低、专业程度低的兼职工作，对于大学生综合能力的提升而言作用不大。另外，由于学生的兼职目的不明确或时间管理能力欠佳，会出现在兼职上花费时间过多、时间分配不当等问题，甚至有人通过逃课来增加兼职时间和收入，置学业于不顾，很明显地出现了本末倒置的情况。类似情况严重地影响了大学生正常的学习生活。

二是兼职容易上当受骗，遭受不法侵害。大学生兼职领域出现的法律空白为一些非法商家提供了可乘之机。随着互联网的发展，信息渠道多元多样，各类兼职信息鱼龙混杂、风险极大，黑中介、传单广告中的虚假宣传越来越多，且兼职信息发布平台审核力度不够，导致兼职的风险性加大。大学生缺乏社会经验，辨别能力低，面对复杂的兼职信息，有些人由于着急找到兼职或贪图高回报，很容易上当受骗。同时，由于大学生对薪资的期待较低，加上大学生兼职缺乏相关法律保护，因此部分用人单位会过度节约大学生的人力成本，从中赚取利润。在兼职过程中，大学生权益受损问题频繁发生，其财产安全和人身安全都有可能受到威胁。出现问题后，大学生又缺乏法律知识、缺少维权能力，在与用人单位的协商中难以把握主动权；困缺乏投诉平台，常常会选择忍气吞声，最终不了了之。更有甚者，不法分子利用大学生想要通过兼职锻炼提升自己的想法，发布虚假信息，将大学生骗入传销组织，导致他们的人身安全受到侵害。

三是过度社会化，危害校园关系。当前校园文化受到社会庸俗文化冲击较大，许多学生干部之间官僚色彩浓厚、价值取向扭曲，这与大学生大面积地参与社会兼职有着一定关系。一方面，大学生在兼职过程中，难免会为融入社会而结交形形色色的同事、朋友。在他们的影响带动下，开始变得市侩、势利、拜金等，助长了大学生讲排场、好面子的虚荣心理。另一方面，在校园内，由于学生之间价值观、金钱观、消费观的分化，造成了同学之间“互相看不惯”，“相互不搭理”，爱攀比、难交心，“住在一起、玩不在一起”等现象，室友、同学之间共同话题越来越少，校内人际关系越来越紧张。

三、解决方案参考

大学生兼职作为一种社会现象和热点话题，由学校、学生、家庭和社会等多个方面构成，涉及就业市场行情、高校管理体系、家庭经济状况等多方面的问题。随着社会主义市场经济对人才的要求和标准的不断提高，大学生兼职得到了较快发展。

兼职对于大学生来说有多方面积极的意义，能够帮助大学生更好地认识自己，不断提升自己。但是兼职所存在的问题也是多方面的，需要详加甄别。为了尽可能地发挥兼职的积极作用，学生、学校、家庭和社会需要共同努力，逐步构建一个完善的大学生兼职体系。

（一）选择是否要兼职

大学生在选择是否要进行兼职时，应该结合自己的实际情况，辩证认识，科学抉择。

1. 树立正确的价值观，辩证认识兼职

首先，大学生既要看到兼职能够带来的好处，同时也要看到兼职所存在的缺陷和问题，不要盲目从众、随波逐流，要有自己的判断，用正确的世界观、价值观、人生观来指导自己是否要选择兼职。同时，大学生在决定是否要做兼职时还应该了解兼职的基本市场情况是否如自己的预期，考虑自己是否真的能够适应兼职的环境。

2. 结合实际情况，做出科学抉择

首先，大学生应明确自身角色定位。作为大学生，应时刻将学习放在首位，不可舍本逐末，只有在完成学业的前提下，做其他事情才有意义。大学生在选择是否要兼职时，应从自我提升、补贴家用、适应社会等角度考虑。同时，对于收入、工作时间、地点等要有合理预期；如果达不到自己的预期，宁可不做兼职，多花点时间精力在学习等方面上，充实自己的大学生活，也不要为一点蝇头小利而白白浪费了大好的学习时光。

（二）做兼职的注意事项

经过深思熟虑之后，认为自己适合做兼职的大学生可以选择尝试兼职，但要注意以下几个事项。

1. 量力而行，学习与做兼职两不误

大学生做兼职要多从提升自己的综合素质和能力方面出发，这样才能够在兼职中有更多收获，也不会因为单纯追求高收入受骗或荒废学业。同时，在选择兼职岗位时，要量力而行，树立正确的兼职观和契约精神，在工作中勤奋用心、认真负责；还要根据学校课程安排，合理安排自己的兼职时长。

2. 培养法律素养、维权意识

大学生在做兼职的过程中，应该学习更多的法律知识，了解招聘知识，学会用法律手段维护自身的合法权益。学习《合同法》等相关法律，通过签订书面合同与用人单位建立劳动关系，在合同上标明工作内容、时间和报酬。在结束兼职后，应保留工作证、通行证、付款凭证等物品，以防出现兼职劳务纠纷后无据可查，陷入被动状态的情况。出现劳务纠纷后，应向学校、家长寻求帮助或通过公安等途径寻求支持，不断增强自身的法律意识。

3. 增强兼职信息鉴别能力，强化自我保护意识

大学生在选择兼职单位时要将安全放在首位，不断甄别招聘信息的真实性，通过如校内勤工助学中心、老师推荐及可靠同学介绍等可靠渠道和方式了解招聘信息，不要相信小广告、网络上发布的虚假信息。同时，确定了兼职岗位后，可通过与同学、家长、老师沟通交流的方式，进一步甄别信息的真伪。兼职时务必选择正规的单位，增强自我保护意识，防止在兼职过程中上当受骗。

4. 积极进行学用转化，提高兼职效益

大学生应该结合个人实际情况和专业学习要求，处理好兼职与学业的关系，理性地选择兼职岗位。尽量选择与自身专业相关的兼职，或者寻找一些对自身能力锻炼较大的兼职工作，以达到提升自己能力的目的。要坚持学以致用，兼职也要有目的、有收获，不要盲目跟风、一味拜金。在学习之余兼职应当能够促进思维拓展，将所学用于兼职，从兼职中汲取知识营养，不断将兼职所学转化为知识经验，促进专业学习，提高兼职效益。

（三）不做兼职时应该怎样充实大学生活

经过自己的思考和判断后，有些大学生认为自己并不适合做兼职，那应该怎样度过自己的大学生活呢？

首先，要找准自己是学生的定位，将学习放在第一位。平时多花点时间在学习上，争取取得好的成绩，拿到奖学金，其意义不比做兼职差。同时要走出舒适圈，多参加学科竞赛，加强对自己专业的理解和学习；多参加社会实践活动，增加自己的实践经历；勇于担任学生干部，提升自己的综合能力；拓展自己的交际圈，培养自己的兴趣爱好。只有这样，才不会虚度自己的大学生活。

看完以上的分析，对于大学要不要做一份兼职，我想你应该有了自己的答案。

如何把室友处成朋友？

杨鑫山　刘　畅　陈嘉欣

上了大学，就意味着要开展全新的生活，而美好的大学生活中难免掺杂着些许社会关系，毕竟大学也被称为“小社会”。室友关系，一直是一个较为敏感且容易引发热议的话题。网络上经常可以看到，“大学宿舍 6 个人有 5 个群”。这样的说法并不夸张。刚到大学的时候，室友们都很热情，有零食一起分享，一个宿舍的人一起吃饭、上课、逛街，但是相处久了，难免因为一些小事产生嫌隙，如果这些小矛盾没有得到妥善解决，最终矛盾会越来越大，严重影响室友间的关系。

室友关系，一方面，可以是世界上最牢固的关系之一。宿舍里，总是大大咧咧的室友可能会是你受挫时悉心照顾你的人，一向高冷低调的室友可能会在你最无助的时候陪伴着你。另一方面，可以是世界上最脆弱的关系之一。室友之间会因为小事纷争而面临关系破裂的境地。嫌隙产生时，彼此之间往往互相看不惯，相处起来度日如年，虽同处一个屋檐下，抬头低头却只当陌路。室友是天赐的，并不是自己选择的。茫茫人海，能够相互遇见，都是缘分。让室友变成朋友，却不是靠缘分，而是靠经营和尊重。室友，注定成为人生中的重要角色。对于新时代的大学生而言，懂得如何把“室友”处成朋友尤为重要。

一、问题提出

在大学校园和网络空间，大学生对室友关系有着不同的观点，笔者进行了梳理归纳。

（一）对室友关系的正面观点

1. 良好的室友关系有利于确保财产安全、提高休息质量、丰富娱乐生活、保持良好心态

有观点认为良好的室友关系很重要：首先，自己的随身物品不会轻易丢失。其次，相互之间约定好作息时间，如果有一个人睡着，其他人也会照顾彼此。这样，自己睡觉别人也会安静，互不打扰。无论人和人之间具体相处如何，都能让你在宿舍和谐友好地过下去。

良好的室友关系不仅裨益于当下，还有利于未来。如果能和室友打成一片，也是一笔财富，以后步入社会，还能相互扶持。一个人孤独上路，总是困难的，还是需要朋友的支持和陪伴。

2. 良好的室友关系有利于调节大学生活，收获友情、收获成长

有大学生从减轻大学生生活压力、构建和谐校园两方面发表了自己的看法：宿舍是大学生成长成才的第二课堂，而宿舍关系折射了大学生的素质和能力。良好的宿舍人际关系与学生、宿舍和校园的健康和谐发展息息相关。对学生本人而言，良好的宿舍人际关系可以促进室友友谊，减轻人际压力，促进身心愉悦，提高对生活的适应性和学习效能。对于整个宿舍而言，良好的宿舍人际关系能增强宿舍的凝聚力和认同感，减少宿舍成员之间的矛盾，提高宿舍应对问题的能力，营造和谐的宿舍环境。对于整个学校而言，良好的宿舍人际关系是构建和谐校园最为重要的组成部分之一，同时也是构建安全文明校园的基石，促进学校教学管理活动的顺利开展。

也有人将室友看作一同追求梦想的同伴：和一群有同样理想的人一起携手走在成长的路上，朝着共同的目标努力奋斗，低头有坚实的脚印，回头有一路的故事，抬头有清晰的远方。正如学霸宿舍，大家在学习的路上互相监督、互相鼓励、共同成长、共同进步，最后学业有成，皆大欢喜，彼此的关系也更进一步，成为成功道路上的挚友。

（二）对室友关系的负面观点

1. 室友多为关系冷淡、易发生冲突与矛盾

室友间关系冷淡的现象并不少见。有大学生觉得，室友关系给自己带来希

望，也带来失望，毕业以后，基本形同陌路，回忆起之前的心酸往事，自己很痛苦，认为人与人之间不适合走得太近，尤其是没有什么感情基础的人。

也有人认为，室友的不良习惯会对宿舍关系造成很大影响：住在一个寝室里，最讨厌室友不经同意随便用他人的东西还认为理所应当，与这种室友相处起来特别别扭，彼此消磨心智，很累很无奈。

2. 不良的室友关系影响生活作息、社交行为、心情等方面，甚至危及生命安全

有大学生认为，人际关系处理不好，会影响心理健康，尤其是在生活距离有限的空间之内。如在宿舍这一固定的小空间之内，因为朝夕相处，彼此投入的感情较多，由此带来的影响也很大。室友关系相处得不好，会严重影响个人的情绪，若自身不善于处理人际关系、敏感情绪较多，极易造成长时间的情感压抑，从而产生严重的心理问题。

当然，任何问题都要结合时代背景加以认识。也有人认为，当下大学生多为“95 后”或“00 后”，基本是独生子女，大部分从小娇生惯养，对付出型感情投入较少，在与室友的相处中，往往会以自我为中心，忽视他人感受，造成室友关系紧张。

二、原因分析

大学的学习生活大多以宿舍为圆心展开。宿舍是最小也是最核心的生活圈，而错综复杂的宿舍关系会带来或多或少的困扰。“青团子”微信公众号对目前大学室友关系进行了分级归类(见图 1)，大概可以归纳为最顶层“似家人如密友”、第二层“君子之交淡如水”、第三层“阴晴不定”、第四层“表面和睦”、第五层“戏精宿舍如‘甄嬛传’”、第六层“陌生人”的金字塔造型。[①] 为何不同人对室友关系的维持有不同的理解和看法，影响室友关系的因素有哪些呢？笔者试进行分析。

2017 年，《中国青年网》就大学生室友关系话题对全国 958 名大学生进行

---

① 参见“青团子”微信公众号，“四人寝三个讨论组？大学舍友没有你想的那么可怕……”，2018 年 8 月第 25 期。

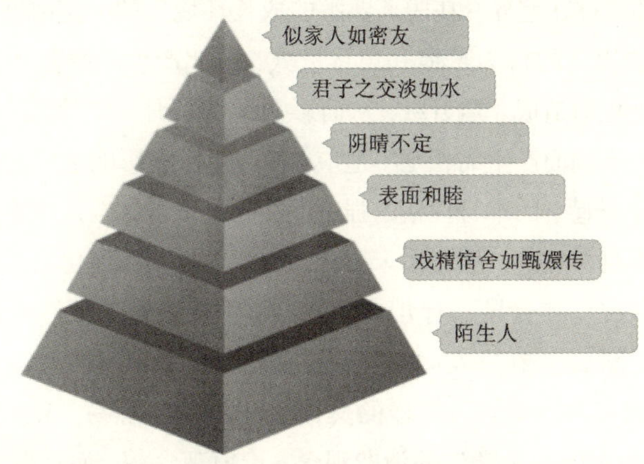

图 1　对大学室友关系的分级归类

调查，结果显示：42.28%的学生与室友曾经发生矛盾。与室友发生矛盾时，47.81%的学生会选择“积极沟通”；28.29%的受访学生表示“有换室友的想法”；“生活习惯不同”“不注意说话方式”“性格爱好不同”成为室友间的矛盾产生的主要原因；“尊重各自生活习惯”“生活中互帮互助”“不为小事计较”成为大学生维持和谐的宿舍关系的三大“法宝”。[①]

大学宿舍是学生生活休息、思想交流、信息沟通、情感传递的主要场所，是大学生人际关系建构的重要阵地，同时也是人际关系紧张的高危地带和主要矛盾的集散地。为了更加深入了解同学们的看法，笔者以中南大学的学生为样本进行了问卷调查。调查问卷针对宿舍关系现状、矛盾产生原因、问题解决方式等多个方面列举出了 15 个问题，在各学院年级群、各学生组织群等进行发放。在发放过程中，尽量保证各专业各年级均有覆盖，以保障数据的合理性。最终收回有效答卷 300 份，通过对结果的整理分析，笔者得出以下结论。[②]

1. 大学生自身层面

有近六成的学生觉得目前的室友关系是和谐有序的。这反映出在正常相处的状态下，室友之间还是会偶尔出现一些摩擦与矛盾。矛盾产生的原因有以下几点。

---

① 来源于中国青年网：“大学生宿舍关系调查：超四成曾发生矛盾，生活习惯成主因”。

② 该问卷由中南大学商学院青年传媒中心进行设计、发放和整理分析。

(1)社会环境存在差异。在脱离熟悉的成长环境后的一定时间内，大学生往往难以彻底摆脱以往的行为习惯和思维方式，由此产生的摩擦和碰撞会在不恰当、不成熟的处理后造成矛盾升级，从而影响寝室氛围。如因地区风俗或文化习惯、生活方式的不同而产生的相互不适应；因原生家庭影响造成的性格缺陷而对特定事物或言语敏感；因本身性格的强势而在一些事情甚至是琐事上斤斤计较或必论输赢；因本身存在的一些矛盾未得到及时沟通解决而演化出其他矛盾。

(2)经济状况存在差异。有九成以上的学生认为经济条件或多或少地会影响寝室关系(见图2)。在室友间的交往中，经济水平相当的人容易有相似的生活经历，从而拥有共同语言，这样的交往会相对比较容易。就实际情况而言，经济状况确实能影响一个学生的消费观念、价值观念等，而消费水平和消费观念的阶级性的确会成为人与人之间相处的一个重要影响因素。但作为非生产者而仍为消费者的大学生，和朝夕相处的室友的关系融洽与否不能纯粹以金钱作为衡量标准，物质上的合拍并不一定就是真正的朋友。

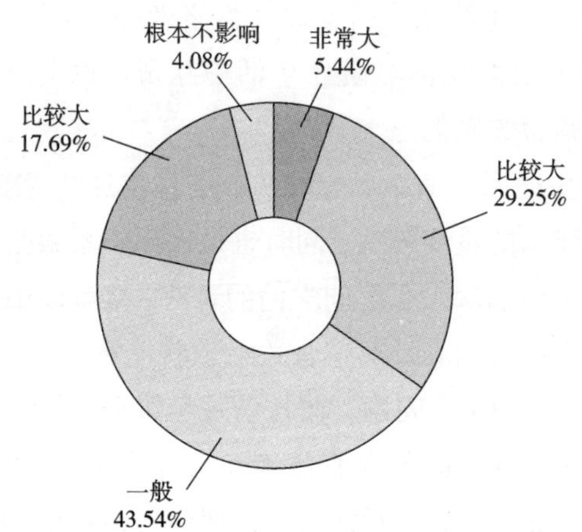

图2　家庭经济状况差异对宿舍人际关系的影响程度

来源："大学生宿舍人际关系问卷调查"

(3)矛盾解决方式存在差异。面对与室友的一些矛盾，超一半的人会选择沟通交流作为问题的解决方式，也有极少数的人会选择忍让或者直截了当地情绪爆发。这说明面对矛盾，大多数学生倾向于和平、理性的处理方式。面对问题，与其争吵、追究是谁的责任，不如平心静气地共同寻求最好的解决办法。和谐的宿舍关系在于求同存异、相互尊重与帮助。单打独斗、以各自为中心的寝室是很难有较好的室友感情基础的。

在笔者的调查中，64.63%的学生在面对宿舍矛盾时会选择积极沟通、争取和解，23.13%的学生认为装作若无其事才是增进宿舍和谐的方法，12.24%的学生觉得自己会直接指出问题，即使产生冲突也没关系(见图3)。

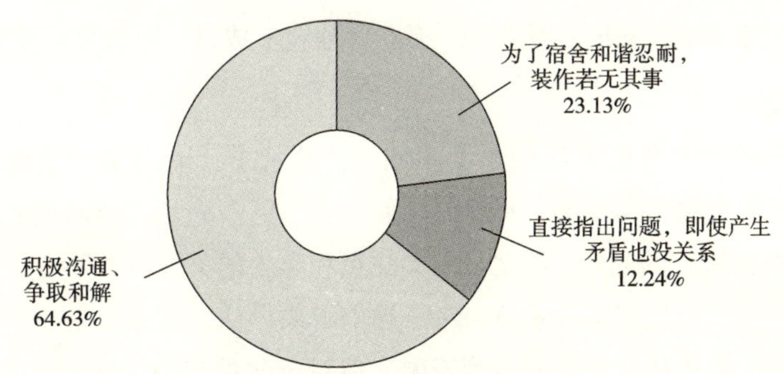

图3 产生矛盾时同学们的选择情况

来源："大学生宿舍人际关系问卷调查"

(4)价值观念存在差异。在大学里，除物质与金钱外，世界观、价值观、人生观、学习成绩、性格等都是影响交友真心程度的重要因素，其中世界观、价值观、人生观对宿舍人际关系的影响程度如图4所示。由于某些同学在外貌、

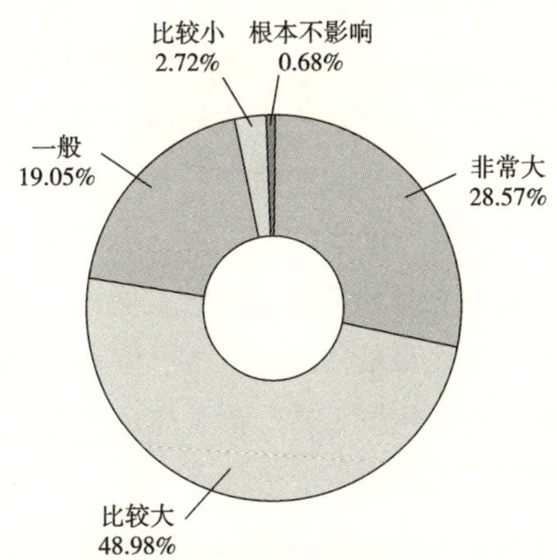

图4 世界观、价值观、人生观对宿舍人际关系的影响程度

来源："大学生宿舍人际关系问卷调查"

能力、成绩等方面比较突出而备受关注，或是在涉及学生切身利益的各种评奖评优以及奖助学金、困难补助方面备受青睐，一些功利心较强或性格较敏感的学生难免耿耿于怀，从而影响室友的和谐共处。超九成的学生认为人际关系会被世界观、价值观、人生观等影响。大学寝室本应是一个整体，但是受"三观"影响，很容易使某两个或几个同学走得更近，关系更为密切。久而久之，小团体便在寝室中形成，从而容易忽视、孤立其他寝室成员，导致关系破裂。

2. 家庭层面

父母与子女因考虑事情的角度不同而产生差异。在调查中，面对宿舍矛盾，只有近四成的大学生会选择将其告知父母，更多的是选择向朋友提起。这反映出一个很重要的问题，即父母的关注点和学生的关注点并不相同。对于大学生来说，向父母提起宿舍矛盾，除了寻求解决办法，更多的是想得到父母的理解与支持，希望从父母方面得到安慰。但对于父母来说，他们更多的可能是关注如何有效地解决问题，甚至有些时候不论事情的原委，去要求自己的孩子选择忍让和妥协以避免引发矛盾，这对孩子来说很难接受。

父母对宿舍关系的过度介入可能导致矛盾激化。由于大家的成长环境不同，大学生对父母的依赖程度也有较大的差异。部分家长对自己孩子的保护程度较深，当孩子言语间透露了宿舍人际关系问题时，会采取对其他人而言过于直接的方式。比如越过孩子与孩子的室友沟通，甚至不经过孩子的同意，直接上报辅导员、班导师。这可能会给孩子及其室友带来更大的烦恼，导致宿舍关系进一步恶化。

家庭教育观念对子女的人格塑造有较大影响。家长的教育观念会极大地影响孩子的为人处世风格，特别是在某些独生子女家庭中，独宠的教育方式养出了"小公主"和"小皇帝"。而当这些"小公主""小皇帝"开始了寝室群体生活后，"一山不容二虎"的定律便体现得淋漓尽致。同样，从价值观念的影响程度来看，家庭对孩子情商的重视和培养决定了孩子为人处世的态度。骄纵的性格往往会滋生矛盾，而懂得巧妙化解矛盾的孩子往往会受到身边同学的欢迎。

3. 社会层面

地域差异造成的大学生在生活习惯、价值观念等方面的差异，是大学生宿舍人际冲突的重要客观原因。数据显示，高于35%的大学生认为地域差异和风土人情差异对宿舍人际关系的影响甚大(见图5)。不同地区的不同风俗习惯给学生带来的影响主要体现在个体生活习惯和价值观念方面的影响。室友间出现意见分歧时，很可能在南方同学苦思冥想如何委婉地提出建议的时候，北方同学已经大大咧咧地直接挑明；到了周末约个饭局，来自不同区域的室友口味不一，地点的敲定都是个大麻烦，许多小事情堆积起来，不知不觉中就伤了和气。

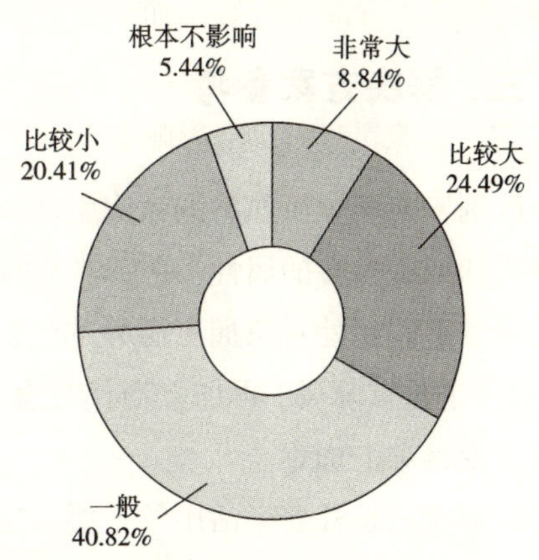

图 5　地区文化差异对宿舍关系的影响程度

来源："大学生宿舍人际关系问卷调查"

激烈的社会竞争蔓延到大学校园，引起大学生之间的利益之争，这是大学生宿舍冲突的又一重要原因。大学生普遍面临着找工作、考研、出国深造等多方面的压力，评先、考证、考试、学科竞赛等形成了一个完整的赛场格局。很多大学生出于某种原因较早地开始了各种较量，表面平静实际上火药味十足的人际关系非常容易蔓延到宿舍区域，从而影响宿舍的人际交往。小心机、小猜疑让室友关系潜藏危机。在这样的氛围之下，学生们更倾向于认为室友是竞争对手，而不是诚挚的朋友。

在国家人口政策背景下，独生子女学生越来越多。多数情况下，来自独生子女家庭的同学可能在大学以前都不曾住过集体宿舍，刚到大学住宿舍时也显得有些慌乱。在日常生活中，有些来自独生子女家庭的大学生占有欲强、沟通能力较弱、以自我为中心，这些特点让交往过程变得有些不愉快，鸡毛蒜皮的小事也可能因为彼此好面子、不会忍让等因素升级成炮火连天的"战争"。

在铺天盖地的新闻事件及其相关的网络舆论压力之下，大学生们很容易被舆论风向影响。近些年来，网络上出现了大量关于宿舍人际关系的新闻报道，比如掀起巨大网络风波的"复旦投毒事件""马加爵伤人案"等，引起了网民的极大关注。大学生的网络参与度非常高，有许多人还对此类事件发表了过于激进、片面的看法。大学生处于三观形成关键期，缺少经验阅历，思想动态、认知观念等都容易受到舆论风向的影响，甚至把这些个别案例视作普遍现象，这对建立良好的室友关系是非常不利的。

三、解决方案参考

区别于大学生所熟悉的家庭生活，也不同于初高中的集体宿舍生活，大学宿舍生活拥有独特的属性：它所涉及的对象更加多元化并具有极高异质性。多样化背景下的相处对象拥有迥异的生活习惯和行事风格，这本身就为调和“众口”提供了重重障碍，再加上当代社会竞争激烈化的趋势，构建和谐友爱的室友关系变得难上加难。

人际交往是社会生活中的重要内容之一，它在一个人的生命旅程中扮演着重要角色。和睦的室友关系也是大学生善于融入集体生活、善于与人相处的体现。相处绝不仅仅是一个人的事，多个人在一起就会存在差异，存在差异就有产生矛盾的可能。在与人相处的过程中，感性理智、忍耐谦让是重要原则。

（一）在宿舍生活中，学会包容，互相尊重差异

一方水土养一方人，室友们各有各的习惯是不可避免的，人们总是喜欢与自己性格相同或相似的人相处，而对性格差别较大的人则不愿意接触甚至表现出抵触厌恶等负面情绪。这是正常的行为现象，但不利于当代“中国好室友”关系的搭建。

1. 尊重地域差异，平等对待室友

室友籍贯的不同势必造成生活习惯的不同。以日常作息为例，黑龙江地处我国东部，新疆地处我国西部，仅是日出日落的时间就会相差几个小时，这会造成宿舍入睡及熄灯时间存在分歧、难以统一。很多情况下，机械地统一熄灯时间，即用自己的生物钟作为评判标准企图统一别人作息规律的行为，对于建立良好室友关系而言是断然不可行的。

每个人都应照顾彼此、相互迁就各自的作息习惯。这虽然牺牲了些许自身利益，但维护了集体利益，长久和睦的室友关系所带来的收益往往比个人付出的成本高得多。大学生忍受的是修改习惯的不适应，换来的却是一个安静舒适的休息环境和一群愉快生活的伙伴，这在充满各种事务的大学生活中是非常有用的。

2. 包容彼此习惯，调试生活方式

没有谁会包容彼此所有的习惯，每个人所得到的尊重都是其他室友的让步

与妥协。调整自己的生活方式，向着正能量的方向积极调试，有助于宿舍和谐。生活中，除了睡眠习惯，其他诸如饮食习惯早晚是喝粥还是吃面，口味喜甜喜咸或者嗜酸爱辣等，居住习惯如整理书架是按照书本的高度还是厚度等，以及上下学骑单车、步行还是坐公交等系列生活细节问题上，室友之间也会存在或多或少的差异。面对与室友有所出入甚至截然相反的生活习惯时，不能认定与自己不一样的人就是怪胎异类，并在日常事务中与他们有意作对。较为合理的做法是认同室友的生活习惯，接纳因差异带来的不同习惯，并且不把差异程度当作自己对待室友时所用的善意程度和耐心程度的绝对标尺。

现实中的情况往往需要考虑多种多样的因素，如何“调羹”本身就是一门艺术性极高的工作。但在此过程中，只要认真听取室友的意见，真诚友好地沟通，大多数情况下还是能够得到宿舍关系调和的最优解的。

3. 提出合理要求，倡导有效沟通

人与人之间较为理想的相处状态当然是各退一步、海阔天空，相敬相爱、亲如一家。不理想的情况也不是不存在的，如有室友对待某些人或事的处理方式有失妥当，可能是这位室友没有反应过来或者没适应，抑或是他就是这样完全以自我为中心去评判万事百态的人。大学生要友善对待前者，毕竟人人都有突然没想明白的时候；也要严肃对待后者，毕竟大学也是通向社会的重要环节，对室友也肩负一定的教育责任，坚决抵制不合理的自私要求，切实维护自身合理的利益。

当和室友发生冲突时，自身很难理智分析具体情况。俗话说，世间最稳定的图形是三角形。两人发生冲突时，当事人情绪常不稳定，了解也未必全面，此时最好求助第三者；跟其他室友探讨，分析清楚事情的原委，正确归因，该道歉道歉、该坚持坚持、该妥协妥协，未解决的事情越酝酿越容易出现问题，及时解决才是正确选择。

4. 协商达成共识，营造良好氛围

集体狂热在集体宿舍发生的概率主要取决于集体的想法，及早制订出一套合理的室规是用来规范宿舍行为、促进宿舍长期和谐的一种方式。比如宿舍可以养成庆祝室友生日的习惯，方式并不一定特别豪华，但可以增加彼此在宿舍的存在感和归属感，考完小聚、脱单小聚也都是可以选择的。当然还有其他的宿舍特色，可以根据实际情况去创设。传说中的学霸宿舍往往有一些共同的优秀习惯，这或许也是值得借鉴参考的地方。将宿舍打造成为“命运共同体”，也是提升凝聚力的表现。室友间一起商讨得来的宿舍法则比自己臆想的可靠得多。当然，对于完全自负自傲、偏激暴躁的自我主义者，对其提出友好建议即可，点到即止。

5. 言行礼貌恰当，举止得体有度

恰当的言行在融洽相处中有着举足轻重的作用。大学室友处得好当然可以有亲昵的称谓，但是问题在于初次见面彼此尚不熟悉或者交际平平、情感一般的室友并不见得能够容忍彼此的小脾气。“请”“谢谢”“对不起”是最基本的礼貌用语，客观陈述的语气最为常见且不易引起公愤。这不仅仅是对别人起码的尊重，也避免了粗鲁用词成为矛盾爆发的导火索，从而保护了大学生自身的人身安全。语言得体也体现在根据场合说话。比如别人有生理缺陷不要当面嘲弄，别人为考得差而烦恼时不要炫耀高分等。善于说话，如抓住室友的性格特点，结合室友的心情来化解尴尬氛围等。举止节制有度，面带微笑，基本原则就是尊重别人、减少打扰。比如室友睡觉了就减少语音通话次数或时长，要早起就把闹钟放得离自己近一点以便及时关闭闹钟，或者起床速度快一点等。

6. 善用交流方式，主动传递情感

在“大学生宿舍人际关系问卷调查”中，超过50%的学生认为线上沟通交流对于宿舍关系的影响程度比较大。在互联网时代，网络极大地方便了生活，也带来了一些困扰。当今大学生几乎无法离开手机和网络生活，很多同学甚至表示只有通过微信、QQ才能和别人进行有效的沟通，面对面反而不知道如何交谈。在面对宿舍矛盾时，很多人常常碍于面子，很少主动与室友进行交流、共同解决问题，从而导致矛盾逐渐积压，最后产生冲突。

网络是把双刃剑，可以利用它的优势。在处理宿舍关系的时候，把不愿意当面说出口的话，通过线上的形式进行交流，甚至可以利用表情包、微信小程序等功能进行转达，能在无形中起到化解矛盾的效果。当然，面对面的沟通能有效传递情感，也是解决矛盾不错的选择。总之，多沟通能有效解决问题。

（二）在家庭生活中，注重家风，传输正确观念

原生家庭的影响是巨大的，但不是绝对的，它会影响大学生的“三观”，进而影响其人际交往能力。所以，也可尝试从家庭生活开始，做出正向转变。家庭本身就是一个“利益共同体”，而矛盾主要来源于时代观念的更替。大学生应

练习在亲人的话语中理解他们的本意，对自己行事原因做出解释，晓之以理，增强群体和谐度。室友相处也是这样，彼此应注重神交而不要过度拘泥于生活习惯不同带来的陌生感。

（三）在社会生活中，强调礼仪，倡导循规遵矩

社会是庞大而复杂的，它会带给我们无数与各类人打交道的机会。社会交往本身具有一些必要的交往规则与表达技巧，它能保证一定的交往和谐度。对基本交际礼仪的重视，是构建和谐室友关系的基石。

1. 在面对难题时，及时求教家长、老师

对于独自在外求学的大学生而言，离开了家庭的保护，面对陌生的环境和陌生的人，遇到困难是非常正常的。尤其是有些同学性格比较内向，不敢尝试与别人相处，在大学里的情况常常会更糟糕。不管在大学的生活是否顺利，我们都应该及时和家长、老师进行交流，把自己的近况告诉他们，让他们及时了解到我们的动态，不让他们担心。同时，在遇到无法解决的问题或者无力排解的情绪时，向家长倾诉、向老师寻求帮助也是一种选择。很多时候，长辈的经验会带给我们很多启发，让大学生活更加顺利、人际关系更加和谐；老师的积极干预会让有些许矛盾的宿舍关系得到较快缓解。

2. 在网络环境中，理性看待正面发声

近年来，网络平台上关于宿舍人际关系的话题越来越受到网民的关注和热议。对于网络媒体报道的各类宿舍冲突事件，大学生要冷静地思考。对于积极向上的优秀宿舍榜样，我们可以了解他们的相处方式，加以借鉴学习；对于出现严重矛盾甚至由于种种关系导致的伤害事件，我们也不要过于敏感，要合理看待。同时，面对网民们形形色色的观点看法，我们要保持头脑清醒，不可以被旁人“牵着鼻子走”，不做网络平台上的“墙头草”，要清楚每个人的经历不同、观念有差异，对于事情的看法可能是大相径庭的。作为青年大学生，我们在网络中可以积极发表健康向上的看法，为建设和平绿色的网络环境贡献力量。

大学室友关系是当代大学生需要正视的重要课题，室友关系的处理对以后走上社会处理人际关系有很重要的借鉴意义。大学生应从转变自身思维开始，感性认知、理性看待室友间的差异，多一份友善，多一分宽容，将有礼谦让的社会交际原则贯穿日常言行，以期构建良好的室友关系；完善自身的社交人格，以走向更健康的自身进步与集体发展。

大学生如何在新职业中乘风破浪?

夏丹妮　朱芳芳　汤　为

宠物摄影师、密室设计师、撸鸭师、网络主播、电子竞技员等职业吸引了社会舆论的广泛关注，新职业这一说法走红。

2020年2月，人力资源社会保障部、国家市场监管总局、国家统计局联合向社会发布了16个新职业，包括智能制造工程技术人员、工业互联网工程技术人员、虚拟现实工程技术人员、连锁经营管理师、供应链管理师、网约配送员、人工智能训练师、电气电子产品环保检测员、全媒体运营师、健康照护师、呼吸治疗师、出生缺陷防控咨询师、康复辅助技术咨询师、无人机装调检修工、铁路综合维修工和装配式建筑施工员等。这些职业，目前已经遍布社会的各行各业。我们熟知的外卖小哥，是属于网约配送员的；月嫂、育婴师等是健康照护师；铁路工人叫铁路综合维修工；VR程序员就是虚拟现实工程技术人员。

根据官方定义，新职业是指《中华人民共和国职业分类大典》(2015版)中未收录的，社会经济发展中已有一定规模从业人员，且具有相对独立成熟的专业、技能要求的职业。通过对“95后”高校毕业生的调研得知，薪水、稳定性早已经不是最主要的考量点，“有趣”成为他们选择职业时的重要指标。新职业的兴起为当代大学生打开了就业的“新市场”。调查显示，“95后”最向往的职业排名是：网红、配音员、化妆师、游戏测评师和Cosplayer(角色扮演玩家)。“95后”选择创业的人群中，有46%的人会选择海淘、自媒体等新兴互联网创业项目①。在风头日盛的形势下，对于大学生来说，新职业带来的不仅仅是机会和挑战，更有不确定性和诸多争议。

① 陶倩．把牢多元化择业趋势，在奋斗中成就梦想[OB/OL]．(2020-05-15)．https://www.whb.cn/zhuzhan/liping/20200515/347515.html.

一、问题提出

新职业是近年来才出现的市场经济产物，大多数大学生对新职业还没有建立较为清晰的认识及理解。新职业到底是玩了一个概念，还是一个有前途的职业？大学生从事新职业，是否真正能实现自我价值？从事新职业需要什么样的知识储备？众说纷纭。

（一）电子竞技是网络成瘾吗？

2018 年英雄联盟洲际赛总决赛，LPL 赛区和 LCK 赛区鏖战五局，最终 LPL 赛区在 1 比 2 落后的局势下，连下两城击败 LCK 赛区，蝉联了 2018 年洲际赛的冠军。电子竞技员这一职业正式走入大众视线。2020 年 2 月，国家公布的新职业中也让“电子竞技员”这一职业“名正言顺”地“拥有姓名”。电子竞技员“入围”新职业，一时间引起了热议。有人认为这是促进电子竞技产业发展的有力举措，也有人认为这有可能会让更多人沉迷于网游。当下电子竞技行业还未形成完善、健全的规范，入行标准不一，一些青少年盲目跟风沉溺网络游戏，导致不少担心孩子沉迷于游戏的家长们，更是对电子竞技相关的新职业心生反感。

（1）支持观点：①电子竞技不等同于打游戏，电竞职业的出现给了一些没有学习天赋、爱打游戏的人一条出路，为一些人提供了新的职业选择。②电子竞技带动了如旅游、文创、运输等相关产业的发展。比如电子竞技主场制度带动了西安曲江地区经济的发展，是一种顺应时代发展的新职业。③职业化的联赛模式和俱乐部运营也有利于职业选手们的职业发展和个人健康。比如，青训体系能够更好地发掘有天赋的人才进入其中；众多赞助也实现了电竞产业的健康发展。

（2）质疑观点：①电竞不同于传统体育，这种对着电脑打游戏的行为会对身体健康带来不利影响，尤其是对一些没有甄别能力的青少年造成的误导和消极影响是不可忽视的。②造成不良社会风气。很多游戏主播虽然知名度很高，但是缺乏作为公众人物应有的文化素质，没有担负起对应的社会责任，容易造成不良社会风气。③赚钱的只是顶端的人。作为一种职业，如果只有行业最顶端的部分人有着高收入，而另外大部分人（地方战队）没有收入或者收入很少，那么这种两极化的职业可以算是失败的。

（二）学霸当主播，是跟风还是物尽其用？

知名网络游戏主播“女流”系2006年内蒙古理科高考状元；本科就读于清华大学建筑系，也是本科优秀毕业论文获得者；研究生阶段则在北京大学深造，拿到了国家奖学金。她大三开始尝试游戏视频主播这个工作，目前在某网络直播平台拥有109万粉丝，在新浪微博有90万粉丝。“学霸当主播”瞬间引发舆论热议。当下越来越多的年轻人和大学生做着一些低端、相对来说不需要什么思考的工作。保安是年轻人，销售是年轻人，做中介的都是大学生，大量年轻人和大学生宁可送外卖也不愿意进工厂。“学霸当主播，这样做好还是不好呢？”“大学生是否该从事新职业？”等讨论盛行，主要观点包括支持、反对和中立三类。

（1）支持派：①年轻人懂得自我选择职业，不为生存而工作，而为实现个人价值；②看似简单的工作岗位也能发挥出积极向上的社会价值；③高学历的人才从事直播工作，更能理解观众喜欢什么，更清楚应该传播什么。

（2）反对派：①接受高等教育之后从事低技术含量的工作是浪费国家教育资源；②没有将个人价值与社会价值相结合，无法推进社会进步，工作技能不具备传承性；③个人职业发展受限，无法凭借自身工作时间与经验的积累来获得更好的职业上的提升。

（3）中立派：①认为职业无高低贵贱之分，每个职业在社会上都发挥着一定的作用，别人所做的事情都是自身的决定，不应过多评论与指责；②在选择人生和事业的方向上，就该让年轻人自己闯，年轻不留遗憾，即使犯错，也是一种经历。

（三）人人都能做直播？

近日，一篇题为《戳破明星直播泡沫：90万人观看成交不到10单，谁在“裸泳”？》的报道成为舆论讨论的热点。报道指出，当前火热的直播带货竞争激烈，很多明星“网红”的带货能力“掺水”严重。该报道也提到了吴晓波6月29日淘宝直播的“翻车情况”。一名参与了吴晓波直播首秀的某品牌负责人称，品牌方支付了60万元坑位费后，实际成交额连5万元都不到。最终，只好将这场直播当作品牌广告宣传。那么在此次直播带货数据的背后，吴晓波真的是没有带货的能力吗？其实恰恰相反。事实上，吴老师几乎可以被称作带货圈与种草界的祖师爷级人物。其在2015年以一篇题为《去日本买只马桶盖》的文章让成千上万的消费者挥舞着钞票千里迢迢从日本背回马桶盖，更是仅凭一己之力让国内的马桶盖行业迅速起飞。既然连带货鼻祖都有这么惨痛的翻车教训，那看来新职业也不是那么“水浅”的行业。在新职业层出不穷的背景下，关于从事新职业是否需要特殊的知识储备，存在以下两种观点。

1. 新职业不需要太多知识储备

虎牙美食主播爱拍的皮皮熊在访谈中表示，在找到了自己的直播特点之后，各方面开始得以改善。虽然只有小学文化且生长在重庆农村，但皮皮熊开播两年至今已累积35万粉丝，月均收入2万~3万元。新兴职业对于求职者职业技能的需求是多元的，求职者通过展现“个性”优势，获得社会认可。新职业门槛对学历层次也无非常清晰的界定，职业门槛低，入行容易。据统计，求职者在选择快递、外卖配送、网约车司机等职业时，59.2%的人看重的是低入职门槛。而这些行业也仅仅是他们短暂的职业停留，有1/2的人从事快递业不超过4年。

2. 从事新职业需要一定的知识储备

国家对部分新职业的从事标准已经有了明确的规定。以整形医生为例，智联招聘数据显示，整形医生人均月收入超过35000元，但从业人员须具备一定的医学基础和审美基础，60%以上的从业人员须具备三年以上从业经验，近50%的整形医生须具备本科以上学历。再比如因新冠肺炎疫情“逼出来”的“在线学习服务师”。人社部公布的“在线学习服务师”的定义为：运用数字化学习平台（工具），为学习者提供个性、精准、及时、有效的学习规划、学习指导、支持服务和评价反馈的人员。从事这个职业，要兼具产品运营、产品经理、培训、教师等多个岗位的一些专业技能。

二、原因分析

据《中国青年报》社会调查中心联合问卷网对2000名18~35周岁的青年进行的一项调查显示，96.1%的受访青年直言如果有机会，愿意从事新职业；62.5%的受访青年认为新职业能激励劳动者从更多角度拓展个人价值；76.8%的受访青年认为新职业需进一步完善行业标准。受访青年中，2020届高考生占

27.3%，在校大学生占 45.8%，职场人士占 26.1%，其他占 0.8%。

大学生为什么大都愿意尝试新职业？任何职业都具有两面性，暂且不讨论高考状元主播“女流”的职业选择是否最合适，但可以肯定的是她目前的成功吸粉也并非偶然，这离不开她个人的知识储备与人格魅力。同样，她的职业选择之路也不一定适合其他大学生复制。也暂且不讨论往后她的职业道路是否会依旧顺畅，但从类似“女流”的大学生的职业选择中可以发现，新职业在青年大学生中广受欢迎的原因主要有以下三个。

（一）职业认知逐渐变化，“花式”就业创业渐成热门

新兴职业不断涌现，并且受到越来越多的年轻人青睐，这源自职业认知的变化。如今，年轻人渐趋乐于进入新兴行业，新兴职业发展如火如荼，对求职者的吸引力越来越大。新兴职业对越来越多的年轻人来说，已经不再是“非主流”的选择，甚至有不少大学生还选择成为孵化创业团队的“保姆”。对现在的“新新人类”来说，再传统不过的就业也能玩出花样。以网络直播为例，据媒体报道，截至 2018 年年底，国内直播平台超过 270 家，我国网络主播的注册总人数已经接近 5000 万人；2019 年 6 月，网民观看直播的人数达到 4.3 亿人，渗透率稳步上升至 50.7%（见图 1）。

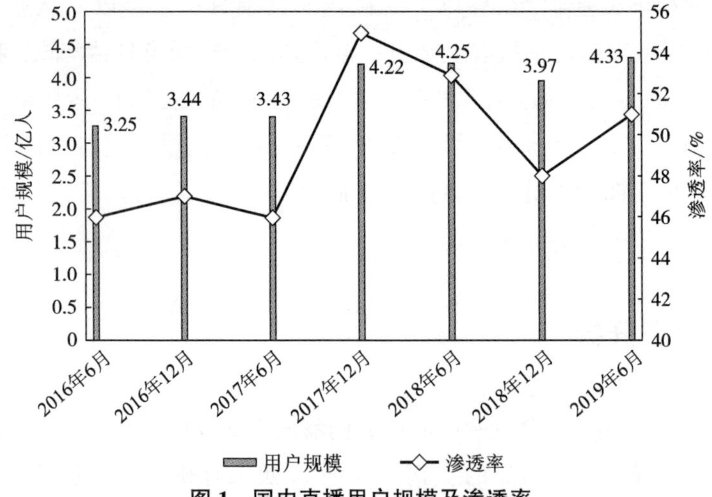

图 1 国内直播用户规模及渗透率

（二）职业素养逐渐多元，“个性”人格魅力日渐凸显

与过去年轻求职者扎堆选择国企、公务员单位或事业单位相比，目前求职者的择业选择越来越多样化，更愿意选择适合自己兴趣爱好的职业。同样，新兴职业对于求职者职业技能的需求也逐渐呈现多元化。求职者通过展现“个性”优势，获得社会认可，不再追求所谓的“铁饭碗”。

（三）职业价值盲目跟风，“自由”网红随性建成热捧

当下部分大学生在选择职业时，更崇尚时间自由、不受约束，还能获取高额的报酬。他们将企业朝九晚五的作息视为自由的枷锁，将工厂的工作环境视为生活的迁就，喜欢尝试新兴的“网红”职业。

“花式”就业、展现“个性”、追求“自由”不是坏事，相反正好展示了新一代年轻人敢于拼搏、勇于创新、青春向上的职业素养，这一些职业素养也正是大部分新职业所需要的精神品质。大学生从事新职业，理论上不是一件坏事。就大学生个体短期而言，这是实现职业自我追求与选择的途径，但从个体长期职业发展与社会价值来看，却乏善可陈。分析其具体原因有以下几个。

（1）职业回报不确定，工作强度大。部分新兴职业工作时长从表面上看起来比较灵活自由，但事实上往往远超过《劳动法》规定的 8 个小时，部分新兴职业工作者无法合理安排一日三餐。尽管工作强度很大，但实际的薪酬不一定成正比。据《新时代新青年：2019 青年群体观察》显示，“斜杠青年”成为当代青年标配，29%的青年有兼职工作，收入来源多元。兼职选择中，新媒体从业人员占 5%，设计人员占 4%，司机代驾占 3%，微商代购占 1.4%，快递骑手占 1.3%。调研数据显示，40.2%的新职业从业者无法实现每周双休，只能单休，还有 10.6%的新职业从业者仅能在春节期间休息。超七成新职业从业者每天工作时长超过 8 小时，其中有 18.06%的新职业从业者每天工作 10～12 小时，9.72%的新职业从业者每天工作 12 小时以上（见图 2）。①

（2）职业状态不稳定性，失业风险高。部分新兴职业受市场影响大，可能由于太过超前，以至于市场需求少；或者由于需求量大、技术含量低、入职门

---

① 美团，中国青少年新媒体协会. 美团研究院丨新时代　新青年，2019 青年群体观察［EB/OL］.（2019-05-07）. https：www.sohu.com/a/312589206_100011329.

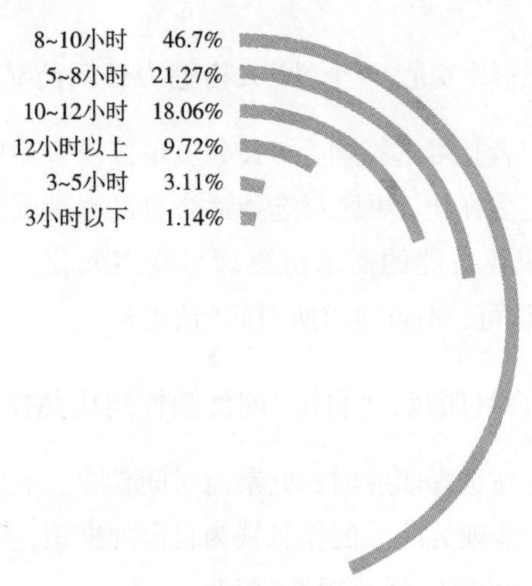

图 2 新职业从业者每天工作时长分布

数据来源：美团点评 & 智联招聘问卷调查数据

槛低，导致极容易被取代。据统计，求职者在选择快递、外卖配送、网约车司机等职业时，59.2%的人看重的是低入职门槛，而这些行业也仅仅是他们短暂的职业停留。这部分群体在各种职业之间徘徊，很难通过自己的技能找到一份稳定的工作。他们对自身职业发展抱有一种不确定性。

(3)职业环境不安全性，不可控因素多。部分新职业由于缺少系统的法律法规保障该职业工作环境，使得新职业从业者的薪酬、权益甚至人身安全无法得到有力保障。近年来，也时常有 IT 精英猝死、网约车司机被勒索等意外事件。好在各大平台企业一直在逐步实现保障新职业工作的规范化与制度化。

(4)职业道路不明确，终身化从业受限制。尽管目前一些新兴职业，比如电子竞技员、网络培训师等拥有极为不错的高报酬，但高报酬也意味着需要绝对高集中的精力、高强度的任务。同样，年轻人对于这类岗位也表现出极为强烈的兴趣，但是大多数求职者更期望兼职的形式而非全职。关于非终身化职业，其职业道路如何走的问题也使得大多数求职者徘徊不前。

(5)职业发展不顺畅，系统化培训缺乏。部分新兴职业由于在学校、社会存在一定的边缘化，缺少系统全面的理论培训，多依靠求职者兴趣、个性与意愿自由发展。因此，较大一部分工作存在“入门容易，出师难”的局面。部分从业者由于个人、家庭或者社会保障等原因选择中途离职，回归传统职业。

三、解决方案参考

那么，作为新职业选择主力的大学生群体，如何认识新职业的本质，如何确定从事的新职业岗位，是值得深思的问题。

（一）正确认识新职业

河海大学教授田晶华认为："高科技发展特别快，跟产业密切度非常高，这种行业多产生新的职业。比如互联网电商、网购模特，过去这些被认为是不可思议的，现在这种职业已经社会化了。"新行业的出现、新职业的增加充分表明，当前我国社会已进入信息时代、网络时代、后工业化时代。经济建设潮涌正盛，网络时代推波助澜，社会新陈代谢的节奏前所未有。锔锅匠、修笔匠、剃头匠、翻瓦匠，这些儿时常常接触到的职业如今再也见不到了。近年来职业分类"吐故纳新"，增加了"快递员""电子竞技员"等300多个新职业，取消了800多个传统职业。

纵观近两年国家陆续公布的新职业，会发现新职业整体可划分为两种类型：一是全新的，比如城市管理网格员、互联网营销师、信息安全测试员、老年人能力评估师等；二是传统职业的升级转型，甚至是更细致的职业划分，比如大数据工程技术人员等。一些人们熟知的"电商主播""带货（网红）"等的正式职业称谓也被确定，叫作直播销售员。这个岗位也是在互联网营销师职业下增设的新工种。

新职业是中国产业升级的产物，社会面对新职业，心态正在变得更加开放，很多人愿意打破传统求职观念的束缚，抛开"铁饭碗"的固执观念，给自己更多的就业选择。有新职业的出现，就有旧职业的淘汰，每时每刻都可能有职业消失在历史的长河中。职业的更新迭代是一种产业的新陈代谢，也是技术发展最直接的结果。面对这一切，绝不能故步自封，要有全新的心态。

（二）理性选择新职业

新职业五花八门，一些新职业甚至在短期内可以带来较高收入，对毕业生有很大的吸引力。但是，高校毕业生该如何抉择呢？

选择时要谨慎，勿盲目跟风。客观来说，大部分新职业的前景是比较美好的，但现在面临几个尴尬局面：一是部分大学生考虑短期回报与自由随性，而忽视了职业选择的长期发展与可塑造性；二是部分新职业出台后配套的培养方式没跟上，导致大部分从业者存在专业特点不明确、专业知识深度不够且有很强的被替代性。比如“网络直播”等行业，既没有系统的理论支撑，又没有过硬的制度保障，“网红”主播翻车的事件频频出现。

要与时俱进，将个人价值与社会需要相结合。个人命运和时代相连，一些不可抗力也许会推着我们脱离惯性。大学生在进行职业选择时，应将个人价值与社会需要结合起来。这样才能更好地适应时代与环境的变化，也才能更好地体现和实现自己的价值。比如在新冠肺炎疫情联防联控中发挥重要作用的“呼吸治疗师”，专职的呼吸治疗师已经逐渐成长为一个有很大市场需求的职业。若钟情于某个新职业，希望有所发展，在入读相关专业时，必须早些启动实践。去市场中实践是对高校各专业学生的普遍要求，但对“新兴职业”，这个要求是必需的，因为“新兴职业”是市场直接催生的。以大数据专业为例，较早启动实习计划，才能知晓当下企业采用的模型类型，这样学成后才能很快明悉如何快速成长为大数据分析师、大数据架构师等。

要关注高新行业，做好长远职业生涯规划。社会发展日新月异，新职业不断更替，作为当代大学生选择新职业是勇气，储备好专业技能更是“底气”。学好专业技能，打好专业基础，关注高新技术产业，才能把握好最具发展潜力的新兴行业，才能在往后的职业道路中越走越好。以区块链工程技术人员为例，除了关注区块链技术，还需关注该技术落地应用场景涉及的领域，包括金融、大数据以及边缘计算等，积累相关领域的知识，有利于提升岗位竞争力。

（三）做好新职业知识储备

毋庸置疑，每个不同的新职业都要求不同的知识储备。但就整个新职业来说，知识储备应不同于以往的职业技能。总的来说，核心技能（core skills）是新职业从业者的基础储备。

核心技能是“新职业主义”提出的重要概念，是指完成任务与解决问题的实际能力，而不是传统意义上的、高度专门化的、狭义的技能①。它具有通用性、可迁移性和工具性。具体来说，三项技能是新职业所必备的能力：一是具备宽

---

① 李向东. 新职业主义与高等职业教育改革［J］. 高教探索，2013（5）.

厚的知识基础，获得更高水准的学术能力。1991 年，美国劳工部形成了一份名为《要求学校做什么样的工作》的报告，提出在工作岗位上要具备资源能力、人际关系能力、信息能力、系统能力以及技术能力。随着时代的发展，在一些职业萎缩的同时，另一些新的职业又不断涌现。职业结构和就业方式虽然是动态的，但对即将要进入职场的学生而言，通过基础知识的学习，获得夯实的知识基础始终是一个先决条件，这是适应学习化社会的需要、满足终身学习的必要基础。二是掌握某项技能所属领域及相关领域的各种职业知识。为实现这一目的，学生在掌握某项专业技能之前，一定要具备面向该项技能相关领域的各种职业的普通知识和能力，即一种更加通用的职业内容。这种学习主要涉及三个方面的内容：①以产业部门为基础的、核心的知识、技能与态度；②以职业群为基础的、宽泛的应用性知识、技能和态度；③以具体工作岗位为基础的专门技术与应用知识、技能与态度。在这些内容的学习中，需要提前加强教育、培训与产业之间的联系，从而更好地完成从学校到工作岗位的过渡，增强职业适应性。三是具备多元的职业核心能力。职业技能是为个体未来的工作、生活做好宽泛的准备。为了达到这一目的，共同的、普遍的、核心的知识即核心能力是必备的。它具有普遍性、可迁移性和工具性。1991 年，获得必要技能秘书委员会（SCANS）在报告中列出了工作场所获得成功所需要的核心能力，包括读写、数学、决策、解决问题、责任心等。对学习者来说，核心能力是基本的、基础的和最重要的，这些能力的习得会促进对另一种工作能力的掌握。

同时，对于当下新职业的发展而言，智能应该成为从业者最重要的储备。观察当下出现的新职业，不难发现基本上都是以智能作为前提存在的。这里的智能并非是指人工智能的智能，而是指以知识储备、脑力劳动作为第一生产要素。事实上，随着人工智能技术的发展，简单的体力活动和一些复杂的操作性工种都可能被取代，更多的职业将倾向于脑力方向。人类的知识每十年就会有20%被迭代，要适应不断涌现的新职业的需求只能开放自己的眼界，在丰盈自身知识储备的同时不断提升个人素质和能力，才能应对新职业的挑战。

新技术催生新产业，转型升级不会是一劳永逸的，而是永远进行时。落后于时代，就会被时代淘汰。具备核心技能和拥有智能储备不仅是为了应对新职业，也是提升自我能力，顺应时代发展潮流，做好时代新人的自我准备。新职业，新的不只是工作，更是与时俱进的能力和格局。

你做好准备了吗？

拓展资料

第一份工作怎么选择？

杨　镇　胡名益　杨　萍　连　选

喜欢什么就能干什么，是一个人的幸运。但现实中多数人都是在环境的影响下，改变了自己的初衷和喜欢的。

孙中山、鲁迅最初都是学医的，都做着医学救国梦。但后来孙中山弃医从政，成了伟大的民主革命先行者；鲁迅弃医从文，成了伟大的文学家。

有人说，选择比努力更重要。对绝大部分人而言，第一份工作的选择尤其关键。人生第一份工作的重要性不言而喻。对于刚步入社会的同学们而言，职场生涯就像一张待涂的白纸，最开始涂上去什么样的内容，将决定这张纸之后能够呈现出怎样绚烂的画面。因此，在第一份工作中树立的价值观、积累的职场阅历、受到的培训，对人的一生都会有潜移默化的影响。走好职场第一步，做好职业选择，以后的职场道路才会越走越顺。

然而，第一份工作绝非一个单选题那么简单，因为往往快走到职场选择的十字路口时，才会发现“理想很丰满，现实很骨感”，需要考量的因素非常多，多数人也会因为考量不清楚而焦虑、迷茫，出现职业选择困惑。“第一份工作怎么选择”成为一个需要认真思考、早做打算的问题。

一、问题提出

《中国青年报》社会调查中心联合问卷网对 2004 名受访者进行的调查显示：47.9%的受访者的第一份工作“专业不对口”，82.6%的受访者认为第一份工作对职业生涯重要，44.9%的受访者找第一份工作时最看重薪资，33.9%的受访者认为日后转行很难，一定要入对行。受访者中，“00 后”占 1.1%，“90 后”占 23.9%，“80 后”占 51.4%，“70 后”占 17.6%，“60 后”占 4.9%，“50

后”占 1.1%。①

观点一:【慎重选择第一次】

有人认为:第一份工作特别重要,在很大程度上决定了一个人未来的职业生涯,一定要谨慎地“择好业”。

观点二:【先就业再择业】

也有人认为:第一份工作应该“先就业再择业”,专业不对口、不感兴趣,都不重要,积累经验才是最重要的。

观点三:【年轻可以各种尝试】

还有观点认为:第一份工作起点可以低,但是要具有挑战性,刚毕业的大学生,最大的资本就是年轻,没有后顾之忧,有时间和机会去努力尝试,有无限种可能。

总的来说,第一份工作的重要性得到普遍认可,不同人对第一份工作的选择自然有不同的因素考量,对于第一份工作最集中的关注点可以归纳为三个方面。

(一)选择第一份工作时需要专业对口还是专业不对口

有人希望选择专业对口的工作,毕竟能够学以致用,确保学习的连贯性。选择专业对口的工作指的是“学什么就从事什么”,一般被认为更有利于个人连贯性发展,能够发挥所学专长。有人则不希望选择专业对口工作,因为他们认为工作后能够用到的专业知识实在太少。专业不对口指的是“学什么并没有从事什么”,被认为是个人选择与所学专业并不匹配的工作,兴趣优先,需要重新学习更多的知识。

(二)选择第一份工作时是先就业再择业,还是先择业再就业

有人选择先就业再择业,这种思路有“骑驴找马”的意思,强调的是先积累工作经验,边走边看,以等待更好的时机换取更好的就业机会。也有人选择先择业再就业,他们渴望“一步到位”,在进行充分考量后再做选择,一旦选择后,基本不会更换工作,代价是需要付出较大的时间成本和机会成本。

---

① 王品芝. 82.6%受访者认为第一份工作对职业生涯重要[EB/OL].(2017-5-23)[2020-10-08]. http://www.xinhuanet.com//fortune/2017-05/23/c_1120913143.htm.

(三)选择第一份工作时应该是待遇优先还是个人发展优先

有人选择待遇优先的工作，待遇优先是短期内把待遇优势最大化，是一种"高开模式"，但是后面发展情况不确定性较大，未来可塑性较少。也有人选择个人发展优先，这就需要把暂时的待遇优势放在后面，去博取未来可能存在的更多好处，这种选择未来可塑性较大。

二、原因分析

第一份工作出现了选择困难，是因为个体需要考量的因素不尽相同，因素组合的不同必然会导致选择结果出现差异。那么，到底是哪些因素在影响着第一份工作的最终选择呢？又有哪些因素在其中起到更大的作用呢？

笔者制作了涵盖理学、医学、工学、文学等学科的调查问卷，问卷对象包括在校生和少部分毕业生，共发放 750 份问卷，回收有效问卷 730 份。① 通过问卷调查，笔者发现薪酬待遇、工作城市、专业是否对口成为大学生选择第一份工作的主要考虑因素（见图 1）。

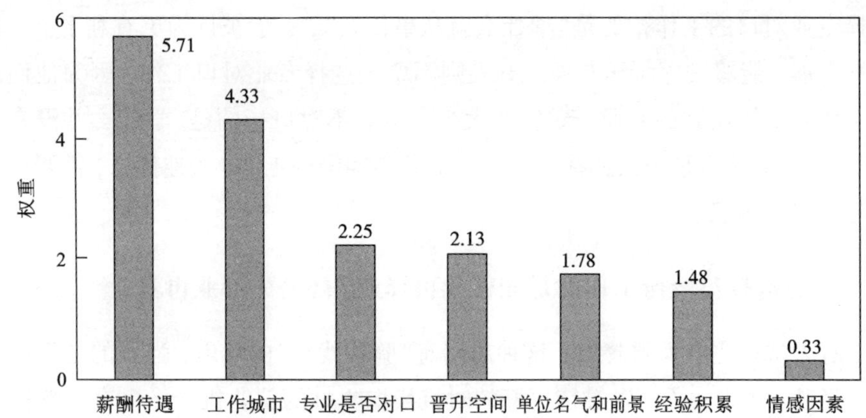

图 1　选择第一份工作时各因素平均综合得分

注：纵坐标为权值得分，采取记分制，反映了排序题选项的综合排名情况，得分越高表示综合排序越靠前。

① 备注：本文所有饼状图、柱状图数据均来自此次问卷调查分析结果。

（一）薪酬待遇与个人发展

现阶段，我国经济发展速度越来越快，企业对高技术水平人才的需求也越来越高。人才成为推动企业发展的主要动力，因此，企业越来越重视人才的发掘和培养。在培养人才时，支持员工的个人发展和给予合适的薪酬待遇是普遍运用的两种关键手段。同时，科学的考核制度不但能够有效激发员工的工作积极性，而且能够充分激发其潜力，使其更好地投入工作中，为企业创造更高的经济效益。既然薪资待遇与个人发展是选择工作的两个重要方面，那么，如何在两者之间做出抉择呢？

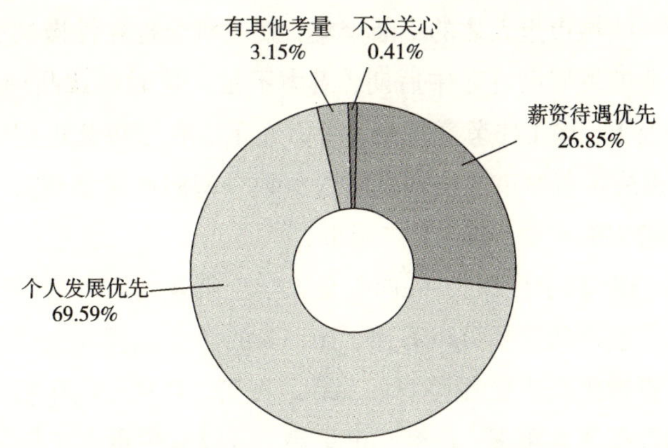

图 2 受访者薪酬待遇与个人发展的选择

通过调查薪酬待遇与个人发展的选择得知，26. 85%的学生认为薪资待遇优先，3. 15%的学生有其他考量，0. 41%的学生并不关心二者（见图 2）。一些大学生可能会基于家庭经济状况、社会地位和居住环境的考量从而选择薪酬待遇更好的工作。他们希望尽早进入工作状态，用自己的工资来贴补家用，缓解家庭的经济压力，提高家庭的社会地位，因此他们更注重眼前的实际利益而选择放弃一些有利于个人长远发展的工作机会，甚至可能进入跨专业的工作岗位。

另外，69. 59%的学生认为个人发展优先。不用背负很大经济压力的大学生可能更注重职业的发展。热爱本专业，不想浪费自己专业才能的人可能会选择一份专业性更强的工作。期望自己在未来取得更高成就、更多收益的人，更偏向选择有利于个人成长的工作。他们会考虑到自己所处的行业是否有上升空间，是否有较大的新增市场，自己所处的岗位能否为自己累积足够的工作经验和人脉，能否发掘自己在工作技能、学习能力、思想等方面的潜能。

（二）工作城市选择

有人说"一线城市安置不了肉体，三四线城市安置不了灵魂"，这体现了城市对一个人发展选择的影响。近年来，随着城市的快速发展，各大城市展开了"人才抢夺战"。例如：长沙、武汉、深圳、上海等城市都陆续出台了招才引智政策，给高校学生提供更多的选择机会和发展空间。选择一线城市，可以在处于发展前期的技术、知识、信息、平台、圈子等方面拥有更多的资源，适合提升自我。但随着一线城市里人才的不断聚集，就业机会也在慢慢减少，很多行业饱和。有的行业的发展已进入中后期，潜力不足。这时候就凸现出二线城市、三线城市的好处了，如工作节奏平缓、潜力充足。在城市化进程中，毕业生对城市的选择，也决定着城市经济增长能否由数量型向质量型转变，这更是判断一座城市发展潜力的重要因素。

一线城市，即"北上广深"，一向都是大学生就业城市的热门选项。通过调查毕业生对工作城市的选择可以看出，16.3%的学生选择北上广深，在这些城市工作无疑可以带来让人受益终身的见识、视野、格局（见图3）。其次，一线城市对人才的选择维度更多，包容度也更高，可以提供更多工作甚至行业的选

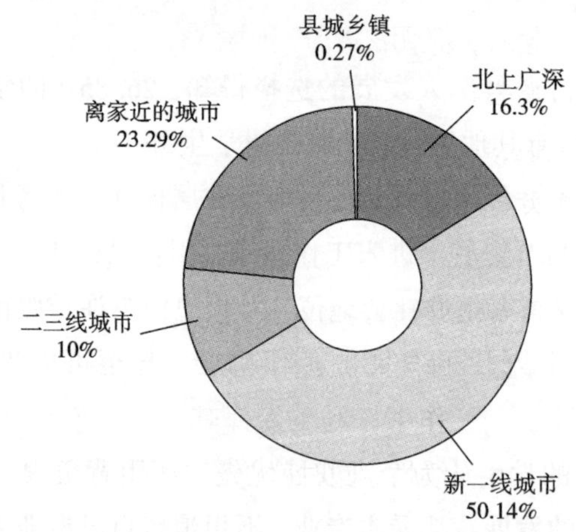

图3　受访者关于工作城市的选择

择。对于一些有很多想法的大学生来说，一线城市是一个很不错的选择。但是近年来人才竞争激烈、消费水平高、生活压力大等因素也让一些大学生的“一线城市情结”出现了明显的松动。

现在，很多新一线城市，比如成都、杭州、武汉、长沙，正成为大学生热衷的择业目的地。这些城市的吸引力在于经济高速发展的态势；生活压力相对一线城市较小；产业转移、产业结构调整带来的就业机会增加，户籍限制松绑以及政府优惠政策的扶持。调查中，50.14%的学生选择新一线城市。

很多来自二三线城市的大学生在毕业后也纷纷选择回到家乡工作，10%的学生选择二三线城市，23.29%的学生选择离家近的城市。在“互联网+”时代，二三线城市已经打破了“落后的小城”这样固有的刻板印象，它们日新月异的进步速度也足以让人刮目相看。

0.27%的学生选择毕业后回到县城乡镇等基层去工作。对于他们来说，在基层工作能够直接面对群众，了解实际情况，也能够在短时间内积累大量且有效的工作经验，对个人的提升和今后的工作有非常大的帮助。而且工作节奏相对轻松缓慢，能够有时间追求自己的“小确幸”。

（三）第一份工作专业对口的重要性

工作与所学专业的相关与否，到底是否重要？专业与工作不相关，是否会带来问题？不喜欢自己的专业，要不要选择跨专业求职？这是很多大学生内心纠结的问题。毕业后，能从事与自己专业相关的工作，固然很幸福。但现实情况是，很多人大学毕业后，都无法从事完全与自己专业对口的工作。有人说，工作与专业对口更容易发挥专长，在学校学习的基本知识都能用上，工作也比较容易上手。也有人说，专业是否对口，根本不重要，重要的是工作能力，只要不好高骛远，踏踏实实地充实自己，终会找到适合自己的工作。

在调查中发现，近3/4的学生认为第一份工作专业对口很重要（见图4）。大学生经过本科四年甚至五年的系统学习，已经对专业对口的工作累积了一定认识和经验，更有熟悉感和确定感，不用一切“从零学起”，可以更迅速地适应工作岗位的需求。而且在工作中有利于发挥其专业学习优势，实现学以致用，使其职业生涯发展得更有连续性，同时就业范围也可能更加狭窄。

当然也有许多原因促使大学生在初次就业时选择非专业对口工作。通过针对选择专业不对口工作的考量因素的调查可知，薪酬待遇和兴趣爱好是最主要

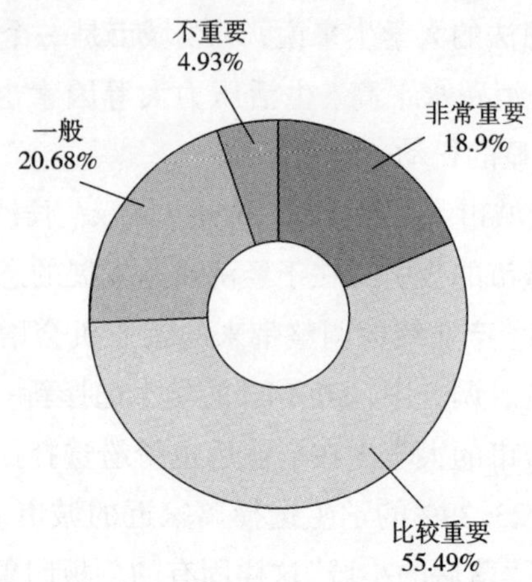

图4　对第一份工作专业对口是否重要的看法

的因素(见图5)。薪酬待遇是大学生就业选择的重要考量方面，许多大学生因为其他行业工作待遇较高而放弃了与专业对口的工作。例如，现在出现的“互联网热”。在互联网行业高薪酬的吸引下大量大学生“转行”投身互联网大潮。还有部分同学因为个人兴趣爱好原因选择非专业对口工作，在本科学习期间对本专业内容不感兴趣，毕业后想找一份自己喜欢的工作。少部分同学会考虑工作岗位和情感等其他因素选择非专业对口工作。

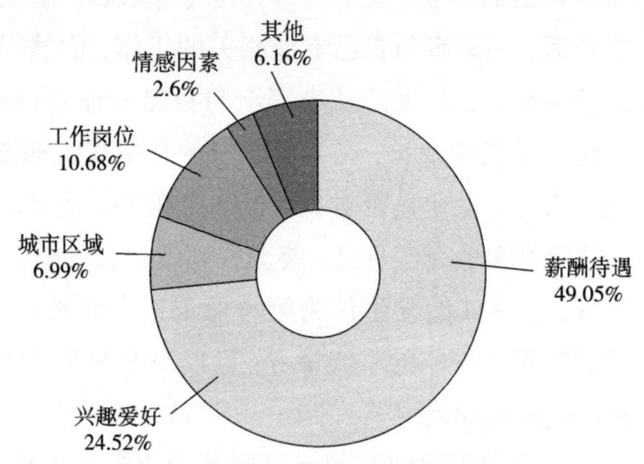

图5　选择专业不对口工作的考量因素

部分学生选择非专业对口工作除了学生本人的主观因素外，也存在许多客观因素。大学更多的是进行通识教育和基础教育，工作需要的专业知识和技能可以入职后再学习，这就增加了大学生就业时的选择性。另外，许多工作岗位更加看重的是大学生的综合素质能力，并没有对其所学专业进行限制，这也为大学生选择非对口工作提供了更多机会。

（四）大学生对第一份工作的看法

每年7月，刚走出大学校园的大学生中，有的已经顺利地走上了工作岗位，开始了自己的职业生涯；有的还奔波于人才中心或是守候在电脑前关注网络上的招聘信息。对于很多学生而言，第一份工作一定要做好，即使自己不是很喜欢。努力做好第一份工作，可以获得更多的社会知识和经验，为以后事业的发展做更充分、更踏实的铺垫。

调查显示，近95%的同学都认为大学生第一份工作很重要（见图6）。25.48%的学生认为第一份工作定下了个人职业发展的“基调”；31.78%的学生认为通过第一份工作建立个人职场观，影响未来发展和高度；25.34%的学生认为第一份工作的领域很可能是终身要投入的行业；8.77%的学生认为如今新兴行业岗位瞬息万变，要跟得上节奏；6.16%的学生认为第一份工作只是“试水”，可以很快跳槽；0.41%的学生认为可以转行；2.06%的学生选择其他。

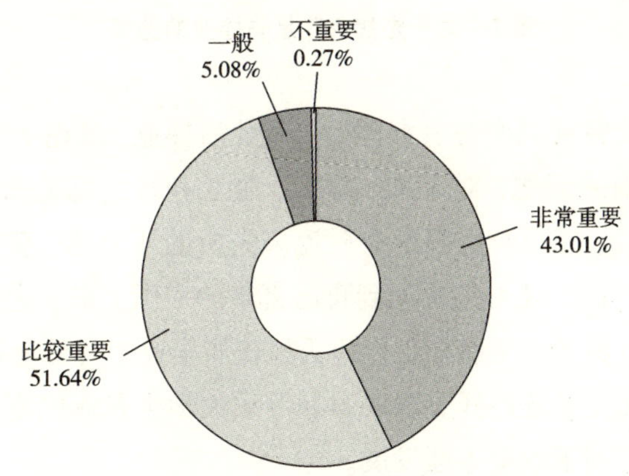

图6 大学生对第一份工作的重要性的看法

第一份工作重在选择发展空间大的，包括企业、个人的发展。不管是就业得来的，还是择业得来的，这都不重要，重要的是它是学生迈向社会、走向成熟的第一步。正所谓“千里之行，始于足下”。不管这份工作是否令人满意，它总有能获益的地方，包括经验。因此每个人都应该重视、认真对待，这一步一定要迈好。这对每个人今后的发展都是有帮助的，是基石。

先就业还是先择业也是大学生在就业选择中面临着的一个重要问题。从图 7 可以看出，28.08%的同学选择第一份工作时是先工作，骑驴找马，积累经验再换更好的；也有 20.27%的同学认为要一步到位，宁缺毋滥，找到满意的工作再去；49.18%的同学认为要根据当年就业形势和政策来决定。

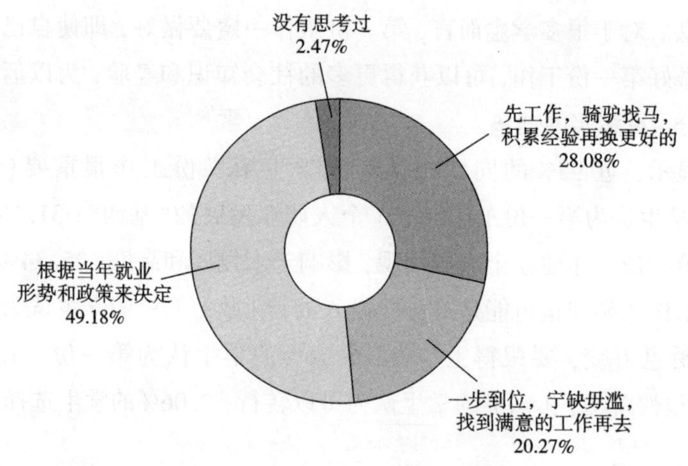

图 7　关于先就业还是先择业的选择

先就业还是先择业其实各有利弊。先就业后择业，理论上有助于暂时缓解大学生就业难方面的问题，对个人、学校、企业和社会都能带来有利的影响。对大学生本人来说，能暂时缓解毕业后流离失所的压力感，获得精神慰藉，积累了一定的工作经验后还可能再回到自己喜欢的工作上来。先就业再择业也有一定的弊端，一方面大学生参加工作后丢失应届毕业生身份使得在找工作中处于劣势，另一方面先就业再择业想法容易导致大学生就业的盲目性，使之今后跳槽过于频繁，不利于职业生涯发展。

也有同学认为，好的开始是成功的一半，找对方向才能成功，择业不慎，盲目就业，进入了自己不喜欢的工作领域，只可能是在错误的道路上越走越远，与成功失之交臂。准确择业才能保证干一行、爱一行，干一行、精一行。

但是，如果一毕业就完全按照自己所设想的要求去找工作，会很难找到一份非常适合的工作；同时使自己处于一个长时间的待业期，也有可能错过好的工作，加大自身的精神压力。

(五)影响大学生就业选择的因素

21 世纪是经济、科技高速发展的时代，对人才也有着更高的要求。伴随着各大高校扩招力度不断加大，我国大学生人数已经从 2001 年的 148 万人增长至 2020 年的 870 万人。随着社会经济的不断改革，就业形势也越来越严峻。影响大学生就业的因素多种多样，无论是在就业岗位的提供方面，还是在大学生自身能力提高和就业观念的转变方面，政府和社会各界都在采取措施帮助大学生解决就业难的问题。

通过调查影响第一份工作选择的因素(多因素选择)可知，84.79%的学生认为是自身能力和性格特点，57.95%的学生认为是就业政策和经济环境，40.41%的学生认为是兴趣爱好，34.93%的学生认为是学校层次和就业引导，24.93%的学生认为是家庭影响(见图 8)。个人因素(能力、性格、兴趣)成为影响选择第一份工作的最大因素，其次是国家就业政策和经济环境的影响。学校层次和就业引导发挥了不可忽视的作用。

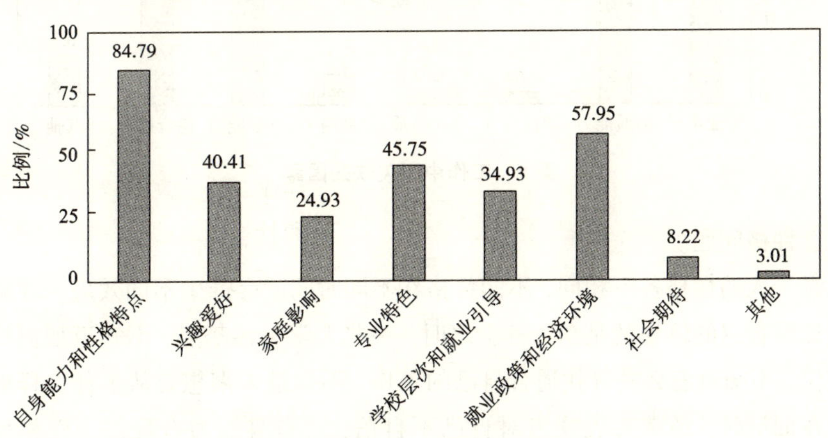

图 8　影响第一份工作选择的因素

1. 个人因素

面对现如今的就业形势，为什么大部分大学生能够走上就业岗位，其中很大的原因在于他们能够正确地认识自我，充分发挥个人的主观能动性，树立正确的择业观，提高个人的核心竞争力。如图 8 所示，84.79%的学生认为自身能力和性格特点会是影响自己选择第一份工作的几大因素之一。

①个人能力。

讨论个人因素就避免不了谈到个人能力，而能力问题又可以分为很多：学习能力、适应能力、自身综合素质等。所以有些大学生会去选择与自己能力相匹配的工作，使就业范围减小，加大了就业的难度。

另外自身综合素质也是一个比较重要的方面，当今社会所需要的是复合型的人才。关于在工作中所欠缺的因素(多因素选择)：30. 55%的学生认为是专业水平，21. 23%的学生认为是沟通能力，17. 4%的学生认为是综合能力，17. 26%的学生认为是领导能力，6. 3%的学生认为是其他(见图9)。由此可见，大学生各项能力的提升依旧是学生所考虑问题的重中之重。

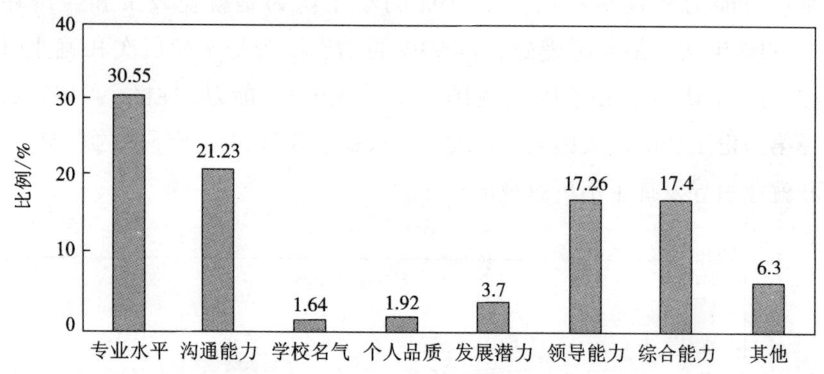

图9　工作中所欠缺的因素

②性格问题。

每个人的性格各不相同，不同性格在不同时间就会产生不同效应。在就业方面比较普遍的体现就是初入社会之时，一些大学生很茫然，不知道如何给自己定位，不知道怎么去寻找适合自己的工作，不知道未来想要从事什么样的工作。在面试时，经常会表现出对自己不自信，对自身能力有疑虑。而相反的是，一些大学生过分自信。这样也有一定的弊端，即认为自己都是对的，不把别人的建议放在自身的考虑范围内。在工作中，团队合作才是实现成功的基础，失去了团队，没有了合作精神，就失去了一切可能的工作发展机遇。学会如何与自己相处才是处理好性格问题的关键所在。

③兴趣问题。

有不少学生认为兴趣爱好是影响就业的重要因素。关于兴趣问题存在两个看法。一种是先就业，再培养兴趣。可以在工作中积累与兴趣相关的知识和能力。如果就业后能够爱上这项工作，兴趣可以作为你的业余爱好。另一种是跟随自己的兴趣爱好选择自己的就业方向。因为做自己感兴趣的工作，人才能开心，才能全心投入，从而获得更高的效率。

2. 家庭因素

在多年独生子女政策的影响下，大学生就业不仅仅是学生个人的职业选择，也成为一个家庭的选择。在“就业难”现象的诸多因素中，家庭因素的影响也日益凸显。特别是家庭价值观、父母职业和教育程度、家庭经济水平对大学生择业的影响越来越大。

研究表明，在学生择业压力与动力分析中，第一类压力来自日益严峻的就业形势，第二类压力来自家庭，父母希望孩子可以尽早独立。部分学生认为就业选择可能会受到家庭影响。以此来看，承担家庭责任也是大学生择业动力的集中选项，这也说明了大学生在就业时会受到家庭影响。

①父母文化程度及职业影响。

父母文化程度水平在一定程度上会影响子女的职业选择。在大学阶段家长对孩子就业的期望值很高，一些家长认为考上大学就会获得一份好工作。以至于在一开始报考大学的时候就以热门专业为首选，却忽略了社会需求的变化，忽略了所学专业与市场需求的契合度。

②家庭价值观的影响。

家庭价值观是个人在家庭环境下对相关事物持有的一种观点、态度或信念。大学毕业生面临初次就业，对职业的了解仅仅是初步的接触。而在成长过程中家庭价值观早就促使个人形成了对未来发展的预期和物质利益等多方面的需要。家庭愿望往往支配着毕业生的求职行为。家庭对就业、升学与出国的认同和对未来就业竞争的预期决定了子女的择业态度。

3. 国家就业政策因素

就业形势离不开社会这个大的背景，顺应时代潮流，将个人理想与时代大背景相结合才是大学生为国家社会做出贡献的选择。57.95%的学生认为就业政策和经济环境深刻地影响了他们对工作选择的考量(见图8)。

①就业政策。

国家政策与大学生就业有着直接关联，是影响大学生就业选择的重要因素。在国家政策鼓励下，大学生创业和基层就业的比例逐渐增加。

②经济环境。

社会经济发展情况对大学生就业选择的影响不可忽视。在2018年全国本科生就业比例增长统计中，“中小学教辅机构”增幅第一，达到12.7%，这与人们对子女教育投资的增加有着密不可分的关系。在新冠肺炎疫情的影响下，“猿辅导在线教育”等一批线上教育科技公司迅速占领市场，同时也吸引了大量毕业生加入线上教育的行列中。

4. 学校因素

调查结果显示，学生认为学校层次和就业引导是影响第一份工作选择的几大因素之一。

①学校层次。

一般来讲学校层次越高，学生就业期待和就业质量越高。其一，高校层次不同，国家对其投入和扶持力度不同，师资水平和基础设施存在差异，高校培养出的学生素质也不尽相同。其二，社会普遍地会对不同层次高校的毕业生贴上标签，热门招聘单位或岗位都对第一学历毕业的院校层次有一定要求，甚至做出明确划分。在这种大环境下，就读高校层次低的学生几乎无法获得好的就业机会。其三，学校层次不同，文化氛围也不同，校友资源的层次也有差别，层次高的院校会形成已毕业的优质校友返校回聘毕业生的良性循环。

②就业引导。

学校的引导作用在学生就业方面的影响不可忽视。学校的职业生涯规划课程与学生的专业认同有助于学生进一步增强对社会的认识和对用人单位的了解，使大学生明确就业方向。学校发布的就业信息为毕业生提供了更广泛的就业选择，就业指导课程也能帮助毕业生更好地做好求职准备。

三、解决方案建议

综上所述，第一份工作的重要性不言而喻，但是找工作如同相亲，找到适合自己的才是好的。总体而言，选择第一份工作须及早做好各方面的准备，把目标定好，不断提升自身能力，“打有准备之战”，才能做到有的放矢。关于如何选择好第一份工作这个问题，大家可以参考以下几个方面的因素并结合自己的实际情况进行梳理和分析，综合考量和判断自己怎样做好第一份工作的选择。

（一）心理准备

“凡事预则立，不预则废”，第一份工作的选择首先需要做好心理上的准备。不可否认，抱着“船到桥头自然直，车到山前必有路”心态的人有时候也会遇到一些很好的机会，但毕竟是少数。“机会总是青睐有准备的头脑”，做好积极就业的打算才是王道。第一份工作不是一道单项选择题，而是自身和用人单位的“双向选择”题，自己可以早做准备，在心理上先就业。做就业选择时，可以提前想好几年之后会是什么样子，生活会处于一种什么状态，以确定现在的你是否愿意为之付出努力，让自己不断累积走入社会的勇气，打好有准备之仗。

（二）知识准备

“打铁必须自身硬”，“没有金刚钻，别揽瓷器活”。无论岗位与专业匹配与否，都需要进行岗位的知识储备。一些非专业性岗位是可以放宽专业要求的，比如行政、销售等岗位。但是一些行业则对岗位要求很高。做一种选择之前，应清楚地了解自己所学专业是否能够胜任岗位的实际需求，特别是专业性很强的岗位。如果决定好从事专业对口工作，就一定要做到专业基础扎实。如果不想做专业对口工作，就要及早重新学习新知识，以适应心仪岗位的需求。

（三）能力准备

能力是为实现就业目标做的综合实力准备。实践能力、人脉支撑、专业技术、应试能力等都是能力的不同方面。长期来看，能力一方面需要注重积累，通过积极参加社会实践、模拟应聘等来提升；短时间内，也需要注重一些技巧提升，比如通过就业能力实验室进行整合，突出自己的优势。另外，企业岗位动辄要求有相应的工作经验或者实习经历，试工也是比较常见的行为，这就需要在选择就业前尽可能积累实习的经验。

（四）外部研判

对外部形势的研判也是很重要的，有助于知己知彼，从而把握好就业时机。2020年，受新冠肺炎疫情的影响，实体经济受损严重，用人单位出现停招或者少招情况。这就需要及时调整好自己的就业策略，尽可能先确保自己能够及早就业。反之则要尽可能多对比，在多尝试的基础上，优中择优，最终选择一个自己心仪的岗位。

（五）目标预期

第一份工作，每个人都会有自己的选择，选择只是一个人职业生涯的开始，不应该有“一选定终身”的焦虑。工作本身没有绝对的好坏之分，也没有绝对最佳方案的说法。回到最初的问题，多数人的目标预期是找到一份好工作就行，但是一千个人眼中有一千个哈姆雷特，每个人都会有不同的考虑因素。第一份工作的选择，在很大程度上不应完全看待遇、管理、工作单位的名气，而应考虑职业发展的道路是否符合自己之前的职业生涯规划。问问自己想成为什么样的人，问问自己要在多少时间内实现什么样的目标，问问自己将来要做什么事情、喜欢做什么事情、希望有什么样的结果、希望影响什么样的人，等等。相信适合自己的才是最好的。

总之，第一份工作更多的是一个学习、积累的过程。这个阶段主要就是积累和提升，包括工作习惯、工作态度、思维方式和其他社会资源等，这也是每个人的“第一桶金”。这些对个人自信心的建立以及今后的工作都是非常重要的。所以，走上第一个工作岗位后，更重要的是不好高骛远，脚踏实地地从简单的工作做起，一步一个脚印，这样才会更加有助于未来的发展。

图书在版编目(CIP)数据

大学生关注的热点问题与解决方案年度报告. 2020 / 教育部高校思想政治工作队伍培训研修中心(中南大学), 湖南省高校思想政治工作队伍培训研修中心(中南大学)组编. —长沙: 中南大学出版社, 2021.1

ISBN 978-7-5487-4153-4

Ⅰ.①大… Ⅱ.①教… ②湖… Ⅲ.①大学生—学生生活—调查报告—中国 Ⅳ.①G645.5

中国版本图书馆 CIP 数据核字(2021)第 001208 号

大学生关注的热点问题与解决方案年度报告(2020)

DAXUESHENG GUANZHU DE REDIAN WENTI YU JIEJUE FANGAN NIANDU BAOGAO (2020)

教育部高校思想政治工作队伍培训研修中心(中南大学)
湖南省高校思想政治工作队伍培训研修中心(中南大学) 组编

□责任编辑 杨 贝
□责任印制 易红卫
□出版发行 中南大学出版社
社址: 长沙市麓山南路 邮编: 410083
发行科电话: 0731-88876770 传真: 0731-88710482
□印 装 长沙雅鑫印务有限公司

□开 本 710 mm×1000 mm 1/16 □印张 16.25 □字数 291 千字
□互联网+图书 二维码内容 图片 228 张
□版 次 2021 年 1 月第 1 版 □2021 年 1 月第 1 次印刷
□书 号 ISBN 978-7-5487-4153-4
□定 价 49.80 元